项目资助

重庆市"十三五"重点学科建设经费资助

教育发展研究丛书/**彭寿清 冉隆锋 主编**

教师认同发展轨迹的代际研究

蹇世琼 / 著

中国社会科学出版社

图书在版编目(CIP)数据

教师认同发展轨迹的代际研究 / 蹇世琼著. —北京：中国社会科学出版社，2021.8
（教育发展研究丛书）
ISBN 978 - 7 - 5203 - 8985 - 3

Ⅰ. ①教… Ⅱ. ①蹇… Ⅲ. ①教师教育—研究—中国 Ⅳ. ①G451.2

中国版本图书馆 CIP 数据核字（2021）第 169875 号

出 版 人	赵剑英
责任编辑	赵　丽
责任校对	王佳玉
责任印制	王　超

出　　版	中国社会科学出版社
社　　址	北京鼓楼西大街甲 158 号
邮　　编	100720
网　　址	http://www.csspw.cn
发 行 部	010 - 84083685
门 市 部	010 - 84029450
经　　销	新华书店及其他书店
印　　刷	北京明恒达印务有限公司
装　　订	廊坊市广阳区广增装订厂
版　　次	2021 年 8 月第 1 版
印　　次	2021 年 8 月第 1 次印刷
开　　本	710×1000　1/16
印　　张	21.25
字　　数	316 千字
定　　价	109.00 元

凡购买中国社会科学出版社图书，如有质量问题请与本社营销中心联系调换
电话：010 - 84083683
版权所有　侵权必究

序

　　蹇世琼的博士论文经过修改完善之后即将交付出版,让我给写一个序。这对作为其硕士和博士阶段指导教师的我而言,既是责任,也是一件很愉快的事情。

　　教师是如何发展的?这是教师教育领域中的根本性问题,因为我们只有搞清楚教师是如何发展的,我们的教师教育才能更有针对性,教师教育的效果才能够得到保障。然而,要搞清楚这件事绝非易事。正如蹇世琼在论文中所介绍的那样,关于教师发展的研究至少有两种不同的范式:一是生涯阶段研究;二是生命历程研究。前者假设教师一般都会经历一些相同或类似的发展阶段,研究者因此致力于考察其发展的阶段特征及其影响因素。由富勒开启的教师发展阶段研究对于我们了解教师发展的特征提供了极有价值的启示。但是这种研究也存在线性思维的问题——忽视或低估了教师发展的复杂性。正是因为认识到教师发展的高度复杂性,生命历程研究范式的教师发展研究应运而生。生命历程研究范式的特征在于它坚持一个人的生命历程嵌入在他们一生所经历的历史时代和地理空间中,人的生命具有社会性,社会与历史对个人生命产生重大影响,个人通过其对历史与社会环境的选择与行动来建构自己的生命历程。生命历程研究范式的教师发展研究不是致力于描绘教师发展的阶段特征,而是聚焦于教师发展的轨迹及其影响因素,尤其关注教师个体如何在历史与环境中的选择来建构自己的发展轨迹。

　　蹇世琼的研究正是依据生命历程理论对教师发展进行的一种研究尝

试。即使是从生命历程理论视角去研究教师的轨迹，也需要一个视角。就像美国学者富勒（Fuller, F.）从教师关切（concern）的视角去表征教师发展阶段一样，寒世琼的研究选择了教师认同的视角，因为教师认同处于荷兰著名教育学者科瑟根（Korthagen, F. A. J.）所建构的"教师变化洋葱头模型"中的核心位置，虽然是最不容易被发现的，但却是真正影响教师行为的动力因素，因而被视为教师发展中最为重要的表征之一。当然，也因为教师认同比较内隐，不容易被发现，因而研究起来也具有相当的难度。

寒世琼的研究基于生命历程理论的研究范式，以贵州省贵阳市5所中学的29名"60后""70后"教师作为研究对象，借助生命故事线工具，对教师进行了生活史访谈，探寻教师认同发展的轨迹及其影响因素，特别聚焦于经历了不同社会历史事件、教育事件的两个出生组教师的教师认同发展轨迹差异及其影响因素。该研究既关注了社会、历史变迁对教师认同发展过程的影响，也关注了在社会宏观背景变迁下教师个体主观能动性发挥机制的代际差异。研究得出了一些很有意思的发现。关于本书的具体内容，我不打算过多地赘述，相信读者阅读之后自有判断。

我在这里想简单地向读者介绍一下本书的作者——寒世琼自身的发展轨迹。她完整地经历了小学、中学、中专（1998年重庆医科大学卫生学校护理专业中专毕业）、大专（1998—2003年在重庆医科大学附属二院急诊科重症监护室和抢救室担任护士期间自学了护理专科，并于2003年年底辞职到沙特阿拉伯，由于身体健康原因于2004年3月回国）、本科（2004年9月开始到贵州教育学院读教育学本科）、硕士和博士（2007—2013年在东北师大教师教育专业攻读硕士和博士学位）等我国国民教育的所有阶段，她所走过的受教育之路并不平坦，丰富曲折的经历和不屈不挠的意志品质成为她人生的重要财富。应该说，来东北师范大学攻读硕士学位时，她的起点并不高。但是她在硕士期间积极努力，不断地进行各种研究探索和写作锻炼。尽管一开始还很稚嫩，但能够看到明显的成长。硕士毕业后，继续攻读博士学位，其间，虽然有过彷徨

序

和动摇，但最终坚持了下来。她之所以能够从一个基础不是特别好但却能够成长为一个对研究充满热情的独立研究者，应该说与她的人生经历及其相关的人生态度有很大关系。我也经常以她来教育在读的学生，做研究要仰望星空，要有目标，但也要脚踏实地、持之以恒地付出努力。

毕业后，她先是选择了贵州师范大学作为自己的工作单位，后又因为照顾家庭的原因调到长江师范学院工作。无论在哪个单位、在什么岗位，她都始终不放弃对研究的追求，积极申报项目，发表研究成果。先后主持了国家哲学社会科学基金、教育部人文社科基金等项目5项，在《教师教育研究》《比较教育研究》《外国教育研究》等国内主要学术刊物上发表了30余篇学术论文。看到她取得的成果固然高兴，但是看到她能够持续保持研究的热情，才是最令我欣慰的。因为受过系统完整研究训练的她，只要能够持续保持足够的研究热情，享受研究的过程，取得研究成果是水到渠成的事情。

虽然她一直很努力，也取得了不少成果，但毕竟处于成长的过程，而且虽然本书经过了修改完善，反映的仍是其博士阶段的研究心得。尽管该书还存在一些不足，但毕竟是她一个人生阶段奋斗成果的呈现。之所以把不够完美的成果呈现在读者面前，既是一次获得同行指教的机会，也是其个人成长发展的重要契机。我相信她一定能够以此为契机取得更大的进步！

2020 年 12 月 14 日于东北师范大学

目 录

绪 论 ·· (1)
 第一节　研究缘起 ·· (2)
 第二节　研究问题及意义 ·· (9)
 第三节　概念界定 ··· (12)

第一章　教师认同发展的研究现状 ·· (18)
 第一节　教师专业发展研究 ··· (18)
 第二节　教师认同研究 ··· (29)
 第三节　研究述评 ··· (52)

第二章　基于方法论探讨的研究设计与实施 ··························· (55)
 第一节　研究方法论 ·· (55)
 第二节　研究对象 ··· (65)
 第三节　资料收集与分析 ·· (72)

第三章　"满意"与"良心活"
   ——教师认同的主体间性特征 ································ (81)
 第一节　"满意"——教师认同的情感基础 ···························· (82)
 第二节　"良心活"——教师认同的道德力量 ························ (93)

第四章　教师认同发展轨迹的类型 ……………………（105）
第一节　教师认同发展轨迹的社会时间序列 ……………（105）
第二节　教师认同发展轨迹的类型 …………………………（108）

第五章　教师认同发展轨迹的转折点 ……………………（132）
第一节　"60后"出生组教师认同发展轨迹中的转折点 ……（133）
第二节　"70后"出生组教师认同发展轨迹中的转折点 ……（143）
第三节　两个出生组教师认同发展轨迹中的转折点差异比较 ……（154）

第六章　教师认同发展轨迹的家庭因素 …………………（159）
第一节　学徒观察期时的家庭背景 …………………………（160）
第二节　入职后的家庭情况 …………………………………（169）

第七章　教师认同发展轨迹的学校因素 …………………（174）
第一节　学校概述 ……………………………………………（174）
第二节　同事关系 ……………………………………………（181）

第八章　教师认同发展轨迹的待遇因素 …………………（196）
第一节　教师职业的社会地位 ………………………………（196）
第二节　教师职业的工资待遇 ………………………………（201）
第三节　教师职业的专业地位 ………………………………（209）
第四节　教师职业中各类待遇的关系 ………………………（213）

第九章　教师认同发展轨迹的文化因素 …………………（219）
第一节　社会文化 ……………………………………………（220）
第二节　教师文化 ……………………………………………（229）

目　录

第十章　综合讨论 ……………………………………………… (237)
　　第一节　植根于历史、社会背景的教师生命事件 ………… (238)
　　第二节　教师认同发展轨迹中的生命事件 ………………… (254)
　　第三节　文化、变迁与教师认同 …………………………… (263)

第十一章　结论与建议 ………………………………………… (276)
　　第一节　结论 ………………………………………………… (276)
　　第二节　建议 ………………………………………………… (282)

参考文献 ………………………………………………………… (302)

附件1　访谈提纲 ……………………………………………… (320)

附件2　研究承诺书 …………………………………………… (324)

附件3　教师认同故事线图 …………………………………… (326)

后　记 …………………………………………………………… (327)

绪　　论

教育与社会之间的密切联系决定了新时代教师教育体系的完善必然需要嵌入社会背景变革与教育结构变迁要素，在这个过程中，教师队伍建设逐渐由单纯的数量维度满足转向多元立体的质量维度建构，这是当前我国在教师队伍专业化建设中所面临的客观背景。此时，如何激发教师专业发展的自主性、保持教师专业发展的持续性逐渐成为通过教师培养或培训提高教师队伍专业化建设质量的核心议题。根据著名的科瑟根"洋葱头模型"理论，解决好这个议题的关键是关注教师的教师认同，因为教师认同是教师行为改变的核心要素，是教师负责任地自主行动和不断成长的内部动力。不同教师所处历史、社会、文化场域的差异性，增加了教师认同研究的复杂性和艰难性。出生于不同年代的教师身上总会有与其出生年代相应的时代标签和教师认同特征，比如我们常见的"60后""70后""80后"教师等。本书基于生命历程理论的视角，研究出生于20世纪60—70年代教师的教师认同发展轨迹，既关注历史、社会、文化变迁等对教师认同发展过程的影响，也关注在社会宏观背景变迁下教师个体主观能动性发挥机制的代际差异，以深描理解并洞察解释不同出生组教师的教师认同发展过程，观照教师个体在专业发展中受到社会背景变迁规制下的主观能动性，并在社会背景的客观变化与个人专业发展的多元化需求之间探寻教师教育政策的最优化路径。

第一节　研究缘起

一　教师职业生涯发展轨迹的研究需要重新建构

教师专业发展的研究兴起于20世纪80年代之后，发展至今主要形成了两种研究取向：一是从横向视角基于教师专业标准维度研究教师专业发展，比如探索教师在专业知识、专业能力、专业信念等方面的素质结构特征；二是从纵向视角研究教师职业生涯发展阶段及各阶段所具备的专业知识和专业能力特征等[①]。在这两种研究取向中，遵循着将教师专业发展看成新知识获得与新技能发展的共同研究假设。

随着信息化社会和全球化经济的到来，新的研究视角和方法论等不断被引入教师专业发展研究中。教师职业生涯发展阶段的研究也经历了从理性范式到非理性范式的转变，理性范式下的研究遵循一种线性模式开展，主要代表人物有瑞士的休伯曼、美国的菲斯勒等，他们认为教师职业生涯发展轨迹是可预期的，教师的专业发展会按照一种比较固定的线性方式或模式进行。非理性范式的研究致力于解决教师在新时代背景下的角色多元化问题，这个问题是由于特定国家在社会、经济、文化等方面的既有差异（本源性差异）或者在全球化背景下这些方面的发展（发展性差异）所带来的，并且每个国家的教师教育体系、每位教师个体的专业发展都不可回避。

戴和塞蒙等针对此问题提出"教师职业生涯轨迹中的线性发展模式目前受到了挑战，需要对专业人员（教师）的生涯周期轨迹以及他们在教师职业情感认同中的个人、学校以及政策背景之间进行新的理解"[②]。

---

① 朱旭东：《教师专业发展理论研究》，北京师范大学出版社2013年版，第187页。
② Christopher Day, Pam Sammons, Qing Gu, "Committed for Life? Variations in Teachers' Work, Lives and Effectiveness", in Martin Bayer, Ulf Brinkkjer, Helle Plauborg, Simon Rolls, *Teachers' Career Trajectories and Work Lives*, Springer Science + Business Media B. V. 2009, pp. 49–70.

绪 论

约翰逊认为这种新的理解是研究者应该将教师的职业生涯发展轨迹看成非线性的,教师选择教师职业、进入教师职业以及在教师职业生涯中对教师角色、师生关系、时间投入等方面的安排都具有差异性,特别是对于那些出生于不同代际的教师来说更是如此[①]。教师职业生涯发展轨迹的研究需重新建构,需基于非线性视角,从教师个人、学校与政策背景之间的关系出发探讨教师职业生涯发展所具备的个体独特性以及世代和时代差异性。

二 教师认同的研究是促进教师适应社会变迁的必然要求

21世纪是一个充满各种变化与危机的时代,不确定性和复杂性是其典型的时代标签。不同形态社会的提法充斥在教师职业的各种活动场所与文化场域中,比如"信息社会""学习型社会""知识经济社会""后现代社会""后工业社会"等。受到社会变迁对传统家庭结构的冲击,教师工作的主要对象——学生的亲子关系、学习方式、气质个性等也发生了变化,并据此被贴上"×0后""新生代"等标签。教师群体在21世纪面临着巨大的发展危机,根本原因在于世界各国都开始空前关注学生培养质量,特别是基础教育质量。各国教育决策部门逐步达成如下共识:教师的素质是影响教育质量的关键,这种认识强化了对教师质量判断与评价的重要性,基于教师专业标准判断教师基本素养成为教师培养培训的常见策略,教师职业不再是终身性职业,教师职业的风险性或者风险系数增加,即使是像中国这样曾经将教师职业看成"铁饭碗"的国家也开始倡议要实施教师资格证书的更新制度。

教师职业的公共服务性特质使得教师职业的从业人员在工作中越来越受到大众、舆论、各种传播媒介等的高度关注,即教师工作受到了社会公众的监督,例如备受各种舆论关注的范跑跑事件、屡禁不止的教师

---

① Corrie Stone-Johnson, "Committed for Life? Variations in Teachers' Work, Lives and Effectiveness", in Martin Bayer, Ulf Brinkkjer, Helle Plauborg, Simon Rolls, *Teachers' Career Trajectories and Work Lives*, Springer Science + Business Media B. V. 2009, pp. 179 – 202.

办补习班等现象。这些变化的出现并非偶然，这既是教师的道德危机，更是教师职业（身份）的认同危机。"身份危机之所以出现，是因为高额的当代资本已经成功地再生和重新定位了生产的社会关系……在身份危机中，没有坚定的立场，即使原地踏步，也面临着被改变的危险。"①21世纪的教师工作特质是变化与危机并存，之所以有危机的存在，教师工作环境的变迁是根本。此时，教师个体想要成功地规避教师工作中的危机或降低教师工作环境中的风险，最明智的策略莫过于通过改变自己以适应工作环境的变迁。同时，与教师群体利益相关的各组织与部门也相应地提出了各种改革措施，以希冀通过各种教育改革使教师或整个教育体系适应这个"不变就要被淘汰"的时代。

目前，世界各国相继进行了一系列的教育改革。美国的主要举措是：在20世纪80年代开始实施《不让一个孩子掉队》的法案，霍姆斯小组在20世纪90年代提交了《明日之学校》报告以及奥巴马执政时期不断强化政府对教育的投入等；欧洲的主要举措是：适应欧洲一体化建设的需求，"博洛尼亚进程""哥本哈根进程"逐渐得以开展与实施，同时英国还提出"夸美纽斯计划""教师终身学习计划"等；中国在2010年再次面向全国修订和颁布《国家中长期教育改革和发展规划纲要（2010—2020年）》，并实施"跨世纪园丁工程""国培计划"以及免费师范生政策等，这些都是专门针对提高教师队伍建设质量而制定的相关教师教育政策。

在社会结构变迁、各项教师教育政策得以逐步实施的背景下，教师与国家、市场、学生、学校组织环境等之间的关系都发生了相应变化。教师职业中的价值观体系已经不可能再保持相对中立性，教师从业人员也不可能置身于周围环境之外，而是受到各方力量的不断牵引与拉扯，甚至教师职业的公共性特征也是各方力量的利益博弈结果与实际体现。

---

① ［英］艾弗·F. 古德森：《专业知识与教师职业生涯》，刘丽丽译，北京师范大学出版社2007年版，第111页。

绪 论

此时的教师，亟待不断地澄清自己的身份，并在各方利益博弈场域中回应"教师是谁？"这个问题。对于教师的培养也开始由过去的教师"应该怎么样？"的外铄性标准，转向注重教师在社会变革背景下持续专业成长的"我是谁？我要成为什么样的教师？"的内在动机激发。教师认同研究正是为了回答这样的问题。

三 教师认同发展是教师专业发展的重要表征

在教师职业生涯发展轨迹的研究中，"阶段论"或"时期论"是常见的研究观点，研究者们的研究假设是以某种质量维度的转变作为不同教师职业生涯发展阶段或时期的表征，这些质量维度通常指的是比较固定的、约定俗成的要素，比如教师关注的变化、教师发展需求的变化等。在这方面比较有代表性的研究有：富勒以教师关注对象的变化为教师不同发展阶段表征的教师关注发展阶段理论[1]；卡兹等以教师在每个阶段的发展任务和职业培训需求变化为表征的学前教师专业发展阶段理论[2]；休伯曼等以教师在不同时期对学生的态度、与学生的关系、工作积极性等变化为表征的教师职业生涯发展时期理论等[3]。

随着教育背景和学生生活背景的日益复杂化和多元化，以教师职业生涯中的一种或几种要素变化为表征的教师专业发展研究面临着新问题与新挑战，即教师在专业发展中如何应对各种社会背景变迁与学生个性的变化问题。教师专业发展研究需要探寻教师在多变的、充满危机的21世纪中如何选择并从事教师职业，同时需分析教师是如何积极做出各种调整与适应的内在动机，即更需关注教师在职业生涯发展中的个体独特性和主观能动性。这方面的探索逐渐成为21世纪教师教育领域研究的重

---

[1] Frances F. Fuller, "Concerns of Teachers: A Developmental Conceptualization", *American Educational Association*, Vol. 6, No. 2, 1969.

[2] Katz, G. Lilian, "Developmental Stages of Preschool Teachers", *The Elementary School Journal*, Vol. 73, No. 1, 1972.

[3] Michael Huberman, *The Lives of Teachers*, New York: Teachers College Press Columbia University, 1993.

点与焦点，比如不少研究者通过"生活史研究""专业传记或职业故事研究"叙述、叙事地追寻教师在职业生涯中的主体性发展过程与发展特质，"对于教师专业的研究越来越向低综合性方向发展，转向关注教师个人生活史"①。通过教师自身对从事教师职业的动机、心理、情感等内在要素、内在动机的解释与再解释，找到教师独特性的成长轨迹。这一转变与教师职业生涯发展轨迹研究中的范式转变相契合，即要判断教师的专业发展阶段或时期，不仅是要考虑到处于不同专业发展阶段教师的专业知识与专业技能等这些"专业"要素的变化，更重要的是要考虑到教师自身在生命发展历程中的角色变化②。其中，最根本的就是要让教师意识到在他们的职业生涯发展中他们到底是谁，"表面上我们是在传授我们知道的知识，实质上我们教的是我们自己是谁"③。

"对于教师认同研究的兴起，显示了教师教育研究领域开始更加关注作为教师的意义，在认同研究中集中回答'作为教师我是谁？'和'我想成为什么样的教师？'教师自己的这些看法才是理解和触发教师专业发展的起点"④。这也再次证明在新时代背景之下的教师教育研究中对教师职业的看法不再是线性的，而是个人理解的。周淑卿认为教师认同研究的兴起正是由于以往教师专业发展研究中忽视了教师权力与声音的后果，"教师认同才是最根本的，当教师能追寻、建构自己的认同，才可能有负责任的自主行动和不断成长的动力，这样的教师才能找到自己和

---

① Simon Rolls, Helle Plasborg, "Teachers' Career Trajectories: An Examination of Research", in Martin Bayer, Ulf Brinkkjêr, Helle Plauborg, Simon Rolls, *Teachers' Career Trajectories and Work Lives*, Springer Science + Business Media B. V. 2009.

② Linda Evans, "Professionalism Professionality and the Development of Education Professionals", *British Journal of Education Studies*, Vol. 56, No. 1, March 2008.

③ Hamachek, D. "Effective Teachers: What They Do, How They Do It, and the Importance of Self—knowledge", In R. P. Lipka, and T. M. Brinthaupt, *The Role of Self in Teacher Development*, Albany, NY: State University of New York Press, 1999.

④ Akkerman, Sanne F., P. C. Meijer, "A Dialogical Approach to Conceptualizing Teacher Identity", *Teaching & Teacher Education*, Vol. 27, No. 2, 2011.

绪 论

学生的主体性"①。无论从什么样的视角研究教师主体性的职业生涯发展，都避不开一个重要的事实：即教师主体性任何时候都要外显于教师行为中，教师行为是承载教师主体性的终端。但不管是教师专业发展阶段论（或时期论）的研究，还是教师"个体独特性发展"的研究，常只停留在对那些能观察得到的教师行为或教师能力的分析上，这就产生了教师主体性发展与教师行为表现之间的二元对立问题。

科瑟根认为传统的能力标准（行为表现）分析与教师自我（教师主体）发展的二元分立状态应该结束，并且还应该考虑更多的因素，他建构了教师行为改变的"洋葱头模型"（见图0—1）②。这个洋葱头的核心部分——教师认同和教师使命——才是真正影响教师行为的动力因素，而且是最不容易被发现的因素，要对教师行为进行干预或者调整，这是最不应该忽视的部分。因为教育情境的复杂性，教师在课堂中的教学行为不是那些"固定"或"硬"的能力标准"前置性规定"能预期的，真正决定教师在课堂中的行为是与教师情感、教师效能感、教师职业承诺等息息相关的"软"因素——教师认同和使命感——所决定的。这也使教师认同成为教师实现自主专业发展中亟待解决的关键主题之一，教师认同发展是教师专业发展的重要表征。

四 "60后"和"70后"教师是教师队伍的主要力量

2010年，中国颁布了《国家中长期教育改革和发展纲要（2010—2020）》，其中明确指出"要加强教师队伍建设，提高教师整体素质"。目前的基础教育教师队伍结构中，"60后"教师和"70后"教师是主要力量，学校里的大部分骨干教师主要集中在这两个年代出生的教师中，同时当前各种教师教育政策与教师各类培养培训项目的参与者与受益者也主要是这两个年代的教师。

---

① 周淑卿：《课程发展与教师专业》，九州出版社2006年版，第1—2页。
② Korthagen, Fred A. J., "In Search of the Essence of a Good Teacher: Towards a More Holistic Approach in Teacher Education", *Teaching & Teacher Education*, Vol. 20, No. 1, 2004.

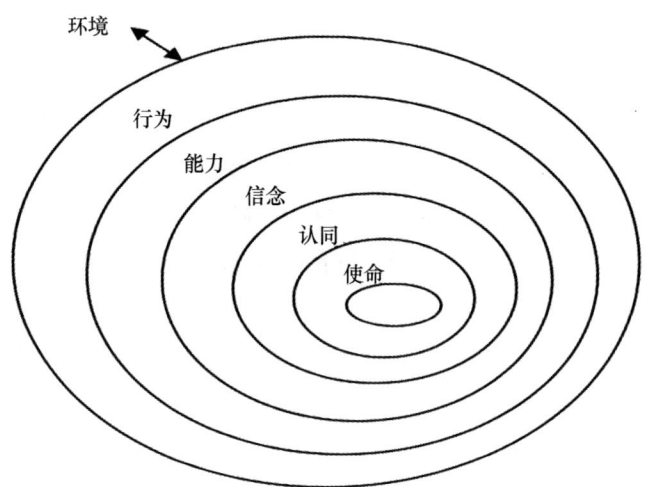

图 0—1　教师认同改变的洋葱头模型图

资料来源：Korthagen, Fred A. J., "In Search of the Essence of a Good Teacher: Towards a More Holistic Approach in Teacher Education", *Teaching & Teacher Education*, Vol. 20, No. 1, 2004.

我国教师教育政策实施在教师队伍建设质量提升上已经取得一定成效，但是存在着比较明显的教师教育主体性缺乏（包括教师和学生这两个主体）的弊端，教师主体性缺乏的主要表现为：教师教育的主要内容大多集中在专业知识的学习和师范技能的训练上，忽视了作为生命主体的教师自身创造性与独特性的教师专业发展取向①。比如，2011 年教育部印发了《关于大力加强中小学教师培训工作的意见》，2012 年教育部会同发改委、财政部印发了《关于深化教师教育改革的意见》。这两个文件主要将教师培训模式改革和培训质量提升作为两项核心任务，重点提出在教师培训中要体现以师为本的理念、要注意激发教师的参训动力，满足教师对高质量教师培训的期盼②。但教师教育各类培训项目中仍然

---

① 吴遵民、傅蕾：《我国 30 年教师教育政策价值取向的嬗变与反思》，《杭州师范大学学报》（社会科学版）2011 年第 4 期。

② 赵小雅：《全面提升新时期教师培训质量》，《中国教育报》2013 年 5 月 15 日第 2 版。

◈◈ 绪　论 ◈◈

存在明显忽视教师主体性发展的问题，《中国教育报》刊发的新闻调查《教师培训：接地气才有更好效果——六省市教师远程培训调研报告》发现当前的教师培训项目离"进一步提高和促进教师专业化发展"的目标还有较远路程要走，各类培训中明显存在培训课程安排与教师主体需求之间的脱节现象[①]。不少研究建议从教师编制结构配备调整、教师实际教学行为改善等方面提升教师专业发展的主体性，但在促进教师专业发展的实践探索中，针对教师主体的主要表征要素、教师认同所开展的教师培训项目及相应的培训课程等少之又少。

"60后"教师和"70后"教师作为中小学教师队伍的主要构成群体，关注他们的教师认同情况对加快教师队伍专业化进程具有重要的时代价值。不同年代出生的人会产生不一样的价值观，这些价值观不仅会影响他们的行事、做人风格，也会影响他们的教师认同状况。由于教师认同是教师专业发展的重要表征，出生于不同年代教师的教师认同特质会进一步影响他们在职业生涯中做出各种判断和抉择。"60后"教师青少年时期未能接受正常的基础教育。"70后"教师尽管在青少年时期基本接受了比较正常的教育，但他们入职时也正是中国开始真正进入改革开放的时代。这两个年代的教师都出生、成长于中国特殊的历史年代，这有没有对他们职业生涯轨迹中的教师认同产生影响呢？是一种什么样的影响呢？关注这些问题是有效开展中小学教师培训、改善教师队伍建设的整体素质、提高教育质量水平的关键。

第二节　研究问题及意义

一　研究问题

本书的研究主题是：在中国社会场域下研究"60后"教师和"70

[①] 陈中原、李孟华：《教师培训：接地气才有更好效果——六省市教师远程培训调研报告》，《中国教育报》2013年5月27日第3版。

后"教师在职业生涯中的教师认同发展轨迹。教师认同中的重要方面是教师职业价值观，价值观在很大程度上会受到个体从小各种成长环境的深刻影响。为避免忽视中国教师所处的中国社会文化场域特点对教师认同研究的影响。本书将对这两个出生年代教师的教师认同发展轨迹研究置于中国社会结构变迁的背景之下，旨在回答以下几个问题：

一是，教师认同发展轨迹有哪些类型？不同出生年代教师的教师认同发展轨迹有何异同？

二是，教师认同在教师职业生涯中的什么时间点发生变化与转折？这些变化与转折在不同出生年代的教师身上有什么异同？

三是，影响教师认同发展轨迹的因素主要有哪些？

本书在2013年笔者博士毕业论文基础上进一步完善而成，自论文提交后，笔者的进一步思考与探索从未停止过。笔者一直在思考这样一个问题：回答以上这三个问题到底要解决什么样的实际问题？这使我再次审视当时的这个选题，即基于什么样的初衷选择对这两个出生年代的教师以及他们所生活的文化与社会场域背景进行关注？本书最终想要实现这样一个目的：在不断变迁的社会、文化背景下，教师如何能够实现真正的专业发展或持续的专业发展。教师的专业发展可能是终身的，这一点与教师教育一体化有着密切关系，即教师教育需实现职前培养、入职培训与在职教育的一体化发展。同时，教师专业发展需要某种外力（比如师范院校、教师教育者等的培养或者培训）的影响与支持。当前，相关观点已不再认为教师专业发展仅仅只是一种"外铄性力量"影响的结果，而更多地来自教师自身的内在性发展力量。在此基础上，本书的研究问题进一步表达为：（1）在中国文化场域下教师主体是如何建构自己的教师认同的？（2）教师内在发展力量的专业发展策略是怎么样的？当然，这两个补充性的研究问题密切联系于最初的三个研究问题，具体地说这两个研究问题是对本书研究初衷的进一步深化与发展，并期望能进一步联结教师教育研究与教师教育实践之间可能会存在的鸿沟。

绪 论

二 研究意义

对教师认同问题的关注,起源于对教师专业发展的关注,特别是对如何促进教师内在的、主体性专业发展的关注。社会、经济、文化的不断变迁促使教师群体要在这种变迁中不断追问自己的身份问题,无疑这种职业身份的认可与接受是教师认同的重要构成要素。在持续变迁社会背景下进行有效的教育改革,提升教师队伍建设的整体质量,关键要落实在改变教师的教学行为上,而教师认同与使命感是引发这种改变的核心要素。变迁的社会不仅对教师个体产生影响,也对不同年代出生的教师群体产生影响,这是本书关注"60后"教师和"70后"教师的基本出发点。由此出发开展本书的相关研究具有如下理论意义与实践价值。

随着教师教育领域研究的兴起,教师专业发展理论的研究取向几经更迭,研究视野日益多元和宽泛。在中国文化场域下关注不同年代出生教师的教师认同发展轨迹,关注教师内在的、主体性的专业发展动力,既能拓宽教师专业发展理论的研究视角,也能不断丰富教师专业发展理论。理论意义上,本书能在一定程度上提升教师认同的研究层次,进一步加深教师认同领域研究与社会学、管理学研究领域的相互融合与借鉴;进一步加强教师认同领域研究与相关教师教育政策、教师教育培养培训项目之间的相互联结性。

实践价值上,本书直面不同出生年代教师在职业生涯发展中的真实组织场域与社会环境,实地考察并分析不同年代出生教师的教师认同发展轨迹类型、转折点等的异同。能够为教师教育政策的不断完善,建构有效的教师教育培养培训项目提供扎实的实践资源论据;能够进一步促进广大中小学教师在面临社会变迁时依然乐于认可并接受教师职业,强化教师职业身份认同,坚持教师自我的不断更新发展,进而提高教师队伍整体素质、提升基础教育质量。

第三节 概念界定

一 认同

认同首先是一个心理学名词，表示的是对他人或者团体的态度、行为等的体认与模仿，并使这样的态度、行为成为个人人格一个部分的心理历程，也可解释为表示认可与赞同。认同是一个外来词，用英语表示为"identity"或者"identification"，其中文意思是指一种身份；同一性，一致性；同一人；同一物等几方面。《简明心理学百科全书》中将认同定义为"把自己看成是所期望的对象，并表现出与对象类似的态度与行为"①。这个过程又被称为自居，是一种个体将自己期望成为的对象的态度与行为进行内投的心理机制。《教育大词典》对认同做如下解释："认同即自居作用，是把自己亲近的人或尊重的人作为行为榜样进行模仿或内投自身的过程"②。《心理学大词典》中将认同解释为个体的一种社会化过程，在这个过程中，个体对他人的人格进行全面而持久的模仿学习。③

谢弗指出"对于认同这个概念，我们需要区分两个方面的含义，一是个人认同，二是社会认同"④。个人认同指的是个体对自己有别于他人的总体人格特征的主观感受，这种感受为个体提供了一种独特感。个人认同也经常被称为自我认同或自我确认，经常作为自我概念的同义语使用。与个人认同只关注个人的独特性不同，社会认同一方面是指个体属于某个特定的社会团体（民族的、国家的、宗教的、职业的等）而与群体中的其他人有着相同的行为方式，另一方面则是指团体成员和其他团体成员相区别的那些特征。因此，这个概念包含了人类的两个核心动机：

---

① 荆其诚：《简明心理学百科全书》，湖南教育出版社1991年版。
② 顾明远：《教育大词典》，上海教育出版社1991年版。
③ 朱智贤：《心理学大词典》，北京师范大学出版社1989年版。
④ 谢弗：《发展心理学的关键概念》，华东师范大学出版社2008年版，第74页。

绪 论

归属的需要和独特的需要，此时，社会认同可以定义为：个体对于某一社会团体的归属感以及与其他团体的成员相区别的独特感，特定团体的成员身份会使得个体拥有一种"我们"的归属感。归属感的重要性在于它帮助人们在社会中确立一个属于自己的位置，比如，是男人还是女人、是黑人还是白人等。

研究教师认同有两种传统视角，即埃里克森的心理学视角和维果斯基的社会文化视角。从谢弗对个人认同和社会认同的区别来看，埃里克森的心理学视角更多地关注了个人认同，而维果斯基的社会文化视角更多地关注了社会认同。个人认同与社会认同之间是辩证统一关系，不管是对个人来说还是对团体与组织来说，二者是相互联系和影响的，只是不同研究者在研究视角与侧重点上不同而已。本书的教师认同是一种社会认同，强调认同的形成与建构是一种过程，不同出生年代的教师在这个过程中可能会获得不一样的组织归属感和独特感。"社会认同绝不是一种状态，并不是身份一旦确立就永远存在，我们更应该将社会认同看作是一个过程，一个在新的环境下能发生变化的动态发展过程。尽管认同来源于性别和种族等内源性特征，但是它可能发生改变。例如，社会状态的变化、个体自己对这些类别的解释方式等，都会使其社会认同产生一定的变化。"①

认同的概念中有以下关键点，首先，认同必须有一个对象，这个对象可以是个人，也可以是某个团体或某种职业；其次，认同中的"我"是认同发生的出发点，即认同发生的主体；最后，认同体现了主体的一系列心理机制，这种心理机制过程表现为体认、模仿等。简言之，认同就是主体对其他个体或团体的态度、行为的认可与接受的心理过程。由此可以得出关于教师认同概念的以下关键点：教师认同的对象是教师职业；教师主体是教师认同的发生者；教师认同体现了教师主体对教师职业所需要的态度、行为的体认、模仿，即教师认同就是教师对教师这种

---

① 谢弗：《发展心理学的关键概念》，华东师范大学出版社2008年版，第74—75页。

专门职业的认可与接受的心理过程。

二　专门性职业

有研究者认为，讨论教师认同的定义时，应该有教师专业认同与教师职业认同的区别。本书并不赞同这一点，"认同"是主体对其他个体或团体的态度、行为的认可和接受的心理过程。界定"教师认同"首先需基于对认同的理解，教师认同是认同在教师职业中的具体化，因此教师认同可被理解成教师（主体）对教师职业（个体或团体）的态度、行为的认可和接受的心理过程。尽管进行这样的"嫁接"并没有错误，但如果要对教师认同开展研究，还必须弄清楚教师在教师职业中有什么样的态度和行为特点。正是因为在以往的不少研究中忽视了从这个角度来界定教师认同概念，才产生了教师认同具有专业认同与职业认同之争。判断一门职业到底是专业还是职业，要从这个职业的从业人员所需具备的素养来看，如何来确定教师职业是否是专业性职业呢？当然也要由从业者的态度和行为出发进行判断。目前，大家都公认医生是专业性职业，为什么呢？首先，从态度上来说，医生需要在工作中遵循必然的医德伦理、必须有合适的态度让病人得以把不适信任告知；其次，从医生的医疗行为上来说，为相同疾病患者所开具的处方差异不会很大；再次，在准医生阶段，需要经过长期的专业学习与实践锻炼；最后，医生职业具有不可替代性，这种不可替代性不仅体现在医生职业与其他职业之间的外部关系上，还体现在医生职业内部的不同专业与学科差异上。基于此，医生职业无可厚非地成为大家公认的专业性职业。

教师职业是否是专业性职业的争议实质上已经显示该职业的专业性并不及医生职业，与医生职业相比，教师职业具有如下特质：首先，教师在工作中的主要职能是传授知识给学生，随着科学主义、绩效主义的兴起这种职能更加突出，在这个过程中，教师并不那么需要获得学生的信任（尽管教育专家们不断地强调教师需要取得学生的信任，事实是教

绪 论

师在实际工作中更喜欢仅仅按照自己的意愿进行教学）；其次，教师在教学实施时的随意性更大，同样的教学内容，不同教师教学实施时采用的方式、方法、途径等均会出现比较明显的差异；最后，在准教师阶段，大家都公认师范类专业比医学类专业要简单易学得多，一名医科院校毕业的学生可以在短期内达到准入标准而选择当教师，但一名师范类院校毕业的学生是绝对不可能通过短期学习或训练就达到医生准入标准而去当医生。从教师职业从业人员应具有的态度和行为上来判断，教师职业肯定还不是一个专业。建设一支专业化教师队伍、实现教师个体专业性发展还是教师教育领域在持续追求的理想目标。

  到底应该怎么来判断教师职业的专业性呢？联合国教科文组织1966年在《关于教师地位的建议》中曾提出应该把教学工作视为一种专门职业，因为教师职业需要教师经过严格和持续的学习与研究才能获得，并且教师职业需要教师具备专业知识以及专门技能。我国1993年颁布的《中华人民共和国教师法》中明确规定了"教师是履行教育教学职责的专业人员"，并且在1999年版《中华人民共和国职业分类大典》中也将教师职业明确地归类为"专业技术人员"。因此，目前把教师职业界定为专门性职业是适切的。什么是"专门性"呢？"专门"是指特定的、有一定专长、专一从事某一门学问或者工作的意思，教师职业是一种教育人的特定性专业，其专门性体现在如下几方面：首先，教师职业尽管专业性不及医生职业，但也不是简单的、低水平劳动的职业，要想成为一名合格的教师，至少要经过专业知识、专业能力等方面的系统学习与培训，并且需要获得教师资格证书；其次，与其他更普通一些的职业（服务员、销售人员等）相比，教师职业拥有更高的社会认同度，尽管教师职业也许并不是每个人的首选职业；最后，教师职业拥有相应的职业伦理规范，比如"教师职业道德与行为规范"等。可以看出，教师职业虽然不及医生职业那么专业，但也非谁都能做的职业，应该说是介于专业和职业之间的专门性职业。

三 专业性职业

将教师职业当成一种专门性职业是恰当的,但同时,也要注意到社会的不断变化对教师职业性质可能带来的影响。首先,中国社会在改革开放30多年之后,经济增长出现了放缓现象;其次,中国一些地区出现了人口出生率的下降(在2015年,政府出台了"二孩政策"以刺激人口出生率的增长),到学校里接受教育的人数可能会逐渐减少;最后,随着中国城镇化进程的逐步推进,乡村学校的数量可能会逐渐减少。这些变化与美国在20世纪80年代前后发生教师专业化运动的社会背景特征非常相似,社会背景的变化是教师职业成为专业性职业的现实土壤。从21世纪初期开始,教师队伍专业化建设、教师专业发展等逐渐成为中国教师教育领域里的热词。因此,目前中国的教师职业同样也应被看成专业性职业。与专门性职业相比较,专业性职业更加强调从业人员专业精神的"独立性",基于这一点,有时又把这样的教师称为"独立教师"。戚业国认为"'独立教师'这个词汇迅速被接受和传播,无论其中存在多少可以争论的问题,这本身就充分说明专业化的教师开始走向市场,预示着教师作为独立的专业性职业,开始具备独立在市场生存的可能,这具有突出的象征性意义"[①]。

此外,教师职业作为专业性职业还具有如下特性:首先,教师具有独立的专业自主权,具体体现在教师处理如何教学、如何和学生相处等问题时表现出的专业性理念与专业性方法上。其次,教师具有专门的行会性组织,行会性组织属于一种专业组织,教师职业的专业性不光是体现在一种个人专业行为上,还表现在能够通过专业组织表达诉求、提升待遇、获得支持上。最后,教师职业具有专业的资格证书制度,教师资格证书是教师从业者的基本准入标准,预示着教师职业的专业地位日益增强。

---

① 戚业国:《当教师作为独立的专业性职业走向市场》(http://www.cssn.cn/jyx/jyx_zdtj/201510/t20151023_2527695.shtml)。

绪 论

四 教师认同

如上分析显示，教师职业是在专门性职业的基础上实现专业性发展的职业。首先，这种专门性职业具有"特定、专一"的内涵，具体体现在"传道、授业、解惑"上；其次，这种专业性发展是要实现教师作为专业人员的各方面发展。因此，教师认同的核心与实质是一种专业性的职业认同。职业认同与该职业应该承担的社会角色责任紧密地联系在一起，教师职业认同也应以教师这个专门性职业应该承担的社会责任和社会角色为基本出发点，这是一种"外铄论"形式的教师职业认同角色观。随着社会背景变化以及教育系统相应的持续变迁，教师认同经历了一种从教师角色认同到教师专业认同的发展过程，角色认同是一种对外界规定的教师角色须要承担的规范与期待的认可，但教师不一定会内化这些规范与期待，教师在角色认同中容易缺乏自主性。[①]因此，本书中的教师认同必须与传统的教师角色观进行区别，角色观中的教师个体通常被行政性组织所规定的外在标准所建构。二者的关键区别在于是教师主体的、内在的力量影响了教师的行为，还是教师所处的行政组织环境规制了教师的行为。教师认同的核心与重点是强调教师在认同过程中的自主性，即教师是在自我审视"我是谁？""我要成为什么样的人？"的过程中不断建构自己对教师职业的认可与接受程度，教师认同的过程性意味着教师是行为的自主者[②]。所以，本书的教师认同就是指教师自己如何看待教师职业的相关态度、行为，是教师自己在追问"我是谁？""我要成为什么样的教师？"的过程中如何认可与接受教师职业的主观心理过程。

---

① 陈克现：《教师专业认同：一条审视中小学教师发展的路径》，《天津市教科院学报》2009 年第 5 期。

② Christopher Day, Pam Sammons, Qing Gu, et al., "Committed for Life? Variations in Teachers' Work, Lives and Effectiveness", in Martin Bayer, Ulf Brinkkjer, Helle Plauborg, Simon Rolls, *Teachers' Career Trajectories and Work Lives*, Springer Science + Business Media B. V. 2009.

第一章

教师认同发展的研究现状

第一节 教师专业发展研究

任何一门专业性职业，都可按照专业人员学习方式、学习内容、学习场所进行划分和界定，专业人员的专业发展应有正式专业发展与非正式专业发展之分。所谓正式的专业发展是指引导那些没有经验的人员进入某一种职业需要的课程和体系，这些课程和体系还能针对那些有工作经验的人在通常的工作场所之外寻求一种继续教育形式；非正式的专业发展则是指专业人员日复一日工作的一部分，是一种在工作中学习的方式①。埃文斯认为，专业发展是指各个公共服务机构通过实践和政策的改善，在更广泛范围内提高专业人员专业标准和社会成长能力的一个关键进程，特别是教育领域的专业人员②。

目前对教师专业发展的概念解读很多，一般是以系统化、科学化的知识为基础，不同的研究者根据不同的使用需要对教师专业发展内涵进行解读。本书将教师职业定位为专业性职业，教师专业发展既有广义的发展，也有狭义的发展。广义的教师专业发展指社会学维度上教师群体的专业化发展，狭义的教师专业发展则指教育学维度上教师

---

① Gloria Dall'Alba, Jorgen Sandberg, "Unveiling Professional Development: A Critical Review of Stage Models", *Review of Educational Research*, Vol. 76, No. 3, 2006.

② Linda Evans, "Professionalism Professionality and the Development of Education Professionals", *British Journal of Education Studies*, Vol. 56, No. 1, March 2008.

第一章 教师认同发展的研究现状

个体的专业发展。饶见维认为教师专业发展"乃是传统的师范教育与教师在职进修的整合与延伸"①。是教师从入职到离职的过程中,"持续学习与研究,不断发展其专业内涵,逐渐迈向专业圆熟的境界"②。戴认为,教师专业发展不是教师发展,而是专业发展,是教师回顾、更新、强化职业承诺,获得关键知识、技能、与同事或学生相处能力的发展④。埃文斯认为戴对教师专业发展的界定有合理性,但应在此基础上,给教师专业发展更加明确的定义,教师专业发展不是按照已限定的路径发展,应是在实践中形成的或在实践中生成的,是一种过程的发展和加强专业人员专业性的发展③。可以看出,与一般专业人员相比,教师专业发展更加重视在教师职业生涯轨迹中发展的终身性和过程性,教师专业发展贯穿在教师职业生涯轨迹的全程中。不少研究者以教师在不同职业发展阶段中的不同发展内容作为表征提出了教师专业发展的无阶段论、阶段论或者时期论。

一 教师专业发展的无阶段论

丹·C. 劳蒂从社会学的视角分析了教师的报酬收入与教师职业生涯的关系,以教师在职业生涯轨迹中的收入变化为表征,他认为"教师的收入剖面图是可预测的,相对来说是无分段的,而且是'前载型'。一位新任教师知道自己将会有多少收入,而且看到教龄延长能带来的报酬也是有限的"④。因此,教师的专业发展是"无生涯阶段的",教师职业的本质特征就是"向上流动的机会较少"。这种分析将学校看

---

① 饶见维:《教师专业发展——理论与实务》,五南图书出版股份有限公司2003年版,第15—16页。
② 饶见维:《教师专业发展——理论与实务》,五南图书出版股份有限公司2003年版,第15—16页。
③ Linda Evans, "Professionalism Professionality and the Development of Education Professionals", *British Journal of Education Studies*, Vol. 56, No. 1, March 2008.
④ [美]丹·C. 劳蒂:《学校教师:社会学的研究》,饶从满、于兰等译,北京师范大学出版社2011年版,第71页。

成一种科层组织，其特点是分层不够高度化，因为每个层级间的报酬收入差距不大。但丹·C. 劳蒂同时也认为"假设在教师职业生涯中缺少分段将会导致："（1）在教师中间，即时主义压倒未来主义成为主导取向；（2）始终坚持从事教学，而且付出的努力高于一般人的教师，会有一种被相对剥夺的感觉。"① 从丹·C. 劳蒂的观点来看，如果坚持教师职业生涯发展的无阶段性将不利于教师专业发展。其他研究者也认为教师专业发展是有阶段性的，是有规律可循的，从20世纪80年代开始有关教师专业发展的生涯阶段研究成为教师教育研究领域的热点。

二 教师职业生涯发展的阶段论或时期论

（一）富勒的教师关注阶段理论

富勒的教师关注阶段理论以不同发展阶段教师关注对象的变化作为标准，将教师的职业生涯发展阶段分为：低关注时期、关注自我时期、关注学生时期

职前教学时期：没有明确的关注。教师对教师职业和自己主要处于一种模糊的或不明确的、或预期的、或害怕的状态。这个时期可以被看成教师没有特别关注或低关注教学的时期。

早期教学时期：关注自我。此时教师的关注可以分为隐性的自我关注和外显的自我关注。隐性的自我关注是教师想从指导教师或者校长那里得到支持、与同事之间建立一种良好的工作关系，还包括一种对学校里权威的判断，但是教师往往不太愿意提及后者，这样表面上他们似乎是在关注学生和课堂，其实是在对学校情境进行暗地里评判。外显的自我关注是指教师自己对课堂控制情况的关注，即关注自己的能力，比如关注对课堂秩序的控制、对学科内容知识的掌握情况、对

---

① ［美］丹·C. 劳蒂：《学校教师：社会学的研究》，饶从满、于兰等译，北京师范大学出版社2011年版，第124页。

第一章 教师认同发展的研究现状

偶发事件或者失败教学情况的处理等。

后期教学时期：关注学生。此时教师开始关注学生，这是成熟的关注，以关注学生的学习情况和自我评价为主。教师具有能理解学生、能基于学生个性化特征开展教学、能评价学生的学习情况和学习中的困难等能力[①]。

20世纪中后期正是实证主义科学研究范式占主导地位的时期，富勒的研究正好回应了当时逐渐兴起的教师专业化运动。同时因为受到终身学习思潮的影响，该研究也开启了从纵向视角探索教师专业发展阶段的先河。但遗憾的是，富勒的关注阶段理论没有论及教师在达到成熟阶段以后的发展情况。

（二）卡兹等的学前教师发展阶段论

20世纪80年代初，卡兹等根据教师在每个阶段的发展任务和职业培训需求的变化为标准将教师的专业发展分成求生存阶段、强化阶段、更新阶段、成熟阶段。

求生存阶段：教师入职的第1年内。教师对自己不自信，担心自己与同事相处不好，不能胜任工作。这时教师专业发展需要获得专业支持、同事的理解和指导教师的有效指导。

强化阶段：教师入职1年以后。教师已经不担心自己的生存能力，开始考虑强化自己在第一阶段获得的进步并开始表现出不一般的能力，关注个性化的学生和教学中的问题情境。此时教师的培训需求是他们实际工作中具体问题的处理方法及解决策略，以及如何能从更加宽泛的领域内来了解和促进个性化学生的学习，比如如何寻求心理学家、社会和健康工作者和其他相关专家的帮助。

更新阶段：教师入职3—4年后。教师开始厌倦做同样的事情，希望在职业生涯中寻求新的发展，并关注那些新的课程、技术、方法和

[①] Fuller, Frances F., "Concerns of Teachers: A Developmental Conceptualization", *American Educational Research Journal*, Vol. 6, No. 2, 1969.

理念。此时教师的培训需求是如何得到同事的肯定和获得更多的阅读专业杂志、参加专业组织或专业协会的机会以及学习一些新的教学方法或技术。

成熟阶段：有些教师在入职的第 3 年能达到成熟阶段，有些教师需要在第 5 年达到成熟阶段。教师开始深刻地体会到作为教师的意义，开始更加深入和合理地看待问题，比如会询问诸如自己的历史观和哲学观、成长和学习的本质、教育决策的制定等问题。此时需要给教师提供参加研讨会、参与专业组织的机会，并可让他们与处于第 1 阶段或第 2 阶段的教师进行座谈[①]。

在继富勒之后，卡兹等研究者的教师专业发展阶段论考虑到了教师专业发展的更多方面，比如教师的知识、对学生的关注、教师的视野等，无疑这是进步，但是同样也没有论及教师专业发展到成熟阶段之后的情况。

（三）伯顿等的教师职业生涯发展阶段理论

伯顿、纽曼、皮特森以及弗劳拉等，对教师专业发展进行了有组织的系列研究。这些研究均是对处在不同教学生涯发展阶段的教师们有组织、有秩序地访问晤谈的基础上展开的[②]。伯顿等认为教师在不同的职业生涯阶段有不同的工作技能、知识、行为、态度和关注，每个阶段的特点是有规律可循的，并通过一系列的研究，界定了教师职业生涯发展的三阶段模式，即求生存阶段、调整阶段、成熟阶段。

求生存阶段：入职第 1 年时。教师各方面的知识比较有限，与学生的互动方法也有限，教学方法主要以学科教学为中心，并采用传统的方法来评价同行教师，对工作的很多方面比较困惑，努力想掌握那些最基本的技能。这期间教师需要的发展策略是获得有方向性的指导。

调整阶段：入职 2—4 年时。教师开始不断增加各种知识，更加关

---

① Katz, Lilian G., "Developmental Stages of Preschool Teachers", *Elementary School Journal*, Vol. 73, No. 1, 1972.

② 杨秀玉：《教师发展阶段论综述》，《外国教育研究》1996 年第 6 期。

第一章 教师认同发展的研究现状

注自我意识，使用多元的工作方法，对自己更加自信，并开始尝试使用不同的教学方法。这期间教师需要的发展策略是采取合作的方式促进专业发展。

成熟阶段：入职5年以后。教师在教学上的基本知识与技能都已掌握得很好，能从不同角度来看待学生，能对学生的需要做出反应，并以学生为中心进行课堂教学设计。教师感到安全且充满自信，愿意改变自己的教学方法以保持自己的教学兴趣。这期间教师需要的专业发展策略是一种无方向性的自我评估[①]。

卡兹和伯顿等研究者仍然没有论及教师专业发展到成熟阶段以后会怎么样，但他们针对不同专业发展阶段的教师提出了不同的发展策略，这使教师专业发展阶段论逐渐具有实践指导意义。

（四）休伯曼的教师职业生涯发展时期理论

该理论源自休伯曼在20世纪80年代末90年代初的一项研究，他选择了160名来自瑞士两个行政区的初中、高中教师，通过深度的半开放式访谈，让教师回答精心设计的问题，并结合量化的问题调查数据进行资料分析。研究发现教师专业发展表现出多样性、多元性特点，休伯曼进一步通过对质性资料的反应频次、辅以量化材料支持等策略总结出教师职业生涯发展的大致时期，即入职初期、稳定期、实验与多变期、自我怀疑与重新评估期、平静期、保守与抱怨期、安逸期。

入职初期：教龄5年内。教师会有痛苦或者愉悦的开始，此时与学生之间的关系比较容易影响教师，女教师面临怎样协调好家庭和工作之间的关系问题，男教师容易感到被指导教师过度监督等。也可称为探索期，教师在此时期会面临"现实性休克"的冲击。

稳定期：教龄5—10年或11—19年内。教师有持续的职业承诺，开始喜欢加入专业团队或专业组织，开始全面地掌握教学技能和学科

---

① Burden, R. Paul, "Implications of Teacher Career Development: New Roles for Teachers, Administrators and Professors", *Action in Teacher Education*, Vol. 4, No. 3—4, 1982.

知识，大部分教师都会经历这样的时期。

实验与多变期：同样是教龄5—10年或11—19年内。教师可能开始针对学生的不同个性开展个性化教学实验，国家的教育改革强化了教师对教育的期望，使他们开始寻找一些新的教育理念和挑战。

自我怀疑与重新评估期：教龄11—19年或20—29年内。教师开始质疑自己是否适合当老师，并结合自己的职业生涯经历重新评估自己。不是大部分教师都要经历该时期，但也是教师职业生涯中的一个危机时期，原因可能在于教师对教学工作本身的失望或者对频繁的、失败的教育改革失望。

平静期与情感距离期：同样是教龄11—19年或20—29年内。教师工作积极性有下降，即使不下降，在工作中感觉也更放松，对于工作中的问题不太关注，与学生之间保持着适当的距离。

保守与抱怨期：教师处于50—60岁的发展时期。他们容易抱怨学生的素质不高、公众对学校的态度、教育政策和更年轻的同事。

安逸期：是教师要离开教师职业的时期，他们对工作投入减少，把兴趣和时间花在教学工作以外的地方[①]。

休伯曼把两种研究方法很好地融合起来，从不同的教龄、年龄、性别等层次研究教师专业发展阶段，探索教师与学生之间的关系以及教学重要事件对教师职业生涯发展阶段的影响。

（五）费斯勒和克里斯腾森的教师职业生涯周期理论

同样在20世纪80年代末90年代初，美国研究者费斯勒和克里斯腾森在综合分析既有成人发展研究、教师职业生涯阶段研究文献的基础上，构建了一个教师职业生涯周期模型。他们认为教学专业要吸引并留住出色的教师，绝对有必要把教师需求看作动态的和个性化的。教师职业生涯周期要在个人环境（生活阶段、家庭、积极的临界事件、

---

① Michael Huberman, *The Lives of Teachers*, New York: Teachers College Press Columbia University, 1993.

第一章 教师认同发展的研究现状

危机、个性特征、业余爱好）和组织环境（工会、规章制度、管理方式、公众信任、社会期望、专业组织）的动态影响下建构。基于如上假设，教师职业生涯周期分为8个时期：职前期、职初期、能力建构期、热情与成长期、职业挫折期、职业稳定期、职业消退期、职业离岗期。

职前期：在学院或大学的职前培养阶段，还可能包括教师的在职培训阶段。

职初期：教师工作的头几年，是教师在学校系统的社会化时期，教师表现为争取学生、同事、教学督导人员的认可，试图在处理事情上逐渐表现得更加自信。

能力建构期：教师努力提高自己的教学技能和知识水平，寻求新的教学方法，容易接受新理念，愿意参加专业组织和学术研讨会。

热情与成长期：教师热爱工作，愿意到学校，愿意与学生交流，这个时期教师对工作充满热情且非常满足。

职业挫折期：是许多文献中描述的"倦怠"容易出现的时期，教师的工作满足感和热情开始下降，随着美国某些学区实施"留用老的，解雇新的"的教师雇佣政策，那些随时面临被解雇的新教师更容易出现挫折感。

职业稳定期：此时的教师已进入职业生涯的高原期，有些开始得过且过，有些仍然对教学工作有较高的热情。

职业消退期：有些教师回忆起曾经经历的美好时刻，会感到很愉快；另一些教师依然不喜欢教师职业，并被迫离开工作。

职业离岗期：即指退休后的离岗，也指中途暂时离岗或者转岗[1]。

费斯勒和克里斯腾森将教师专业发展看成动态的、系统变化的过程，并随后针对每个时期进行了个人环境影响和组织环境影响的分析，以此为基础提出了每个发展时期的不同激励措施和发展途径。

---

[1] ［美］Ralph Fessler, Judith C. Christensen：《教师职业生涯周期》，董丽敏、高耀明等译，中国轻工业出版社2005年版，第19页。

（六）斯蒂菲和沃尔夫的教师专业发展时期理论

在终身教育理念、建构主义学习观的影响下，斯蒂菲和沃尔夫认为教师专业发展是持续的专业学习过程，并建构了教师职业生涯发展周期模型。在这个模型中选择被认为是促进教师专业发展的最重要影响机制，教师要经历以下基本的发展时期，即实习期、学徒期、专业期、专家期、杰出期、荣誉退休期，教师沿着这个轨迹进行专业成长的机制就是不断地反思—更新—成长（见图1—1）。同时，斯蒂菲和沃尔夫认为，一旦这种成长机制受到破坏或者得不到相应地支持，教师就会开始出现退缩。"退缩可以出现在教师职业生涯的任何一个时期，主要以教师的内发驱动力变化为标志。"[①] 除了退缩会影响教师的专业发展外，教师作为成年人的特点；学校的科层结构、文化氛围、组织结构；来自外界的教师职业观与教师自己的反思之间可能出现的冲突；变化着的社会背景和校外的社区等都会影响教师的专业发展。结合教师所处的不同发展时期，斯蒂菲和沃尔夫等提出了不同的发展策略。

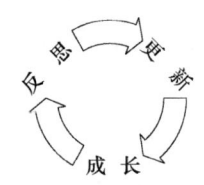

图1—1　反思—更新—成长

资料来源：Betty E. Steffy, Michael P. Wolfe, *Life Cycle of the Career Teacher*, California: Corwin Press, Inc., 2000, p. 21。

教师职业生涯周期理论和教师专业发展时期理论都注意到了教师专业发展的动态性，只是教师职业生涯周期理论更着眼于教师专业发展过

[①] Betty E. Steffy, Michael P. Wolfe, *Life Cycle of the Career Teacher*, California: Corwin Press, Inc., 2000, p. 16.

第一章 教师认同发展的研究现状

程中受到的组织与个人因素影响,且认为教师专业发展过程既有向上性成长也有退缩性成长,而教师专业发展时期理论则希望教师专业发展是在反思更新机制中实现的一种向上式成长[1]。

（七）叶澜、白益民等的教师自我更新专业发展阶段理论

"尽管各国的教育背景不一样,教育组织结构不一样,但是在教师教育领域都碰到了相同的问题,比如教师的专业性问题、专业发展问题、教师招聘问题和优秀教师队伍的建构问题等。"[2] 从20世纪90年代末开始,教师专业发展开始受到中国研究者重视。其中,叶澜、白益民等的研究比较具有代表性,他们认为应该以教师的自我专业发展意识为标准来划分教师专业发展阶段,通过对已有研究结果的分析,他们总结出自我更新取向的教师专业发展阶段理论。

非关注阶段：指的是学徒观察期。教师作为专业发展的主体在这个阶段"只是有从教的潜在可能"。"师范生进入师范学校之前的生活经历对其教育观念,以至学会教学和教师专业发展过程的重要影响似乎已经成为一个不争的事实。"[3]

虚拟关注阶段：指师范生阶段。此时师范生的专业发展意识淡漠,对中小学的实际情况不了解,只能在一种"虚拟"的情境下学习。

生存关注阶段：指新入职教师。此时是教师专业发展的关键期,主要特点是"骤变与适应"。由于进入了实际的教学场景,"现实冲击"让教师怀疑自己能否胜任教学工作。当同时又面临生存的压力时,教师就会感到一种"自我专业发展的忧患意识",但这种意识源于外在的驱动力,教师的专业发展意识似乎是被激发的,而不是内发的。

任务关注阶段：此时的教师已度过入职初期并决定继续留任。教师

---

[1] Betty E. Steffy, Michael P. Wolfe, *Life Cycle of the Career Teacher*, California: Corwin Press, Inc., 2000.

[2] Martin Bayer, Ulf Brinkkjer, "Helle Plauborg, Simon Rolls. Introduction to Teachers' Career Trajectories", in Martin Bayer, Ulf Brinkkjer, Helle Plauborg, Simon Rolls, *Teachers' Career Trajectories and Work Lives*, Springer Science + Business Media B. V. 2009, pp. 1 – 9.

[3] 叶澜、白益民等：《教师角色与发展新探》,教育科学出版社2001年版,第281页。

的专业发展意识还比较脆弱，有时会过于在乎外在的评价，某些关系也处理不好，教师会发现自己的社会地位似乎不如想象的那么高，这样就会让自己对教师工作感到某种程度的失望。同时，教师"对常规教学的逐渐熟悉，教师的专业自信心也越来越强，注意力也可以更多地转移到常规教学以外的对象"①。比如开始关注自己对学生的影响等。

自我更新关注阶段：此时教师将发展的重心和目标已经转移到专业发展上。教师能够在客观评价自己的前提下进行自我规划并取得专业发展，使教师职业成为教师的一种"专业生活方式"。同时，教师已经完全掌握各种教学策略，具备教学机智，并把教师知识结构的重点转移到学科教学法知识和个人实践知识上来②。

叶澜、白益民等还认为教师专业发展并非固定地按照这个发展顺序进行，教师在专业发展中的关键事件、关键情境等都会影响教师的专业发展意识，教师在这些关键事件和情境中，会通过自己的反思与调控做出抉择，这样才能使其形成、改变或强化专业结构，实现专业发展。

（八）饶见维的三阶段六时期理论

饶见维认为理想的教师专业发展阶段划分应该要有利于推动教师专业发展，且考虑教师在各个阶段可能需要的"处境、心态、兴趣、信念"等应然性状态。其理论可称为"三阶段六时期"理论（见表1—1）③。

叶澜、白益民等和饶见维都倾向于将教师专业发展的不同时期或阶段看成一种应然状态，且都关注到了教师在正式进入师范教育以前的发展阶段，即学徒观察期。学徒观察期是教师在入职前职业社会化过程中的重要阶段，丹·C.劳蒂认为在这个阶段中教师作为一名学生就像是在教学工作中当一名学徒，他们和教师进行着长时间的、具有重要影响的

---

① 叶澜、白益民等：《教师角色与发展新探》，教育科学出版社2001年版，第297页。
② 叶澜、白益民等：《教师角色与发展新探》，教育科学出版社2001年版，第297页。
③ 饶见维：《教师专业发展——理论与实务》，五南图书出版股份有限公司2003年版，第465页。

第一章 教师认同发展的研究现状

表1—1　　　　　　　　　　　三阶段六时期理论

阶段	时期	生涯时期	主要发展特性与目标
职前师资培育阶段	探索期	大一以前	探索自己的工作特性,并试探是否符合自己的性向
职前师资培育阶段	奠基期	大二至大四	奠立成为教师所需的基本专业知能与基本学科知能
初任教师导入阶段	适应期	任教第一年	求适应、求生存
初任教师导入阶段	发奋期	任教二至四年	发奋图强、大量学习,以便尽快成为一名胜任型教师
胜任教师精进阶段	创新期	任教五至九年	不断自我创新、自我检讨
胜任教师精进阶段	统整期	任教十年以上	统整与建构,逐渐迈向专业圆熟的境界

资料来源:饶见维:《教师专业发展——理论与实务》,五南图书出版股份有限公司2003年版,第465页。

面对面互动,他们看见教师的时间比看见任何其他职业群体的时间都要长,这个职业社会化过程对那些有志于要从事教师职业的学生来说影响较深。对学徒观察期的重视,使研究教师职业生涯发展轨迹的时间维度得到进一步延伸,即不仅关注教师职业生涯的师范教育阶段、入职培训阶段、在职研修发展阶段,还关注教师成长经历中的中小学受教育阶段。

第二节　教师认同研究

一　认同理论

有关认同的研究主要集中在社会学、心理学、民族学和人类学等领域,并已有不少成熟理论,它们对教师教育领域中的教师认同研究产生了较大影响。

(一)米德的自我理论

米德在库利"镜像理论"的基础上,认为自我在本质上是一种社会存在,对自我的理解不能与社会整个系统分割开,应将自我的形成也看成社会过程的一个组成部分。这种自我与社会过程、社会系统之间的枢纽联系是个体从社会中他人的角度来审视自己,并通过语言、姿态等符号互动的方式得以实现。米德将自我分为主我与宾我,主我是个体在与社会系统交往中保持的一种积极主动性,因此主我会根据社会情境的变化性、复杂性不断地做出行为调整;宾我则是主我在行为调整中审视的对象,主我对宾我的审视常常会参考社会共同体组织的价值观,也称为"组织化的他人态度"[①]。

(二) 埃里克森的青少年同一性渐成学说

埃里克森认为从弗洛伊德的人格构成结构来看,超我与自我之间是一对矛盾,正是这二者之间的矛盾使得青少年在成长过程中出现了同一性的危机问题。埃里克森突破了弗洛伊德人格结构中仅仅关注自我的局限性,借鉴社会学视野中对同一性问题的分析范式,认为对青少年同一性危机的关注应与历史、文化、社会因素相结合进行理论假设,从一个更为宏观的历史、文化、社会框架出发进行分析。因此埃里克森认为青少年人格的发展是个体的生理成熟、自我成长和社会关系三个方面互相影响的过程。以同一性作为核心表征埃里克森将青少年的人格发展分为八个阶段,这八个阶段分别是:信任—怀疑期(0—2岁)、自主—羞耻期(2—4岁)、主动—内疚期(4—7岁)、勤奋—自卑期(7—12岁)、角色同———混乱期(12—18岁)、亲密—孤独期(18—25岁)、繁衍—停滞期(25—50岁)、完善—失望与厌恶期(50岁以后)。埃里克森的同一性理论主要强调了自我的意识,他认为同一性是关于选择的回答,选择中意识到的自我就是自我同一性。青少年要在每个阶段中追求自我同一性状态的达成[②]。

---

① [美]乔治·米德:《心灵、自我与社会》,赵月瑟译,上海译文出版社1992年版,第142—158页。
② [美]埃里克·H. 埃里克森:《同一性:青少年与危机》,孙名之译,中央编译出版社2015年版,第188页。

（三）玛西亚和詹姆斯的同一性状态学说

玛西亚和詹姆斯在继承埃里克森同一性渐成说的基础上，将同一性问题的研究转向了"量化实证"方向，并成为心理学上研究同一性理论的集大成者。玛西亚和詹姆斯认为同一性状态的形成标志着青少年儿童期的结束和成年期的开始，对青少年同一性状态的研究应该从可以观察的行为入手分析它的结构（内在特征）和现象（青少年同一性状态形成过程中积累和建构的经验）。为了从行为上观察青少年的同一性状态，玛西亚和詹姆斯将同一性定义为由探索和承诺两个维度建构的一种状态，"探索指的是个体努力寻求适合自己的目标、价值观和理想等的过程。承诺指个体为认识自己、实现自我，而对特定的目标、价值观和理想等做出的精力、毅力和时间等方面的个人投资和自我牺牲"①。玛西亚和詹姆斯根据两个维度的不同水平将青少年同一性状态分为四种：①同一性达成。青少年的探索和承诺水平均高，对各种选择深思熟虑，并对特定的目标、信仰和价值观做出积极的自我承诺；②同一性延缓。青少年的探索水平高，但承诺水平低，表现为积极的探索、广泛的收集信息、进行各种活动的尝试，以找到其特定的目标和价值观，但还没有对某一种特定的目标、价值观或者理想投入时间或精力；③同一性早闭。青少年的探索水平低，他们并不想找到所谓的目标、价值观和理想，往往迫于权威的某种期望而做出个人时间或者精力的投入；④同一性混淆。青少年的探索水平和承诺水平均低，他们没有想过自己的目标、价值观和理想，更没有有意识地对这些做出时间或者精力的投入②。

（四）温格的实践共同体认同建构模型

温格建构了在一个实践共同体中组织成员认同的形成模型，他认为一个社会学习系统要包括以下三个结构要素：实践共同体、共同体中的边界

---

① 徐薇、寇彧：《自我同一性研究的新模型——双环模型》，《心理科学进展》2010年第5期。

② Marcia, E. James, "Development and Validation of Ego-identity Status", *Journal of Personality and Social Psychology*, Vol. 3, No. 5, 1966.

进程和被系统成员分享的认同。他用社会能力和个人经验两个概念框架来理解实践共同体,并用三个所属模型:投入、想象力和联合来理解组织成员参与共同体中的认同方式。不同的成员会有不同质量的认同水平,因为认同并不总是积极向上的或者健康发展的,个体有时会感到一种自我挫败。温格通过关系、扩展、效能三个质量维度并结合实践共同体的所属模型,建构了认同的形成模型(见表1—2)①。

表1—2　　　　　　　　　　温格的认同形成模型

		认同质量		
		关系	扩展	效能
所属模型	投入	在实践共同体中个体与成员之间的关系怎么样	个体在自己所属共同体与其他共同体之间的投入怎么样	个体在共同体中怎样投入对促进共同体的行为有效
	想象力	个体怎样建构自我和共同体,以强化和其他成员之间的关系	个体怎样建构自我和共同体,以帮助与其他共同体建立互动关系	个体怎样建构自我和共同体,以促进共同体的行为有效
	联合	怎样的联盟以强化与共同体的关系	怎样的联盟,以帮助与其他共同体建立互动关系	怎样的联盟以促进共同体的有效行为

资料来源:Wenger, Etienne., "Communities of Practice and Social Learning Systems", *Organization* 7, 2000。

二　教师认同的概念争议

"看起来教师认同很难有一个明确的定义。"② 研究者往往从不同的

---

① Wenger, Etienne., "Communities of Practice and Social Learning Systems", *Organization* 7, 2000.

② Catherine Beauchamp, Lynn Thoms, "Understanding Teacher Identity: An Overview of Issues in the Literature and Implications for Teacher Education", *Cambridge Journal of Education*, Vol. 39, No. 2, June 2009.

第一章 教师认同发展的研究现状

研究视角与研究需要出发定义教师认同,综合起来主要有以下几种视角。

(一)教师自我概念说

尼亚斯认为教师自我在感受到外界威胁时,自己会努力做出自我评估与调整,这时,教师认同就形成了。这种自我评估与调整会明显影响教师的教学方式、教师的发展路径、教师对教育变革的态度[1]。布洛认为教师认同是教师在焦点问题关注、教学意义建构和教学决策制定等过程中表现出来的自我概念[2]。阿曼和戈瑟兰等认为对教师认同的理解就是对教师当前自我、可能自我的理解,教师认同发展过程就是教师可能自我的形成过程。通过对职初期221名教师的问卷调查,他们认为应从可能自我的四个维度(人际关系维度、课堂管理维度、教学维度和专业主义维度)来理解教师的教师认同发展[3]。还有观点将教师认同看成教师在个人生命时期内或所属社会集体中不断建构、再建构其行为和自我的方式[4]。李彦花认为教师认同是教师对自身专业形象的整体性看法,对内表现为教师个人的自我意象、对自身认同的反省,对外主要表现为教育教学的实践过程,展现在教师与学生、与家长、与同事、与课程,甚至与自己之间的实践关系中,是教师自我形象、自尊、工作动机、工作投入和未来展望等内容的综合表现,它以自我为中心,在一定的心理、社会、文化环境下建构而成[5]。

(二)教师认同角色说

"角色由社会的组织与制度所架构的规范来界定……认同则是行动者

---

[1] Nias, J., "Teaching and the Self", In M. L. Holly, and C. S. McLoughlin, *Perspectives on Teachers' Professional Development*, London: Falmer Press, 1989, pp. 155–171.

[2] Bullough, R. V., "Practicing Theory and Theorizing Practice", In J. Loughran and T. Russell, *Purpose, Passion and Pedagogy in Teacher Education*, London: Falmer Press, 1997, pp. 13–31.

[3] Hamman, Doug, et al., "Using Possible-selves Theory to Understand the Identity Development of New Teachers", *Teaching and Teacher Education*, Vol. 26, No. 7, 2010.

[4] Holland D. Lachicotte, W. Skinner D., Cain, C., *Identity and Agency in Cultural Worlds*, Cambridge, MA Harvard University Press, 2001.

[5] 李彦花:《中学教师专业认同》,硕士学位论文,西南大学,2009年,第27—31页。

意义的来源，也是行动者经由个别化的过程而建构的。"①有研究者认为教师认同的研究，就是对教师角色的研究。比如，帕基森将卡夫卡的《变形记》以及黑格尔的《精神现象学》作为教师认同研究的一种角色"隐喻"，认为教师认同是教师在面临外界环境变化的压力时，作为教师主体能否做出"受制于环境还是行动的一种理性抉择"②。贝加德等认为教师认同是教师自己对他们作为学科专家教师、教育专家教师和教学专家教师的看法。他们认为有的教师认同一种教师角色，有的教师将这三种教师角色综合起来认同自己③。萨瑞德认为教师认同是教师主体在叙事中建构教师角色时的主体参与性，并根据这种参与性的多少区别四种教师角色：关爱型教师、创新型教师、专业型教师和传统型教师④。

但也有研究者认为教师认同不等于教师角色，"当我们以'角色'期望要求一个人时，这个角色就掩盖了人的真实自我……规制性的角色经常导致个人声音的压制，剥夺个人界定情境的权力。况且，由一个权力来源所赋予的专业角色却经常与教师自我对教师职业的认同不一致而导致教师在工作上的困扰"⑤。布瑞兹曼指出，尽管角色理论经常与教师认同理论作为同义词使用，但教师角色是一种被动的教师自我建构过程，是外铄的，而教师认同则是从教师主体出发的主动建构并与社会协商的过程，它既与教师所处的历史、背景相关，也是教师时刻处于调和矛盾

---

① [美] 曼纽尔·卡斯特：《认同的力量》，夏铸九、黄丽玲等译，社会科学文献出版社2003年版，第2—3页。

② Paul Pakison, "Space for Performing Teacher Identity: Through the Lens of Kafka and Hegel", *Teachers and Teaching: Theory and Practice*, Vol. 14, No. 1, February 2008.

③ Beijaard, D, N. Verloop, J. D. Vermunt, "Teachers' Perceptions of Professional Identity: An Exploratory Study From a Personal Knowledge Perspective", *Teaching & Teacher Education*, Vol. 16, No. 7, 2000.

④ Gunn Elisabeth Søreide, "Narrative Construction of Teacher Identity: Positioning and Negotiation", *Teachers and Teaching: Theory and Practice*, Vol. 12, No. 5, October 2006.

⑤ 周淑卿：《课程发展与教师专业》，九州出版社2006年版，第89页。

第一章 教师认同发展的研究现状

体验的一种自我对教师职业的看法①。

（三）教师认同多维说

教师认同多维说从教师认同的结构构成定义教师认同概念，认为教师认同是由一系列子认同构成的。吉认为认同是个体在不同情境下对自己是哪种人的界定，并认为在不同情境下个体有不同的认同，他将教师认同分成四个子认同：（a）"自然观"或"N—认同"是指自然力量发展陈述的认同，即个人无法控制的力量，这些力量是自然的，不是社会的，例如，民族、性别、双胞胎等。（b）"体制观"或"I—认同"，受到某个机构中制度约束的认同。教师就是这种认同的一个例子，受到各种法律、规章、传统和原则的制约。（c）"离散观"或者"D—认同"，即强调人们是怎么谈论他人的身份或地位。因为人们会像别人谈论的那样生活或对待他人，吉认为教师作为一种组织中的人也会像外界所认为的那样生活。（d）"亲密观"或者"A—认同"即个人分享的组织提供给个人的体验②。

贝加德和梅耶等认为教师认同应该有核心认同和边缘认同之分，即教师认同包含有教师子认同，不同子认同与教师身处的不同环境或者关系网相关，一名经验丰富的教师在教师子认同之间没有互相冲突的状态出现，而职初期教师的各个子认同之间很可能出现互相冲突的状态。越是处于核心认同的部分，越是难以改变③。霍斯坦和古布瑞认为教师认同建构在与社会系统交往协商过程中，由于个性的多元构成，个体自我也被看成多个不同的自我，因此，教师认同应该有两种子认同，即个人认同和社会认同。周淑卿认为教师认同应分为教师身份认同和教师专业认同，教师身份认同指教师在不同环境下对不同身份的认同，教师专业

---

① Britzman D. P., "The Terrible Problem of Knowing Myself: Towards a Poststructural Account of Teacher Identity", *JCT*, Vol. 19, No. 3., 1992.

② James Paul Gee, "Chapter 3: Identity as an Analytic Lens for Research in Education," *Review of Research in Education*, Vol. 25, No. 1., 2000.

③ Beijaard, Douwe, P. C. Meijer and N. Verloop, "Reconsidering Research on Teachers' Professional Identity", *Teaching & Teacher Education*, Vol. 20, No. 2, 2004.

认同是教师身份认同的核心,是教师在追问"我是否是一位专业教师?"历程中建构的。此时,教师要与其所在社会关系中的他人(如学生或家长等)进行互动,并与社会所赋予的"专业教师(教师社会认同)"进行意义磋商①。

魏淑华认为教师认同就是教师职业认同,教师职业认同是教师对其职业及内化的职业角色的积极认知、体验和行为倾向的综合体,它是教师个体的一种与职业有关的积极态度。教师职业认同是一个多维度的层级系统,由一阶四因子二阶一因子构成,其中包括职业价值观、角色价值观、职业归属感和职业行为倾向四个并列一阶因子②。

(四)教师认同过程说

有研究者认为认同是一个协商、选择的过程,在各种关系中个体遵循理性选择理论进行抉择和建构③。托马斯等认为教师认同是一种变化过程,在职前培养阶段的教师认同是一种假定的角色,入职初期教师开始对在具体教育情境中的教师身份提出怀疑和反诘,此时的教师认同是一种"实际的教师是谁?",关注任职初期的教师认同变化过程,能够更好地为教师教育职前准备提供合理建议④。

萨克斯认为教师认同是教师职业的核心,它为教师建构他们自己在工作和社会环境中对于"如何实现?""如何行动?"和"如何理解?"的观念提供参考框架。教师认同不是固定的,也不是外界强行赋予教师的,而是教师结合自己的经验、体验及其中的感觉进行反复协商的过程。教师认同是一种个体经验、体验之间的互动、协商过程⑤。

---

① 周淑卿:《课程发展与教师专业》,九州出版社 2006 年版,第 89 页。
② 魏淑华:《教师职业认同研究》,博士学位论文,西南大学,2008 年,第 15—20 页。
③ Upadhyay, Bhaskar, "Narratives, Choices, Alienation, and Iidentity: Learning from an Elementary Science Teacher", *Cultural Studies of Science Education*, Vol. 4, No. 3, 2009.
④ Thomas, Lynn, C. Beauchamp, "Understanding New Teachers' Professional Identities through Metaphor", *Teaching & Teacher Education*, Vol. 27, No. 4, 2011.
⑤ Sachs, J., "Eacher Education and the Development of Professional Identity: Learning to Be a Teacher", In P. Denicolo and M. Kompf, *Connecting Policy and Practice: Challenges for Teaching and Learning in Schools and Universities*, Oxford: Routledge, 2005, pp. 5 – 21.

第一章 教师认同发展的研究现状

迪莱布也认为教师认同的形成是一种教师与教育政策、相关权力之间的协商过程，需要考虑到性别之间的差异，特别是在教育已经脱离工具主义的时代更是如此。迪莱布还指出应转变以前那种从工具主义视角分析教师认同的方式，更多地考虑社会和政策因素对教师认同发展的影响，从女性主义视角研究教师认同，其中包含两个相互对立的认同概念：后现代概念中真实的和离散的自我、现代概念中内隐的和集中的自我。教师是教师认同形成的主体、是政策中的参与主体，而不是那种被动的政策力量客体[①]。

比彻姆和托马斯认为教师认同过程说既包括了教师认同的个体方面，也包括了教师认同的专业方面；教师认同既是一个持续的协商过程，也是教师经验或体验不断建构的过程。受到维特根斯坦语言哲学的转向以及后现代主义思想的影响，他们将教师认同看成教师和集体声音分享个人经验与世界，并逐渐融合在一起的过程及结果[②]。还有研究者认为教师认同既体现了教师与他人、社会之间一种互动关系，同时还是在这种关系网中教师自我不断地与每个人之间协商或挣扎的过程，"不是教师拥有什么，而是教师用来评判、解释他们与他人、与社会关系中的自我的感觉"[③]。

（五）教师认同综合说

巴蒂和弗兰克认为教师认同就是将教师学习过程看成置于教师实践并与教师工作的结构、历史和学校文化进行整合的复杂体系，用来区别

[①] Jo-Anne Dillabough, "Gender Politics and Conceptions of the Modern Teacher: Women, Identity and Professionalism", *British Journal of Sociology of Education*, Vol. 20, No. 3, Sep., 1999.

[②] Catherine Beauchamp, Lynn Thoms, "Understanding Teacher Identity: An Overview of Issues in the Literature and Implications for Teacher Education", *Cambridge Journal of Education*, Vol. 39, No. 2, June 2009.

[③] Maggie MacLure, "Arguing for Your Self: Identity as an Organising Principle in Teachers' Jobs and Lives", *British Educational Research Journal*, Vol. 19, No. 4, 1993.

教师在实践中怎样进行专业发展路径选择①。奥尔森将教师认同看成教师先前的自我建构、社会态度、意义系统与教师所处的情景综合起来，在某种特殊的场合中体现教师行为与社会情景协商的一种标签②。

贝加德和梅耶等认为应从四个方面来理解教师认同：首先，教师认同是一种对经验持续整合和再整合的动态过程，因为教师专业发展本身就是一种贯穿生命历程的过程。其次，教师认同包含个人和情景因素，个人因素指每一位教师的教师认同都是体现教师自己个性特征的独特"教学文化"；情景因素则是指教师认同是体现教师职业专业性的那些特点，包括教师职业需要的知识和技能。再次，教师认同应该根据教师所处的不同环境有核心认同与边缘认同之分。最后，在教师认同的形成过程中，主体性是重要的要素，即教师自己必须用行动参与在其专业发展过程中③，这种主体性体现在教师如何整合资源、实现自己的专业发展目标过程中④。

艾克曼和梅耶认为尽管教师认同被理解成动态的、与他者相关的、结构多元的，但随着社会环境的变迁，后现代视角解释教师认同是合理的。他们以对话理论作为分析基础，认为应该从多元—单个维度、变革—连续维度、社会—个人维度综合分析教师认同。教师认同是教师持续地协商与整合多个我态度的过程，自我感或多或少地贯穿在各种活动中和投入在个人的生活（工作）中⑤。

---

① Dan Battey, Megan L. Franke, "Transforming Identities: Understanding Teachers across Professional Development and Classroom Practice", *Teacher Education Quarterly*, Vol. 35, No. 3, Summer 2008.

② Brad Olsen, "How Reasons for Entry into the Profession Illuminate Teacher Identity Development", *Teacher Education Quarterly*, Vol. 35, No. 3, 2008.

③ Coldron, John, R. Smith, "Active Location in Teachers' Construction of Their Professional Identities", *Curriculum Studies*, Vol. 31, No. 6, 2010.

④ Beijaard, Douwe, P. C. Meijer, N. Verloop, "Reconsidering Research on Teachers' Professional Identity", *Teaching & Teacher Education*, Vol. 20, No. 2, 2004.

⑤ Akkerman, Sanne F., P. C. Meijer, "A Dialogical Approach to Conceptualizing Teacher Identity", *Teaching & Teacher Education*, Vol. 27, No. 2, 2011.

第一章 教师认同发展的研究现状

教师认同的传统研究多以温格或吉等学者的认同理论作为理论基础，注意到了教师认同发展的动态性、社会性等方面，但忽视了教师认同的主体是教师，应该让教师在自己的言说中来理解教师认同，因为这个过程中，就包含了其认同本身的建构①。教师认同不是可以预期的，它形成在教师每天的日常生活和情境中②。自我概念始终是教师认同研究的核心，教师认同中对自我的强调，即教师主体性的强调体现出教师认同并不同于教师角色。科恩认为认同和自我的关系是："认同是指向一定对象的，认同的对象可以是自我、自己的某些特征，也可以是自己欣赏、接纳的他人或事物。认同涉及的是认同主体与认同对象的同一、一致、协调等"③。他主张从三个维度来定义教师认同：教师认同的内容或对象是教师职业或教师自己；教师认同的形成是动态的；教师职业是教师自我（个体）与环境（教师职业）相互作用的结果④。

三 教师认同发展过程与机制

（一）关于教师认同发展机制的研究

尽管目前没有一个固定的教师认同定义，但教师认同的动态性、主体性、建构性等特征得到了研究者的一致认同。发展视角的研究成为教师认同研究的重要方面，其中，教师认同发展机制是研究者们关注的重点。

---

① Jennifer L. Cohen, "That's Not Treating You As a Professional: Teachers Constructing Complex Professional Identities through Talk", *Teachers and Teaching: Theory and Practice*, Vol. 14, No. 2, A-April 2008.

② Jo—Anne Dillabough, "Gender Politics and Conceptions of the Modern Teacher: Women, Identity and Professionalism", *British Journal of Sociology of Education*, Vol. 20, No. 3, Sep. 1999.

③ Jennifer L. Cohen, "That's Not Treating You as a Professional: Teachers Constructing Complex Professional Identities through Talk", *Teachers and Teaching: Theory and Practice*, Vol. 14, No. 2, A-April 2008, pp. 79–93.

④ Jennifer L. Cohen, "That's Not Treating You as a Professional: Teachers Constructing Complex Professional Identities through Talk", *Teachers and Teaching: Theory and Practice*, Vol. 14, No. 2, A-April 2008, pp. 79–93.

◈◈ 教师认同发展轨迹的代际研究 ◈◈

1. 反思机制说

郝彩虹采用个案研究的方法,分析了一位中学教师如何在持续反思中建构自己的教师认同。研究发现,该教师的教师认同逐步由工具理性转向实践理性,并最后转向解放理性,教师的主观能动性在这两个转向中发挥着关键的作用[①]。也有研究者认为教师应该是反思性实践者,但肖恩的"反思性实践者"影响模型中缺乏一种预期(指向未来)维度,对教师认同的建构更需面向教师的未来。通过对职初期初中英语教师参加北美督导会议时的会议纪要分析,他们发现职初教师的教师认同是在对计划、某种成绩预期、各种可能性的考虑以及教育实践的反思中形成的,教师正是在反思中,将教师认同的过去—现在—未来联系了起来[②]。

威廉姆斯等认为调整教师行为和真正深入理解科瑟根洋葱头模型中核心部分(教师认同和使命)的有效方式是核心反思。通过对教师教育者认识到自己的理想情境(作为教师的理想)和阻止他们达到这种理想情境的困难因素分析,以他们在对核心质量(品质)三要素——思想、感情、需求的反思中来战胜这些困难的方式(也被称为一种自我研究方式)建立教师认同的核心反思模型。具体采取的方法是研究者和2名调查对象进行结构式面谈并收集资料。结论显示,这种自我研究中的核心反思对教师教育者的教师认同建构、提高教师教育者的学习效能是有效的[③]。

2. 互动机制说

有研究者为了理解在"实践共同体"中教师认同的形成情况,以温格的认同模型结构为理论参考框架,通过对两名督导教师的深入访谈,收集他们做实习指导教师时的体验资料,综合分析了督导教师与实习教

---

① 郝彩虹:《一位中学语文特级教师的专业认同研究》,《教育学术月刊》2010年第2期。
② Alfredo Urzúa, Camilla Vásquez, "Reflection and Professional Identity in Teachers' Future—oriented Discourse", *Teaching & Teacher Education*, Vol. 24, No. 7, 2008.
③ Judy Williams, Keirth Power, "Examining Teacher Educator Practice and Identity through Core Reflection", *Studying Teacher Education*, Vol. 6, No. 2, August 2010.

第一章 教师认同发展的研究现状

师合作中的教师认同形成机制。结论显示,教师在参与每一个实践共同体中都存在相关的教师认同,这些认同中包含多个复杂的教师自我,即教师每参加一个新的实践共同体都有新的认同形成,并会受到这个新共同体中其他成员的影响(见图1—2)。同时,教师自己如何看待共同体中其他成员的个性也会产生不容忽视的作用[①]。

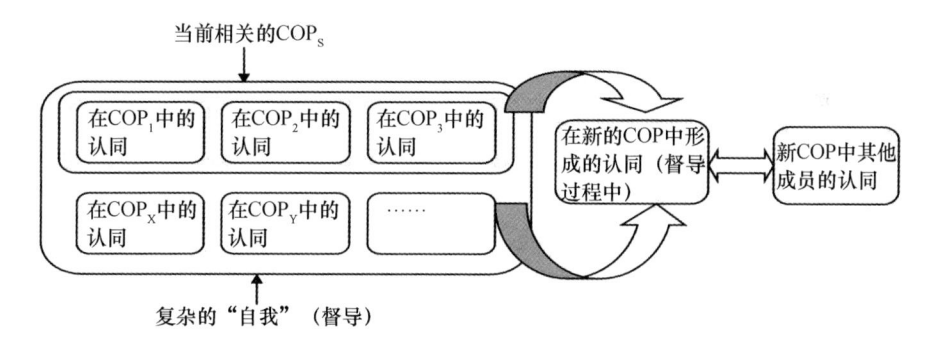

图1—2 新COP中督导认同的影响因素

资料来源:Kwan, Tammy, F. Lopez – Real, "Identity Formation of Teacher—mentors: An Analysis of Contrasting Experiences Using a Wengerian Matrix Framework", *Teaching & Teacher Education*, Vol. 26, No. 3, 2010。

克莱斯万和拉斯基认为教师的感情与教育改革、教师专业认同、教师个人认同之间存在着互动关系。当教师面临模棱两可的情境时,这种互动关系会影响教师对风险的承受力、教师的学习能力、教师发展和教师认同的形成。教师的感情是教师认同形成的关键因素。通过对已有文献的分析并结合当前的教育背景,研究者认为教育改革、教师认同、情感体验和风险承担以及教师的学习与发展呈现以下关系模型(见图1—3)[②]。

[①] Kwan, Tammy, F. Lopez—Real, "Identity Formation of Teacher—mentors: An Analysis of Contrasting Experiences Using a Wengerian Matrix Framework", *Teaching & Teacher Education*, Vol. 26, No. 3, 2010.

[②] Veen, Klaas Van, S. Lasky, "Emotions as a Lens to Explore Teacher Identity and Change: Different Theoretical Approaches", *Teaching & Teacher Education*, Vol. 21, No. 8, 2005.

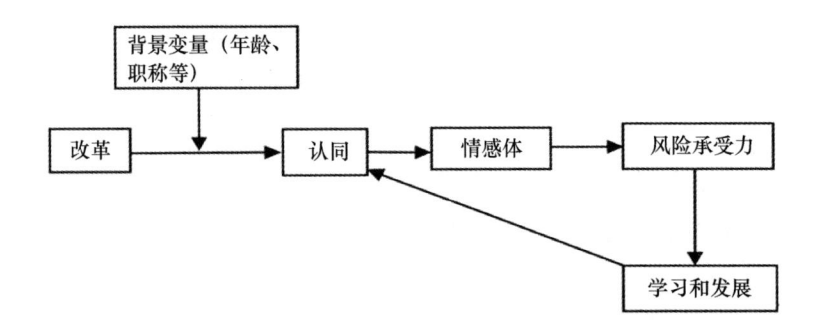

图 1—3　改革对教师认同、感情、风险承担和学习的影响的概念模型

资料来源：Veen, Klaas Van, S. Lasky, "Emotions as a Lens to Explore Teacher Identity and Change: Different Theoretical Approaches", *Teaching & Teacher Education*, Vol. 21, No. 8, 2005。

还有研究者认为教师认同的形成需要在个人主义与集体主义之间、在个人自我经验和知识之间建立起互动关系，并用四个象限来表示这几个要素之间的互动关系，教师认同的形成是这种互动关系中教师知识的张力（见图1—4）[①]。

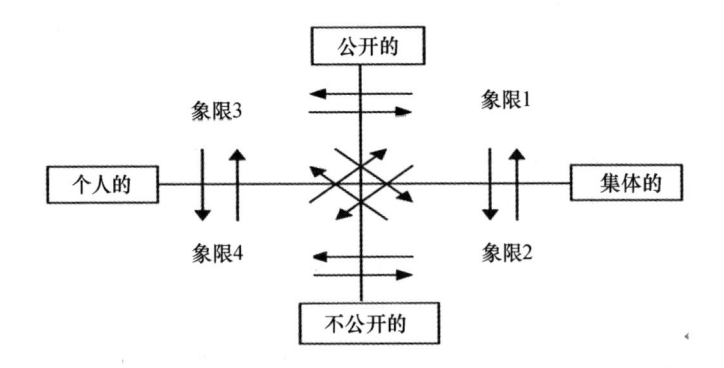

图 1—4　教师职业认同的形成象限

资料来源：Trent, J. J., "Teacher Identity Construction in School – University Partnerships: Discourse and Practice", *Teaching & Teacher Education*, Vol. 26, No. 8, 2010。

---

① 沈之菲：《近十年西方教师认同研究及启示》，《上海教育科研》2005年第11期。

第一章　教师认同发展的研究现状

（1）象限1为集体—公开区域，是教师基于研究的教学知识；

（2）象限2为集体—不公开区域，是教师个人在共享环境中的实践知识，这通常是缄默或难以表述的知识；

（3）象限3为个人—公开区域，是个人实践知识，通过述说或撰写叙事故事公开出来的知识；

（4）象限4为个人—不公开区域，是教师有意识才能注意到的个人实践知识。

（二）关于教师认同发展项目的研究

1. SUP项目前后的教师认同发展

特伦特和利蒙参考温格的认同形成机制理论——约束、想象、调整，通过深入访谈，分析了两组初中英语教师在参加香港学校—大学合作项目（SUP）中的体验，并认为这种SUP模式中的社会环境是教师形成新认同的关键。约束体现了教师在不同背景下展示的竞争力，比如，在学校共同体里、在香港教育改革过程中等；想象则体现了教师如何将现在的认同与今后的认同联系起来，如何将不同时间和空间状态下的认同联系起来；而调整正是教师在不同时空认同过程中表现出的策略，比如，教师将语言教学方法、学习方式、他们自己专业发展路径的改变与全球化的教育背景、香港的教育背景联系起来，并在这个过程中变革教师自己的已有观念、信念以及实践行为[①]。

2. 参与行动研究项目前后的教师认同发展

特伦特将教师认同看成既是一种实践，也是一种言说的过程，通过质化研究方法（开放式访谈）深入理解职前教师在参与行动研究时的角色体验，调查了香港职前英语教师参与行动研究项目时的职业认同形成情况。结论显示，面临真实的教育情境时，职前教师通过不断更新角色来建构他们的教师认同。学习在这个建构过程中发挥着中心角色作用，

---

① Trent, J. J., "Teacher Identity Construction in School – University Partnerships: Discourse and Practice", *Teaching & Teacher Education*, Vol. 26, No. 8, 2010.

质疑也是一个重要的要素，职前教师质疑行动研究中研究与教学实际的脱节，他们的教师认同就在传统型教师与现代型教师之间形成一种张力，当某一方压倒另一方时，职前教师的认同就形成了①。

3. 教师教育项目前后的教师认同发展

职前教师在参加教师教育项目前的已有体验（关于教学的）会对他们的教师认同产生影响，这些体验也被称为是学徒观察期经验。职前教师教育项目对于这些已经在学徒观察期形成的教师认同（尽管此时的认同个性化倾向十分明显）会产生影响。斯尔维亚等以新加坡105名教师教育项目中的中文学士学位和科学学士学位的准教师作为研究对象，采取问卷调查的方式在他们进入教师教育职前培养体系时和4年后毕业时进行了两次调查，主要调查三个内容：选择教师职业的动机、对教师职业的感知和信念、陈述教学所需要的知识和技能。结论显示，职前教师的教师认同明显地受到其先前当学生时对教师长期观察所获经验的影响。在教师教育职前项目中，准教师的教师认同会出现变化，首先表现为他们对教师职业的态度变得更加积极；其次，虽然他们对教学价值的看法没有明显改变，但教师认同水平在他们进入教师教育培养体系前后都保持在较高水平；最后他们教师认同的其他要素水平（将教师职业作为首选的维度、将教师职业看成受人尊重的维度、对掌握好教学技能的意识维度）在教师教育项目结束时，却有明显的下降，原因是教师教育职前培养阶段中的理论学习与实际教学情境的脱节。研究者认为，现有的教师教育培养体系对于提高教师认同的水平并没有产生应有作用，它只是教师认同发展的最初阶段。教师认同更多地形成于教学初期并贯穿在教师职业生涯中，少见于早年教师培养中的学科准备中，甚至在职前培养体系的初期和末期之间有很少的变化②。

---

① Trent, John, "Teacher Education as Identity Construction: Insights from Action Research", *Journal of Education for Teaching*, Vol. 36, No. 2, 2010.

② Sylvia Chong, Low Ee Ling, Goh Kim Chuan, "Developing Student Teachers' Professional Identities —An Exploratory Study", *International Education Studies*, Vol. 4, No. 1, February 2011.

4. 基于问题解决过程中的教师认同发展

麦克唐纳和艾萨克斯将教师认同看成综合的教育实践体验,通过在教师教育职前培养的最后一年开设一门"基于问题的学习"课程,让准教师以"专业学徒人员"的身份回答实际教育情境中的问题,让他们在解决这些问题情境中进行学习,并发展自己的教师认同。该研究选择了44名准教师作为实验对象,经过一个学期的实验,通过收集准教师的学习日志、评估反应、录像、照片、访谈等资料,分析准教师在这个实验中的教师认同(表现为专业人员的一系列教师实践行为)变化。研究结论认为这种学习方式有助于促进准教师教师认同的发展,并能有效地帮助准教师将教师教育职前培养中的理论与实践联系起来[①]。

四 教师认同发展影响因素的研究

(一)个人先前经验的影响

汉蒙和高斯林等运用可能自我理论作为研究框架,采用问卷调查(大样本)和访谈调查相结合的研究方法,分析了职前教师和在职教师在专业发展中有可能会形成的教师认同取向(人际关系取向、课堂管理者取向、教学取向、专业主义取向)。研究结论认为教师的可能自我就是教师目前的认同加上今后的认同,即目前的教师自我加上今后的教师自我,教师今后的潜在可能自我会受到目前工作中的自我(这种自我是被激发的),受内部自我与外部自我共同影响[②]。贝加德采用14个指标(包含教师与学生的关系、学科专业、教师角色概念等维度)来表征教师认同,通过对28名经验丰富中学教师的访谈,运用故事线的方法让他们描述并明晰自己的这14个指标,并根据"理想—典型的故事线"(见

---

① Doune Macdonald, Geoff Isaacs, "Developing a Professional Identity through Problem - Based Learning", *Teaching Education*, Vol. 12, No. 3, 2001.

② Doug Hamman, Kevin Gosselin, Jacqueline Romano, etc., "Using Possible - selves Theory to Understand the Identity Development of New Teachers", *Teaching and Teacher Education*, Vol. 26, No. 7, 2010.

图1—5）绘制他们的教师认同故事线。研究结论显示大部分教师的教师认同呈现出逐渐向上的发展方向，也有一些教师呈现出平稳的发展方向。贝加德发现教师的教师认同发展方向受到教师先前个体经验的影响①。

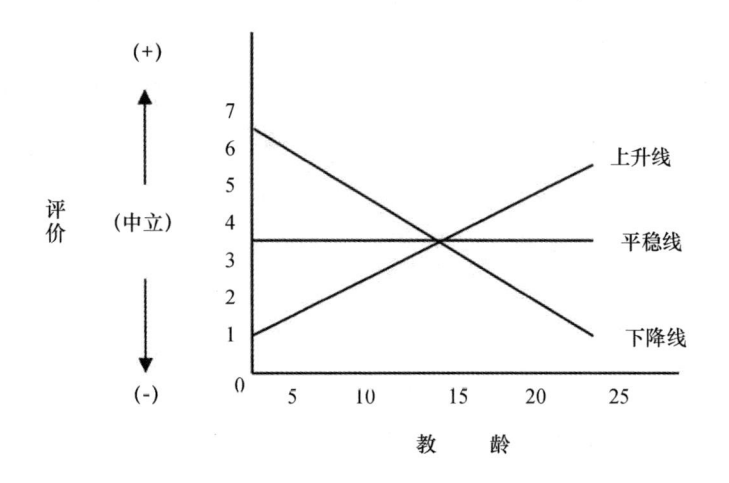

图1—5　理想型故事线

资料来源：Douwe Beijaard, "Teachers' Prior Experiences and Actual Perceptions of Professional Identity", *Teachers and Teaching: Theory and Practice*, Vol. 1, No. 2, 1995。

（二）个人背景与教育背景的综合影响

魏淑华编制了教师职业认同量表，通过大样本的调查研究（N=3000）发现教师认同发展的影响因素有：个体因素（年龄、性别、学科及能力、气质、性格、人格、价值观等心理变量）、学校文化（课堂环境、学校层次）等②。贝加德等采用问卷调查了80名经验丰富中学教师的教师认同发展情况。根据教师对他们自己作为学科专家、教学专家、教育专家的看法，教师的教师认同可分为五组类型，不同教师认同类型基于不同的教师知识基础和学科背景。结论显示，大部分教师的教师认

---

① Douwe Beijaard, "Teachers' Prior Experiences and Actual Perceptions of Professional Identity", *Teachers and Teaching: Theory and Practice*, Vol. 1, No. 2, 1995.
② 魏淑华：《教师职业认同研究》，博士学位论文，西南大学，2008年，第111—112页。

第一章 教师认同发展的研究现状

同倾向于是三种类型的综合体,教师的教师认同主要经历了从入职初期倾向于学科专家到后来更倾向于教学专家或者教育专家的转变。教师工作的环境、教师的个性等都会影响教师认同的形成①。

福罗斯和戴采用多种方法收集资料(对18名入职初期教师的半结构式访谈、对学校文化的大样本问卷调查、对学生关于教师看法的问卷调查以及教师年度总结的文本分析等)并分析了入职2年教师的教师认同形成影响因素。研究者认为入职初期教师的教师认同很明显受到教师个性的影响,有三个关键因素影响了教师的教师认同形成:即教师个人的经历、教师教育职前教育项目以及学校文化(见图1—6)②。

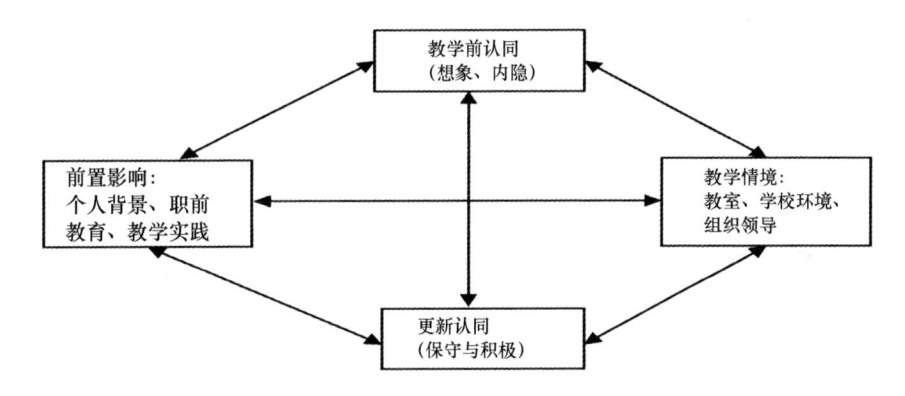

图1—6 教师认同形成的关键影响因素关系

资料来源:Maria Assunção Flores, Christopher Day, "Contexts Which Shape and Reshape New Teachers' Identities: A Multi—perspective Study", *Teaching and Teacher Education*, Vol. 22, No. 2, 2006。

奥尔森认为教师专业发展是一个向前转动的环,一名教师总是将过

---

① Beijaard, D, N. Verloop, J. D. Vermunt, "Teachers' Perceptions of Professional Identity: An Exploratory Study from a Personal Knowledge Perspective", *Teaching & Teacher Education*, Vol. 16, No. 7, 2000.

② Maria Assunção Flores and Christopher Day, "Contexts Which Shape and Reshape New Teachers' Identities: A Multi-perspective Study", *Teaching and Teacher Education*, Vol. 22, No. 2, 2006.

去、现在、将来逐渐放下，并在这个过程中与实践中的专业信念、专业目标结合在一起。教师怎么看待他们自己，也受到个人及其先前经验的影响。奥尔森反对将教师认同看成自发性的、有目的性的和固定性的，也反对过度强调宏观结构（教师的民族、阶级等）的教师认同。通过对6名教师的深入访谈，他认为多个因素都会影响教师认同的形成，教师认同是这些影响因素互相作用之下的动态的、整体性的形成过程（图1—7）。同时，他还认为不同的性别也会影响教师认同的形成，特别是在早期的教师角色扮演活动中，女性教师更倾向于在早年（青少年）就扮演教师角色。教师在青少年时期的个性特征也会影响教师认同形成，当然这些都可以归结到教师的先前经验对教师认同的影响[①]。

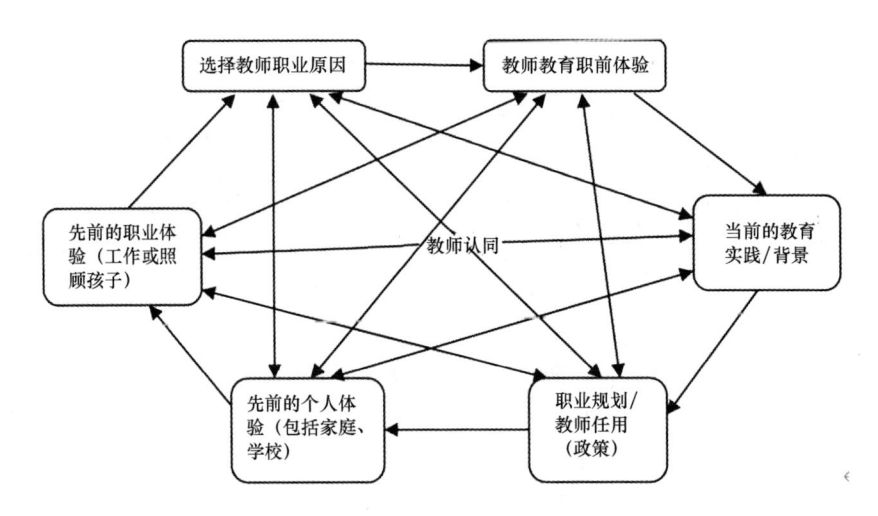

图1—7 教师认同形成中多个因素的动态、互动

资料来源：Brad Olsen, "How Reasons for Entry into the Profession Illuminate Teacher Identity Development", *Teacher Education Quarterly*, Vol. 35, No. 3, 2008。

---

① Brad Olsen, "How Reasons for Entry into the Profession Illuminate Teacher Identity Development", *Teacher Education Quarterly*, Vol. 35, No. 3, 2008.

第一章 教师认同发展的研究现状

（三）社会背景、文化背景的影响

贝尔等认为教师的职业生涯发展没有普适性，教师认同受到特定的背景、复杂的社会网络、历史以及制度因素的影响。不同社会的经济文化背景会通过给教师提供不同的场域，导致教师产生不同的习性，继而影响教师的教师认同。他们通过比较分析法研究在丹麦和美国的教师观、教师职业认同观。比如在丹麦"教师"是指教6—16岁孩子的专业人员，而在美国"教师"则是指教初中和高中的教师[①]。

海森诺夫和曼祖克将教师认同分为两个维度，即角色参与与角色承诺（角色参与指教师的感觉和行为像一个教师那样的程度；角色承诺指教师将教学作为其生命中最优先考虑的价值程度）。他们采用问卷调查的研究方法，对239名学士后准教师的教师认同形成情况进行了调查。结论显示，教师认同形成受到他们的社会资本（社会背景和学校背景）影响。社会背景变量（年龄和性别）对角色参与维度的影响大于对角色承诺维度的影响；准教师曾经的工作经历（社会背景变量）对其教师认同没有明显影响；学校背景变量中的校外活动时间对教师认同的两个维度建构都有影响；教师自我概念的能力对教师认同角色参与维度呈现出负影响，但显著正向影响于教师角色承诺维度[②]。

五 教师认同的研究范式

目前，教师认同研究主要有以下几种常见的研究范式。

第一种是思辨研究，包括对教师认同的纯粹理论分析及二次文献研究两种，主要从教师认同的形成、教师认同的特点、教师认同故事的研

[①] Martin Bayer, Ulf Brinkkjêr, "Teachers' Professional Learning and the Workplace Curriculm", in Martin Bayer, Ulf Brinkkjer, Helle Plauborg, Simon Rolls, *Teachers' Career Trajectories and Work Lives*, Springer Science + Business Media B. V. 2009, pp. 103 – 116.

[②] Shelley Hasinoff, David Mandzuk, "Bonding, Bridging, and Becoming a Teacher: Student Cohorts and Teacher Identity", *The Alberta Journal of Educational Research*, Vol. 51, No. 3, Fall 2005.

究三个方面分析了已有的教师认同文献，并重新建构了教师认同的特点[1]。也有研究在梳理大量文献基础上，对教师认同的概念进行了再次界定，他们认为不管是从现代主义视角还是从后现代主义视角都不能准确表达教师认同，应该在这两种视角之间使用一种对话的研究方法来确证教师认同的概念[2]。

第二种是量化研究，包括问卷调查法和量表法。比如斯彻彭斯等采用大样本的问卷调查法（N=1999）分析了教师个人经历与体验、教师培养体系对职前教师教师认同形成的影响[3]。魏淑华采用教师认同结构量表，以问卷调查法调查研究了教师认同的影响因素及与教师其他心理变量的关系（N=3000）[4]。相似的研究还有基于可能自我理论对教师认同的研究[5]；对经验丰富教师教师认同发展的研究[6]；对同一出生组职前教师社会资本变量与教师认同关系的研究等[7]。

第三种是质化研究，常用叙事探究、扎根理论、生态学、现象学、案例研究等收集和分析资料，其中案例研究和叙事探究是最常用的资料收集方法。斯塔克认为案例研究是通过深入和多元的资料信息来源探索在某种情境下的系统或者个案，包括访谈、录音、教师日志等综合性资

---

[1] Beijaard, Douwe , P. C. Meijer , and N. Verloop, "Reconsidering Research on Teachers' Professional Identity", *Teaching & Teacher Education* , Vol. 20, No. 2, 2004.

[2] Akkerman, Sanne F. , P. C. Meijer , "A Dialogical Approach to Cconceptualizing Teacher Identity," *Teaching & Teacher Education* Vol. 27, No. 2, 2011.

[3] Annemie Schepens, Antonia Aeltermana , Peter Vlerickb, "Student Teachers' Professional Identity Formation: Between Being Born as a Teacher and Becoming One", Educational Studies, Vol. 35, No. 4, October 2009.

[4] 魏淑华：《教师职业认同研究》，博士学位论文，西南大学，2008年，第300页。

[5] Hamman D , Gosselin K , Romano J , et al. , "Using Possible – selves Theory to Understand the Identity Development of New Teachers", *Teaching and Teacher Education*, Vol. 26, No. 7, 2010.

[6] Beijaard, D , N. Verloop, J. D. Vermunt, "Teachers' Perceptions of Professional Identity: An Exploratory Study from a Personal Knowledge Perspective", *Teaching & Teacher Education*, Vol. 16, No. 7, 2000.

[7] Shelley Hasinoff , David Mandzuk, "Bonding, Bridging, and Becoming a Teacher: Student Cohorts and Teacher Identity", *The Alberta Journal of Educational Research*, Vol. 51, No. 3, Fall 2005.

第一章 教师认同发展的研究现状

料。叙事探究的核心集中在对生命质量和经验的探析[1]，常通过教师的生活故事收集资料[2]。比如有研究者对香港中学教师的认同研究主要采用了开放式的访谈法[3]，托马斯和比彻姆等主要采用半结构式访谈法收集资料，通过入职初期教师的隐喻来研究他们的教师认同[4]。杰佛库特和萨利斯布瑞通过参与式观察、教师日志、个人传记等方法分析英国继续教育教师的专业认同形成情况等[5]。加德和布鲁夫也开展过类似研究[6]。

既有研究在研究对象上有语言教师、特殊教育教师、科学教育教师；有经验丰富教师、入职初期教师、准教师或实习教师等。入职初期教师和实习教师的研究文献较为丰富，原因可能在于教师从职前培养到正式入职的身份转变中，经历了以理论学习为主到以实践情境为主的环境变化，容易在此时出现转换性休克，这必然也带来教师认同的相应变化[7]。

六 教师认同的其他相关研究

戴和埃利奥特等认为教师认同是教师职业承诺的关键方面，教师对教师自我、教师角色等的认知会影响到其职业承诺水平，最后影响教师

---

[1] Connelly, F. M., Clandinin, D. J., *Shaping a Professional Identity: Stories of Education Practice*, London, ON: Althouse Press, 1999.

[2] Stake, R. "Trianguilation", *In the Art of Case Study Research*, Thousand Oaks: Sage, 1994, pp. 107–120.

[3] John Trent, Xuesong Gao, "At least I'm the Type of Teacher I Want to Be: Second-career English Language Teachers' Identity Formation in Hong Kong Secondary Schools", *Asia-Pacific Journal of Teacher Education*, Vol. 37, No. 3, August 2009.

[4] Thomas, Lynn, C. Beauchamp, "Understanding New Teachers' Professional Identities through Metaphor", *Teaching & Teacher Education*, Vol. 51, No. 3, 2011.

[5] Jephcote, Martin, J. Salisbury, "Further Education Teachers Accounts of Their Professional Identities", *Teaching & Teacher Education*, Vol. 25, No. 7, 2009.

[6] Douwe Beijaard, "Teachers' Prior Experiences and Actual Perceptions of Professional Identity", *Teachers and Teaching: Theory and Practice*, Vol. 1, No. 2, 1995.

[7] Maria Assuncão Flores, Christopher Day, "Contexts Which Shape and Reshape New Teachers' Identities: A Multi-perspective Study", *Teaching & Teacher Education*, Vol. 22, No. 2, 2006.

的工作效能、学生的学业成绩等①。魏淑华也认为教师的教师认同水平与教师的工作价值观、教师的工作满意度之间存在着显著的正相关关系,而与教师的离职意向之间存在显著负相关关系②。奥克那认为教师认同与教师情感有着十分密切的联系,教师情感中对教师角色的认同正是目前教师教育政策所忽略的地方,却是教师在实践中真正体现其主体性的地方,且教师认同会明显地影响教师情感,特别是影响教师对学生关心程度的情感③。泽姆贝利从后结构主义视角专门分析了教师认同与教师情感的关系,认为教师认同的形成受到权力的制约,是教师在与权力背景互动中所产生的重要主体性力量,这种情感是教师抵制权力规制下各种变革的关键性因素④。还有研究者认为教师感情应作为探析教师认同及其变化的视角,教师情感既会影响教师专业认同,还会影响到教师的个人认同。即使当教师面临两难情境时,教师情感也会影响教师认同的形成⑤。

第三节 研究述评

回答作为教师我是谁(或者说教师对自己成为什么样教师的回答)是教师教育的根本哲学问题。而从教师认同概念的有关界说中可以再次确证教师认同是教师在工作中得到满足的源泉和教师行为发生改变的核心要素。在教师认同概念中,教师自我始终是教师认同研究的核心。研

---

① Christopher Day, Bob Elliot, Alison Kingtona, "Reform, Standards and Teacher Identity: Challenges of Sustaining Commitment", *Teaching & Teacher Education*, Vol. 21, No. 5, 2005.

② 魏淑华:《教师职业认同研究》,博士学位论文,西南大学,2008年,第85—107页。

③ Kate Eliza O'Connor, "'You Choose to Care': Teachers, Emotions and Professional Identity", *Teaching & Teacher Education*, Vol. 24, No. 1, 2008.

④ Zembylas, Michalinos, "Discursive Practices, Genealogies, and Emotional Rules: A Poststructuralist View on Emotion and Identity in Teaching", *Teaching & Teacher Education*, Vol. 21, No. 8, 2005.

⑤ Veen, Klaas Van, S. Lasky, "Emotions as a Lens to Explore Eeacher Identity and Change: Different Theoretical Approaches", *Teaching & Teacher Education*, Vol. 21, No. 8, 2005.

第一章 教师认同发展的研究现状

究者对教师自我的看法已从固定和静态性视角逐步转向动态和发展性视角;有关教师认同形成背景的研究已由较为单一的视角转向更为复杂的视角;教师认同形成机制的研究也由在教师工作实践中的建构观逐渐转向在教师言说中的建构观;教师认同发展的研究也已形成如下共识:教师认同的发展与教师生活的背景(文化背景、教育背景、个人背景)、教师的各种经验(植根于教师在不同背景下经历的各种事件)等息息相关。已有研究为本书奠定了很好的基础,但也有如下问题值得进一步探索和拓展。

一 既有研究未能体现教师认同的发展性特点

教师认同的核心是教师的自我认同,教师的主观能动性是蕴含在教师生命事件中的各种体验,这些体验植根于教师生活场域中的各种背景〔包括文化(社会)背景、教育背景、个人背景〕里,具有连续性与互动性的特点[1]。如果将教师的生命历程看成由教师职业生涯的过去、现在、未来所组成的连续体,那么教师认同的发展性特点就应植根于或展现在这个连续体中。但已有研究多是选取教师(准教师、入职初期教师、经验丰富教师或退休教师等)的某个时间点或者某个时间段作为研究切入点,仅仅研究了教师当前(现在)的教师认同情况。另外,即使有研究从发展的、连续的视角探索教师认同(比如研究教师教育项目开设前后教师的教师认同发展变化等[2]),也多是从某种"人为"安排的项目入手来观照这类项目的有效性,这类项目本身的刻意性以及时间变量的横切性无法真正体现教师认同在教师生命历程连续体中的动态性和发展性等特点。

---

[1] [美]约翰·杜威:《民主·经验·教育》,彭正梅译,上海人民出版社2009年版,第108—115页。

[2] Sylvia Chong, Low Ee Ling, Goh Kim Chuan, "Developing Student Teachers' Professional Identities – An Exploratory Study", *International Education Studies*, Vol. 4, No. 1, February 2011.

二 缺乏特定文化场域下的教师认同研究

既有研究已经证实教师认同与教师所处的文化、社会、教育等背景的互动性，但多是在西方文化场域下，其常见的特征是文化多元、民族多元、经济全球化、教育国际化等。在中国文化场域下的教师认同研究，多是只注意到了教育背景、教育事件等对教师认同的影响。每个教师的成长过程都是一种社会化过程，都会受到特定文化框架的制约与影响，处于中国场域背景下的教师的教师认同无疑也会深受中国文化场域中各种背景框架的制约与影响。"场域"作为皮埃尔·布尔迪厄学术思想中的重要概念之一，被理解为"在高度分化的社会里，社会世界是由具有相对自主性的社会小世界构成，这些社会小世界就是具有自身逻辑和必然性的客观关系空间，而这些小世界自身特有的逻辑和必然性也不可化约成支配其他场域运作的那些逻辑和必然性"①。可见，一个场域就是一个社会小世界，有其自身的运行规则，在中国文化场域下的教师教育研究领域、教师专业发展研究领域、教师认同发展研究领域同样如此。国内目前的教师认同研究有很明显的"量化"倾向，旨在通过一种化约主义的研究范式探寻教师对教师职业的认可与接受情况或者教师在专业发展中的主观能动性体现。从既有研究来看，这种研究趋势事实上容易忽视教师认同的核心是教师自我的建构这一点，也容易出现在教师队伍专业化建设中忽视倾听教师自己声音的弊端，更无法深入分析在中国文化场域的框架制约下教师认同的发展情况。

---

① ［法］皮埃尔·布尔迪厄、［美］华康德：《实践与反思：反思社会学导引》，李猛、李康译，中央编译出版社1998年版，第341页。

第二章

基于方法论探讨的研究设计与实施

第一节 研究方法论

研究设计需基于相应的方法论。方法论在不少工具书中被看成一种世界观。在人文社科研究领域,方法论一般被界定为研究思想方法、认识方法和工作方法的普遍性原则与理论,是关于人们认识世界和改造世界所遵循的最根本方法的学问。方法论一般按照一定的对世界的根本看法来观察、分析客观事物,指导人们处理和解决各种矛盾,认识世界和改造世界①。可见,方法论就是人们认识世界、改造世界的方法理论体系,受世界观的支配。

方法论是一个系统性概念体系,在不同层次上有哲学方法论、一般科学方法论、具体科学方法论之分。"方法论包括三个基本问题,一是理论前提,它是理论何以如此主张的支配性根据;二是学科意识,它是基本原理提供给世界的独特价值与思维视角;三是理论资源,它是研究结论的资源支撑与研究证据。"② 关于认识世界、改造世界、探索实现主观世界与客观世界相一致的最一般方法理论是哲学方法论;研究各门具体学科,带有一定普遍意义,适用于许多相关领域的方法理论是一般科学方法论;研究某一具体学科,涉及某一具体领域的方法理论是具体科学方法论。三者之间的关系是互相依存、互相影响、互相补充以及相互

---

① 刘炳瑛、李明湘、卢俊忠等:《马克思原理辞典》,浙江人民出版社1988年版。
② 王澍、柳海民:《从唯方法论主义到问题与方法的统一》,《教育研究》2011年第1期。

独立的统一关系。哲学方法论具有决定性作用，它是各门科学方法论的概括和总结，是最一般的方法论，对一般科学方法论、具体科学方法论有着指导性作用①。总体来说，它们是方法论的本体性议题，因为这三个层次的方法论问题逐步从宏观到微观解决了如何从整体性世界观到某个具体领域研究问题的回答过程，但是涉及某个具体的研究问题时，比如本书的"有关不同出生年代教师的教师认同发展问题"还须有更具体的方法论指导。基于这一点认识，本书认为除了方法论的本体性议题之外，方法论的实体性问题则是另一个值得关注的重要议题。方法论的实体性议题主要指方法论要考虑到方法与客观对象之间的关系，即具体回答与某个研究问题密切相关的方法论问题。

本书的研究设计需回答如下问题：在本体性层面上的哲学方法论是什么？一般科学方法论是什么？具体科学方法论是什么？在实体性层面上结合具体研究问题的方法论是什么？即回答本体性层面的方法论与教师认同发展轨迹特性是什么这个具体研究问题之间的适宜性。具体地说，本书的哲学方法论是后结构主义；一般科学方法论是质化研究；具体科学方法论是教育叙事；实体性方法论则是生命历程理论，这是本体性方法论联结教师认同发展轨迹的桥梁。本书在回答具体研究问题时遵循的是从抽象到具体的方法论逻辑，即由哲学方法论的价值观到具体的、可操作性研究方法的层层下移，最终实现具体地指导本书具体研究问题得到回答的研究实践。

一 哲学方法论——后结构主义

哲学方法论是一项研究的总体性价值观，是指导本书研究实施与研究资料分析时的总体价值观。结合已有教师认同研究文献的梳理与理解，确定后结构主义作为本书的哲学方法论。一方面目前对教师专业发展的

---

① ［美］埃森·M. 拉塞尔：《麦肯锡方法》，赵睿、岳永德译，华夏出版社2001年版，第21—43页。

第二章　基于方法论探讨的研究设计与实施

研究视角已逐渐转向关注教师独特的个性；另一方面当前教师生活的场域特征也已发生了巨大变化，不管是学校还是社会都处于不断的变迁中，且这种变迁表现出的特性越来越复杂。后结构主义是在摒弃结构主义那种"简化""化约"的研究范式基础上，实现对文本、对作品、对个人本身的观照。后结构主义思想引领下的研究更能关注研究对象的独特性、主体性。因此，后结构主义目前已成为教师认同研究领域中继发展性视角和社会文化视角之后的第三种常见研究视角。这种研究视角主要基于如下背景产生：教师目前的工作场域较以往相比已经发生了巨大的变化，并且这种变化依然在持续中，教师主体需要在这种工作场域中不断地澄清自己的身份。此时，教师认同被定义为教师自我与环境互动的协商与建构、是受到社会与历史牵制的主体存在，教师认同具有动态性、发展性、主体性等特点。这种视角下的研究主题常常集中在教师的话语权问题，主要讨论教师认同与政治的关系、教师认同与文化的关系等[①]。

二　一般科学方法论——质化研究

质化研究主要受到民族志研究和社会学研究领域发展的影响，是在对政治权力不断反思与觉醒的基础上发展起来的。陈向明指出质化研究具有以下特征：其一，它注重对研究对象作后实证的、经验主义的考察和分析，强调自然主义的传统，注重从研究结果的"真实性"和"可靠性"进行探究；其二，它要求研究者对研究对象进行"解释性理解"，强调阐释主义的传统，关注研究者与被研究者之间的主体间性和"视域融合"；其三，它认为任何研究都受到一定政治、文化、性别和社会阶层的影响，关注研究中的权力关系以及研究对知识建构和社会改革的重要作用，因此而具有一种后现代的批判意识[②]。基于后结构主义的哲学方法论本书将从一种动态的、受到权力与文化规制影响的视角来研究教

[①] 塞世琼：《后结构主义——教师认同研究的最新视角》，《外国教育研究》2014年第12期。

[②] 陈向明：《质的研究方法与社会科学研究》，教育科学出版社2000年版，第25—32页。

师认同，进一步具体化到一般科学方法论，质化研究将引导本书从教师生活的真实环境（中国社会、经济、文化等环境）中来看待教师认同的动态发展与个体变化特质。

质化研究具有典型的"实证主义"特质，即在质化研究中，研究者可以通过相应的工具或方法获得对研究对象的客观认识与主观感知，这种相应的工具或方法既可以是定量（给社会现象赋予量的规定）的研究，也可以是对社会现象的真实描述或记录，或者来自于研究对象的真实感受与看法。也正是如此，质化研究打破了传统定量研究仅仅从客观立场收集研究资料的局限，转而对研究对象的主观性感受、主体性观点给予更多的关注，并被广泛应用于社会学研究、人类学研究和民族志研究中。运用质化研究，能更加真切地感知教师在真实工作场域中的教师认同情况，避免用抽象的眼光、固态的视角、堆砌的方式来看待或分析植根于教师真实生活世界的、动态的、发展的教师认同，克服传统结构主义哲学方法论中化约式分析带来的空洞剥离感。从深层的、教师主体间性的意义上来认识、理解、解释教师认同在教师生命历程连续体中的发展轨迹，在可见的、朴实的教师真实自我中展现教师认同的生动发展过程。

三 具体科学方法论——叙事研究

王枬认为叙事研究是一种以"质的研究"作为方法论的研究，是质的研究在具体学科中得以运用的一种表现形式，它以教师在真实生活场景、教学情境等活动中（主要指教师在学校组织场域中经历的各类教育事件性背景）发生的事件为关注点。这些来自教师真实生活场景的事件是教师在专业发展中不断积累的经验，更是促进教师专业成长的必要性体验[1]。杜威认为经验的标准有两个，即连续性和互动性，连续性强调经验之间的时间维度，而互动性强调经验与情境之间的空间维度。教师

---

[1] 王枬：《关于教师的叙事研究》，《全球教育展望》2003年第4期。

第二章 基于方法论探讨的研究设计与实施

在这种时空转换中实现对教师职业的感知,并表现出相应的态度与行为。"把认知置于日常生活中,并且运用有关社会化过程中组织方式的问题来实施调查,能使我们看清楚处于主要决定性关系之中的'微观'和'宏观'社会等级结构。"① 叙事研究的目的就是观照教师在对日常生活的叙事中实现经验的时空转换。这一点与费孝通的看法一致:"社会科学要到生活中去找,去总结。生活本身是多种多样的,要通过实践,反复的实践去认识其发生发展的规律。所以我们要坚持做'田野'工作,做实地调查,到生活中去观察体验。……以上的话不仅针对社会学、人类学,也许也适用于其他社会科学。"②

在对教师日常生活的观察中,语言特别是教师自己的语言是实现这种日常生活观察与研究的关键性载体。在教师认同研究已由实践中的认同建构转向言说中的认同建构下,当前更应重视教师如何通过自己的语言表达他们自己的日常生活世界,"我们通过语言并且在语言中理解、思考和决断,我们在语言中感知我们的生存,我们的语言规定着我们的视域,有什么样的语言就有什么样的生活世界"③。本书的叙事研究目的就是希望通过对教师日常生活世界的理解来诠释教师认同。叙事研究,关键是要理解教师是怎么样在这种"叙事的叙述"中理解教师认同的④。

四 实体性方法论——生命历程理论

实体性方法论是联结本体性方法论与研究主题的桥梁,与具体的研究主题甚至更具体的研究问题密切相关。因此需要在此回答本书的基本

---

① [英]艾弗·F. 古德森:《专业知识与教师职业生涯》,刘丽丽译,北京师范大学出版社2007年版,第6页。
② 费孝通:《文化与文化自觉》(下),群言出版社2012年版,第380—381页。
③ 张意:《文化与符号权力——布尔迪厄的文化社会学导论》,中国社会科学出版社2005年版,第91页。
④ Gunn Elisabeth Søreide. "Narrative Construction of Teacher Identity: Positioning and Negotiation", *Teachers and Teaching: Theory and Practice*, Vol. 12, No. 5, October 2006.

方法与研究工具,当然这些都要以与本书主题和研究问题相应的理论作为基础,即生命历程理论。

(一) 为什么以生命历程理论为理论基础

结合教师认同的教师主体性建构以及在教师与环境互动中建构的特点,本书旨在从一种发展性、动态性、主体性的视角来研究教师认同。基于教育问题本身的多维性,以及教师教育领域与其他学科领域的密切联系性,很多研究者从不同的学科视角出发来研究教师认同。就像吉鲁认为的,(在研究学校课程时)必须把教育的不同维度作为它们在其中生发出来的历史文化场景结构结合起来加以分析,而且必须运用根据许多学科而铸造的工具来作这种分析。……我们需要通过利用其他学科所提供给我们的概念和工具来丰富我们的关注点[1]。

生命历程理论是社会学领域中已比较成熟的理论,强调从宏观与微观相结合的视角出发,基于社会、历史、个人三个层次关注出生在不同时代个体的生命发展过程。该理论不仅能契合教师认同的关键性特征,而且能深入地、动态地研究出生于不同年代教师的教师认同发展轨迹。出生于不同年代教师的个人生活事件和体验与他们的专业角色行为之间有着最紧密的联系[2],因此有关教师认同的研究重点是关注教师个人生活中的事件与体验。而要真正分析教师认同的发展性特点及其与个人各种体验与经验之间的关系,仅仅分析某种经验的"纯粹的后果"是不可能的。"只有把历史学、社会学和心理学的观点与有关个人经历、取向和行为的、详尽的纵向研究数据结合起来,才有可能完成这种分析。"[3]即生命历程理论中从社会、历史、个体三个层次共同关注个体发展正好与教师认同发展研究的当前研究趋势契合,这是本书以生命历程理论作

---

[1] [美] 亨利·A. 吉鲁:《教师作为知识分子》,朱红文译,教育科学出版社2008年版。
[2] Kelchtermans, Geert, R. Vandenberghe, "Teachers' Professional Development: A Biographical Perspective", *Journal of Curriculum Studies*, Vol. 26, No. 1, 1994.
[3] [美] G.H. 艾尔德:《大萧条的孩子们》,田禾、马春华译,译林出版社2002年版,前言第5页。

第二章 基于方法论探讨的研究设计与实施

为研究视角的逻辑前提。以此限定本书的研究方法及分析框架边界,将教师认同研究放置在教师生命历程的整体脉络和教师个体生命历程的时空场域转换中分析,宏观与微观结合地、动态与发展结合地看待教师认同的生命轨迹发展过程。教师认同研究的根本目的就是要观照教师在追问"我是谁?"的过程中确认自己的职业身份并坚定自己的职业选择过程、理解教师个人与社会历史、社会文化等场域性环境之间的关系,以进一步回答"我要成为什么样的教师?"这个具体的研究问题。在教师教育领域中运用生命历程理论,这应也算是一种社会想象力,就像米尔斯认为的"个人只有在他们走过的历程中确定了自己的位置,才能完全理解自己的经历。然后,他们会认识到所有的个体在同样的环境中共同分享生命的机遇。因此,社会学的想象力能使我们'理解历史与个人生活历程,以及在社会中二者之间的关系'"[1]。

(二)什么是生命历程理论

按照包蕾萍的理解,生命历程理论是在反思生命周期理论、受到生活史研究启发、吸收毕生发展理论精髓的基础上发展起来的[2]。生命周期理论"是将生命视为一种随个体或组织的发展,社会关系或角色不断转换循环的过程和阶段"[3]。该理论关注世代和共同性,致力于寻找人类共同的阶段模式,但因其无法解释个体生命中的多重角色变化,忽视个体生命角色塑造中时空背景的力量而受到批判。生活史研究产生在20世纪20年代,托马斯和兹纳涅茨基的《身处欧美的波兰农民》是生活史研究的代表性著述,其最大特点是"反对用'社会普查'堆积的数据和偏于道德说教的'常识社会学'"[4]。强调对研究对象生活经历资料的收集,让研究对象自己讲述自己的生活故事,让这些资料和故事来解释和

---

[1] [美]鲁思·华莱士、[英]艾莉森·沃尔夫:《当代社会学理论:对古典理论的扩展》,刘少杰等译,中国人民大学出版社2008年版,第90页。
[2] 包蕾萍:《生命历程理论的时间观探析》,《社会学研究》2005年第4期。
[3] 包蕾萍:《生命历程理论的时间观探析》,《社会学研究》2005年第4期。
[4] 包蕾萍:《生命历程理论的时间观探析》,《社会学研究》2005年第4期。

分析个体的生命特点。毕生发展理论的精髓是强调个体发展不仅限于儿童时期，更是贯穿一生的过程，并强调个体在发展过程中受到社会构造影响时的主动性。

生命历程理论是在跨学科、跨领域视角下逐步发展成熟起来的。之所以在20世纪六七十年代学界对生命历程理论出现空前的学术关注与世界各国当时的社会背景剧烈变迁以及受到经济全球化的影响分不开，在这种背景下生命历程理论极力寻找一种个体发展与社会变迁的结合点，"它试图找到一种将生命的个体意义与社会意义相联系的方式"[①]。该理论认为分析人的发展时应该与对社会的发展分析结合起来进行，更重要的是人的发展是一个受到特定时空限制的全生命过程发展，个体生命历程中经历的各种事件会互相影响与建构。

埃尔德是首位系统基于生命历程理论开展研究的美国社会学家，他在20世纪60年代出版的《大萧条的孩子们》一书中全面地、精彩地运用了生命历程理论研究大萧条时期成长起来的孩子们，并在该书中详尽地介绍了生命历程理论的四大范式主题：①个体生命历程中经历的事件与个体所处的历史时间相互嵌入；②个体生命历程中的各种转折点或事件的发生对个体发展的影响取决于这些转折点或事件发生的生命时间；③个体生命处于一个复杂的社会网络关系中，个体生命历程受到整个网络的影响；④个体在建构自己的生命历程轨迹时具有主观能动性[②]。受世界各国社会、经济、文化背景不断变迁的影响，基于生命历程理论的研究也逐渐成为跨学科、跨领域的研究范式，甚至有国家专门成立了生命历程研究中心[③]。作为一种研究范式的生命历程理论关注与个体生命年龄密切相关的，同时又深植于社会经济文化背景的一系列角色，它包含了一系列的假设、概念和方法，并以此来研究与生命个体年龄相关的社

---

① 包蕾萍：《生命历程理论的时间观探析》，《社会学研究》2005年第4期。
② [美] G. H. 艾尔德：《大萧条的孩子们》，田禾、马春华译，译林出版社2002年版，第426—432页。
③ 邹佳、周永康：《国内有关生命历程理论的研究综述》，《黑河学刊》2013年第4期。

第二章 基于方法论探讨的研究设计与实施

会性角色的框架图式①。生命历程理论的主要研究对象是个体或群体在生命过程中经历的一些事件或者角色与地位,并对这些事件发生的先后顺序以及角色与地位的转换过程进行考察。"生命历程理论的研究范式不仅要求在一个共同的概念和经验性研究的框架内对个体生命事件和生命轨迹的社会形式做出解释,并且注重考察影响这些事件和轨迹的社会进程。在许多从事生命历程研究的学者看来,他们的诸种努力不仅有利于对特定问题进行深入研究,而且还能超越社会生活研究中宏观分析与微观分析的长期隔离状态,并具有对各理论学派、学科加以综合的潜力。"②

（三）生命历程理论的核心概念

出生组

生命历程理论在关注个体生命发展的社会文化背景时,出生组是一个非常重要的概念,一个出生组是指一组出生于相同历史时期和经历相同的社会变革（在给定的同系列和同龄中）群体。不同的出生组会有不同的教育、工作机会并受到不同家庭生活的影响③,比如《波士顿全球杂志》在2008年提出"婴儿出生潮"的出生组概念,曾经引起众多研究者的注意④。

转换

生命历程理论关注个体在生命历程中的多重角色,突破了生命周期理论中对单一角色的关注。生命历程理论认为每个个体都会经历许多的转换,这种转换就像阶梯一样,具体表现为角色的转换或是地位的转换。

---

① Jeylan T. Mortimer and Michael J. Shnahan, *Handbook of Life Course*, Springer Science + Business Media, LLC. 2006, p. Preface.

② 李强、邓建伟、晓筝:《社会变迁与个人发展:生命历程研究的范式与方法》,《社会学研究》1999年第6期。

③ Elizabeth D. Hutchison, *A Life Course Perspective* (http://www.corwin.com/upm-data/16295_Chapter_1.pdf).

④ Corrie Stone-Johnson, "Regenerating Generations", Martin Bayer, Ulf Brinkkjer, Helle Plauborg, Simon Rolls, *Teachers' Career Trajectories and Work Lives*, Springer Science + Business Media B. V. 2009, pp. 179 – 202.

生命是充满这些转变的：开始上学、进入青春期、离开学校、获得第一份工作、职业生涯中的地位转变、离开家、退休等。转换不仅只发生在家庭中，同时也发生在小型组织、社团和正式组织中的新成员进入或者老成员离开时[①]。转换中涉及的变化是具体的、有边界的，当这些变化发生时，常预示着旧时期的逝去和新时期的来临。

轨迹

时间观是生命历程理论中的重要概念，轨迹就是其中一个长期性的时间观。轨迹常常包含着人一生的时间观念，因为生命历程理论要考察人在一生中的稳定性模式与变动性模式。尽管一个人的一生生命历程轨迹中可能会涉及多次转换，但发展始终贯穿在其中，所以，轨迹不可能是一条直线。人是自己生命历程建构的主体，导致每个人的轨迹都有自己独特的发展方向。处在不同的社会文化与环境背景下，个体的生活也呈现出多元交叉的轨迹特征，比如个体的教育轨迹、家庭生活轨迹和健康轨迹与工作轨迹之间常常是相互交叉、相互影响的。

生命事件

个体的生命轨迹什么时候发生转折呢？这时就涉及生命历程理论的另一重要概念：生命事件。它指个体生命历程中发生的那些重大事件，这些事件可能会对个体的生命轨迹发生严重和长期的影响。一个生命事件重大与否，具有比较大的个体差异，有些生命事件持续时间久、影响深远；有些生命事件在短期内发生、影响不大。生命事件与个人所处的各种背景息息相关，有了生命事件的发生，个人的生命轨迹才会发生转变，但相较生命事件来说，转变将是更加缓慢的过程。处于不同性别（男、女）、阶层（家庭经济政治地位）或者种族（白人、黑人等）等的人群，对于相似生命事件的看法不一，这也使得生命事件即使是对相同出生组的个体也会有不同的影响。

---

① Elizabeth D. Hutchison, *A Life Course Perspective* (http://www.corwin.com/upm-data/16295_Chapter_1.pdf)。

第二章 基于方法论探讨的研究设计与实施

转折点

一个人的生命历程很少是平稳的或者是可以预期的。生命事件发生后，个人生命轨迹的原有发展方向会突然地被打断或出现不连续性，这就是转折点。转折点持续的周期要短于转换，但是转折点对生命事件的敏感性要大于转换，转换更多地指涉一种角色或地位转换，转折点则更多地指涉某个具体角色生命轨迹的不连续性或者断点。

"就是要将社会历史（变迁）和社会结构（变化）联系起来阐述人类生活。"[①]这是李强，邓建伟等对生命历程理论范式的简要总结。本书运用生命历程理论作为实体性方法论，也就是要运用一种跨学科、跨领域的研究视角看待教师的教师认同。这种研究视角将社会变迁、历史变迁与教师个人生活变迁结合起来分析教师认同发展轨迹，因为这期间教师这个职业角色并没有发生转换，因此，本书的重要概念是转折点、生命事件、出生组和轨迹等。

第二节 研究对象

一 研究对象所处区域

研究者于2012年2—5月在贵州省贵阳市选了5所不同层次的初中学校开展田野式调研，之所以选择在西部欠发达地区的省会城市进行调研主要出于以下考虑。

（一）研究目的的需要

贵阳市是贵州省的省会城市，山多地少是其主要地理特征，在发展中存在交通不便、基础设施建设较为落后的现状，这些客观现实使其经济发展水平还处于欠发达状态。贵州省是少数民族聚居地区，各民族之间的文化习俗、语言习惯存在明显差异，但同时也各具特色。在贵州基

---

① 李强、邓建伟、晓筝：《社会变迁与个人发展：生命历程研究的范式与方法》，《社会学研究》1999年第6期。

础教育教师队伍的民族结构中，少数民族教师占比较大，他们从小成长的文化环境与汉族教师有着明显的差异，这点可能导致贵州省基础教育教师群体的教师认同情况与中原汉族地区或者东部发达地区相比会出现区域差异性和文化独特性等特征。同时在广袤的西部地区，类似贵州贵阳的区域还比较多，选择贵阳市初中学校的教师作为研究对象至少能管窥处在中国广大西部地区基础教育教师的教师认同情况，也能很好实现本书的重要研究目的，即探寻教师个体职业生涯特质与特定社会文化特质的联结点，这样既可观照中国欠发达地区社会变迁、文化变迁对教师认同发展的影响，也可为欠发达地区的教师教育政策与教师的在职培训提供夯实的理论与实践依据。

（二）研究效度的需要

资料收集时，研究者与研究对象之间需要建立相互信任关系。研究者曾经在贵阳学习和工作，也有不少同学在当地从事教师职业，这使研究者能够相对容易地进入研究现场，以在有限的时间内收集到真实而丰富的研究资料。以熟悉的人作为"守门人"进入研究现场，利于研究者与研究对象在有限时间内建立良好的信任合作关系，也更容易获得真实的研究资料。研究资料的真实性是研究效度得以保障的基本前提，也是提升研究效度的重要路径。

（三）当地文化的独特性与代表性

贵州省除了是多民族聚居地之外，也是历史上的蛮夷之地。由于该地的特殊地理特质（周围有大山作为屏障），在历史上也成为战乱、瘟疫爆发时的避难之所。中华人民共和国成立以来，为了消灭当地的土匪并重建当地的政务管理，国家派驻了部队和其他社会建设者到贵州，他们后来被称为"南下西进"干部，并逐渐成为贵州省社会、经济、文化等各项事业建设与发展的骨干力量。随着时间的推移，这些"南下西进"干部的外来文化也逐渐与当地的各种少数民族文化发生交流、融合，当然有时也会有不同民族之间的文化博弈与资源竞争。多元融合的民族结构特征使贵州并不像其他地方一样有非常显性的、独特的、有代表性的省际区域性文化,比如紧邻贵州的川渝巴蜀文化、云南的滇池文化与巴东文化等。民族文化结构的多元性与弥散性,导致在贵州貌似缺乏非常有代表性的文化特征。贵州的初中教师在建构教师认同时,有没有受到这种多元且弥散的民族文化影响呢?他们在生命历程中建构教师认同发展轨迹时是否追寻到某种文化归属呢?这种文化归属与教师认同建构时的教师职业文化有什么关系呢?对这种地域文化与教师文化之间的关系开展研究,可呈现不同样态的教师认同发展轨迹。

(四)自身成长经历

研究者出生在与贵州省相邻的重庆市郊区的农村家庭,在研究者自身的生命历程中,经历过不同的职业角色转换,也深刻体验过职业认同对不同个体职业生涯的影响。当研究者的生命轨迹与该省在一种"宿命"中冥冥交汇时,深刻地感受到在不同文化场域中成长起来的个体对周围世界的人与事会产生个体性与区域性差异的看法,当然也包括教师认同观差异。研究者时常感到自己是那个地方的人,又不是那个地方的人,这种若即若离的感受让研究者可以一种"边缘人"的身份理性地看待这个地方的教师及他们的教师认同,也使研究者在资料的收集、整理与分析中,更具有专业"敏感性"和"社会洞察力"。

二 研究对象所在学校

生命历程理论考察的是社会、历史、个人之间在宏观与微观时空交错维度中的联结状况。本书在选择学校时充分考虑到了生命历程理论的这一特点,既选择了有一定发展历史周期的学校,也选择了受到社会、教育各种变革因素影响痕迹较深的学校,也基于教育研究方法中的分层抽样方式考虑选择了不同层次的学校。之所以选择初中学校,是因为小学教师基本上都是女教师,如果选择小学学段,研究对象可能会全是女教师,必然会影响开展研究时的信效度。基于如上考虑,本书选择了贵阳5所初中作为调研对象,其基本情况如下。

A校是一所普通的城市中学,地处贵阳市母亲河(南明河)畔。它曾经是一所城乡接合部的农村中学，随着城市化建设的扩张，逐渐成为一所城市中学，但交通还不是很方便，全市只有一趟公交车经过该校。研究者调研时，该校所在的位置正进行大规模开发，学校周围都是建筑工棚。学校领导很重视学校教师的专业发展，学校教师们认为这时是学校发展的好时机。

B校是省市重点初中，地处市中心，周围毗邻省委省政府，所在片区多是政府家属大院。20世纪80年代初期时的B校还只是一所普通的中学，从90年代中期开始，该校逐渐成为省市重点中学。目前在贵阳每年的初升高考试中，依然名列前茅，其中该校的语文学科、数学学科具有很强的竞争力。

C校地处贵阳市新区，主要教师成员来自2005年时由老城区的一所完中（既有高中部，也有初中部的中学）拆分后的初中部。2005年搬迁之后，C校拥有优美的校园环境和完善的教育设施。搬迁所带来的人事更替和发展机遇使教师对学校未来的发展充满希望，他们也认为新一届的领导年轻有为，该校近几年的中考成绩也在整个新区中名列前茅。

D校在5所学校中位置最偏远，从市区到该校大约需要2个小时车程，但由于当地的交通不发达，候车、转车等也需近2小时。随着城镇化进程的加快，当地政府准备将贵钢搬到离D校不远的地方。城镇化进程中农村人才结构的不良配备与人口数量的单向流动对D校生源规模及质量均产生了较大影响，在大量农村劳动力及其下一代流向城镇的同时，农村中小学的学生人数也在逐渐减少。在D校，初一到初三三个年级共有5个班，且每个班的班额基本都在30人以下，因此该校近几年都没有新进教师，全校的教师总数也就10来人。

E校处于一个离省城不远的镇上，距离省城贵阳40千米左右（依照当地的交通状况，路上车程一般在1.5—2小时）。该镇曾是农场，森林覆盖率高，被誉为"林城氧吧、黔中药谷"。得天独厚的地理位置使该镇商贸往来频繁，经济繁荣，是川黔大道上驰名省内外的物资集散重镇，素有"旱码头""小贵阳"之称。随着当地经济的发展，E校的外来学生逐渐增加，家长背景与学生结构都比较复杂。

三 两个出生组——"60后"教师与"70后"教师

（一）为什么要选择这两个出生组

曼海姆认为在同一时间段出生的一群个人由于受到共同经历的影响，容易获得共有的历史，发展出一种集体身份认同，并有积极参与对知识或政治议题的集体反思机会，他们构成了一个代际①。这个看法与生命历程理论中的出生组概念如出一辙。埃尔德认为生命历程就是不同出生组之间的年龄差异，这种差异体现了他们不同的生活机会、教育机会以及就业机会等，甚至使他们的世界观也会不一样，即对世界的理解方式不一样②。对不同出生组的教师来说，则会使他们对教师职业的看法产生差异。比如约翰逊对教师群体进行了出生组代际差异之间的专门研究，比较了"无名的一代"与"胜利那一代""婴儿出生潮那一代"等几代教师在职业生涯中期（工作7—15年时）的专业发展情况③。所以在生命历程理论中，年龄成为与出生组密切相关的另一重要概念，就像埃尔德认为的：所谓生命历程本身就是在人的一生中通过年龄分化而体现的生活道路④。

不管是古代中国还是现代中国，这种年龄的分化常常以"5"或"10"作为标志，比如中国传统文化中的经典古训："十岁不愁、二十不悔、三十而立、四十不惑、五十知天命、六十耳顺、七十古稀、八十耄耋。"就是典型代表；比如中国政府每隔5年就会提出各种规划："十二五"规划"十三五"规划等；而中国人在做自己的人生规划时，也会常常习惯地选

---

① ［德］卡尔·曼海姆：《文化社会学论集》，艾彦、郑也夫、冯克利译，辽宁教育出版社2003年版。
② ［美］G.H. 艾尔德：《大萧条的孩子们》，田禾、马春华译，译林出版社2002年版，第215—285页。
③ Corrie Stone—Johnson, "Regenerating Generations", Martin Bayer, Ulf Brinkkjer, Helle Plauborg, Simon Rolls, *Teachers' Career Trajectories and Work Lives*, Springer Science + Business Media B. V. 2009, pp. 179 - 202.
④ ［美］G.H. 艾尔德：《大萧条的孩子们》，田禾、马春华译，译林出版社2002年版，第439—449页。

择"5年"作为每次变化的转折点。从现代中国社会变迁的过程来看，"10年"常能代表一个明显的转折点，比如"改革开放四十周年""建国七十周年"等。受到传统文化浸润和政府管理体制的规约，在中国生活的每一个个体也容易被一个个的"十年"规定着命运。在不同年代出生的人身上常常带有那个年代出生的人所具有的特殊标签。因此社会背景之间的差异性使生命历程理论中的"出生组"这个核心概念具有了植根社会现实的土壤。比如，周雪光、侯立仁就关注了出生在1966—1976年青少年在"上山下乡运动"中的各种资本以及这个经历对其返城后的学历、就业、收入等的影响①；常京凤分析了"老三届"生命历程中的复杂经历（解放初期、"文化大革命"和改革开放初期）对他们的性格、学业与家庭的影响②。

伴随中国改革开放的不断深化，在与各种西方外来文化之间相互渗透与融合时，不同年代出生的中国人展现出了不一样的个性心理特征与价值观，且这种年代之间的差异正好与中国社会变迁的"10"年转折相吻合，对出生于不同"10"年的人则被相应地冠以"×0"时代的称谓作为标签，比如常见的"60后""70后""80后"，甚至现在的"00后"等称谓。这些不一样的"×0后"称呼，正是不同生命个体因为"年龄"分化而出现的相应表征，当然，这种表征不仅体现在个性心理特征与价值观上，如何对待各自从事的职业也是这种表征的具体体现，即使在相同职业群体中的个体，也可能会因为这种"×0后"差异而表现出不一样的职业认同观，教师职业亦然，这也是本书选择"×0后"出生组的基本逻辑依据。

当前，中小学教师队伍中的年龄结构主要有以下几类"×0后"："60后""70后""80后""90后"等。本书选择"60后"和"70后"两个出生组的教师作为研究对象，主要基于以下几点考虑。

---

① 周雪光、侯立仁：《"文革"的孩子们——当代中国的国家与生命历程》（http://www.sociologyol.org/yanjiubankuai/xuejierenwu/zhouxueguang/2008-01-21/4444.html）。

② 常京凤：《"生命历程"："文革"对"老三届"学业和家庭的影响》，《中国青年》1996年第1期。

第二章 基于方法论探讨的研究设计与实施

一是，入职持续时间。大部分"80后"教师入职时间还不算太长，入职超过10年的"80后"教师还比较少。

二是，教师队伍的年龄结构和职称结构。目前，中小学教师队伍的主体来自于"60后"教师和"70后"教师，即这两个出生组的在职教师众数最大。

三是，不同"×0后"教师的生命历程。"60后"教师经历过三年自然灾害、"文化大革命"、高考恢复等历史事件，当然也经历过改革开放后的×0年；"70后"教师主要经历的社会背景变迁则是计划经济、改革开放、市场经济改革；"80后"教师则主要经历了改革开放、市场经济等时代变迁。

"60后"教师与"70后"教师既是目前中小学教师队伍中的主要力量，也是经历中国社会变迁最大的两个出生组教师，他们正处于中青年的生命时期。这是本书为什么选择"60后"和"70后"教师作为研究对象的基本现实依据。

（二）两个出生组的具体情况

见表2—1。

表2—1　　　　　　　　29名研究对象的基本信息

学校	教师	出生组	性别	学校	教师	出生组	性别
A校	A1M	"70后"	男	E校	E1M	"60后"	男
A校	A2F	"70后"	女	E校	E2F	"60后"	女
A校	A3M	"70后"	男	E校	E3M	"60后"	男
A校	A4M	"60后"	男	E校	E4F	"60后"	女
B校	B2F	"60后"	女	E校	E5M	"60后"	男
B校	B3F	"60后"	女	E校	E6F	"70后"	女
B校	B4F	"70后"	男	E校	E7M	"70后"	男
B校	B5F	"70后"	女	C校	C1F	"70后"	女
B校	B6F	"70后"	女	C校	C2F	"70后"	女
B校	B8F	"60后"	女	C校	C3M	"60后"	男
D校	D1M	"60后"	男	C校	C4M	"70后"	男
D校	D2F	"70后"	女	C校	C5F	"70后"	女
D校	D3M	"60后"	男	C校	C6F	"70后"	女
D校	D4F	"70后"	女	C校	C7M	"60后"	男
				C校	C8M	"60后"	男

第三节　资料收集与分析

一　资料收集方法

（一）教师生活史访谈

生活史研究是生命历程理论中重要的资料收集方法之一，比如《身处欧美的波兰农民》①就主要通过生活史访谈的研究方法，结合家族成员的往来信件等材料收集移民欧美的波兰裔家族的生命故事开展研究。基于生命历程理论的教师认同发展轨迹研究也通过教师生活史访谈的方式收集资料，以观照教师的真实生活经验，而这些经验恰来自教师生活史中的各种细微环节，就像古德森所认为的："科学研究的起点应该是人们的直接经验，而这些经验必须从微观的（生命）事件中得到提升。"②因此教师生命历程中的生命事件是教师生活史资料中的重要构成部分。

在收集教师生活史资料时，并非完全随意和去结构化的。教师在对自己的生命事件进行描述时，既可能有天马行空式的随意性，也可能会有所选择和保留，如果任由教师按照自己的某种主观意愿进行描述必将使本书失去基本的研究信效度。因此在通过生活史访谈收集资料时并不是与教师随意聊天，而是让教师在研究者指导下有一定目的性和方向性地回忆和描述。本书采用的具体策略是从研究问题出发，与教师进行半开放式的访谈，访谈提纲的设计（见附件1）主要以教师在生命历程中发生的生命事件作为主要问题链，即从教师的一个生命事件开始不断追问并引发下一个生命事件。这些生命事件既包括教师在日常生活与家庭生活中的生命事件，也包括教师在学校的任何与工作和学习相关的生命

---

①　［美］W. I. 托马斯、［波兰］F. 兹纳涅茨基：《身处欧美的波兰农民》，张友云译，译林出版社2003年版。

②　［英］艾弗·F. 古德森：《专业知识与教师职业生涯》，刘丽丽译，北京师范大学出版社2007年版，第5页。

第二章 基于方法论探讨的研究设计与实施

事件,但都来自教师自己的直接经历与体验。除此之外,研究者还通过与多名教师在办公室一起随意的聊天(比如中午休息时,大家会就某个话题进行讨论)、听课(2名教师,每名教师听2周)、参加学校的教研活动、与教师们一起用餐等方式收集其他一些辅助资料和佐证资料。

  学校是生活史访谈的主要场所。研究者主要通过学校的关键人物(比如学校的教导主任或校长)进入学校,首先会了解学校教师的相关情况,然后随机抽取教师进行访谈。研究者与每位教师的访谈都是单独进行,在正式进入访谈前,会先向教师仔细解释本书的研究目的,并出示研究承诺书、打消教师对录音的顾虑。对每位教师的访谈持续时间至少在1小时以上,有的持续3—4小时,也有教师经过2次以上的访谈。根据不同访谈对象的表达能力和访谈时的环境差异,提问方式有所不同,但问题的实质性内容并无明显差异。

  生活史访谈具有追溯性、回忆性的特征,"交流者会预设聆听者具有某种观念或态度,并依据这一预设调整他们进行交流时选择的信息"[①]。教师在告诉研究者"当时、当地"的想法与故事时,他们难免会有所"筛选"与"过滤",甚至可能会有故意避重就轻的情况发生,这到底是教师群体具有的某种特定文化还是每个职业群体都具有的文化,还有待进一步分析。在访谈中,研究者努力适应着一线教师们既有的文化环境以及他们在这种环境下的独特表达方式,比如实时表达对参加访谈老师在回忆和描述生命事件时各种心理感受的移情理解,一旦出现没有理解的词语或者句子时的及时追问等。通过这样的方式使研究者与受访教师之间合理建构并维持一种共享的实在,这种共享实在使研究者能以一种"局外人的眼光"来进一步观察、洞察受访教师生命历程中的各种生命事件。

(二)教师生命故事线

  在进行生活史访谈的基础上,本书还通过另一种研究工具,即教师

[①] 赵志裕、康萤仪:《文化社会心理学》,中国人民大学出版社2011年版,第265页。

生命故事线图表（见附件3）来收集资料。从一般性科学方法论来说，本书属于质化研究，而有关质化研究的信度、效度、推广度以及伦理道德问题一直存在着诸多争议，特别是有关质化研究的效度问题更是争议的焦点。陈向明认为尽管目前存在很多争议问题，但绝大部分质的研究者仍然沿用"效度"这一词语来讨论研究结果的真实性问题，并提出用一些具体的策略比如侦探法、证伪法、反馈法、相关检验法等来对效度进行检验①。本书之所以在教师生活史访谈的基础上，还另外采用教师生命故事线图表来收集资料，也是基于增加研究效度的考虑，因为生命历程理论下教师生命年龄、社会年龄与社会历史变迁的关系能够在生命故事线图表中得以体现。年龄是生命历程理论在讨论时间观与个体生命历程关系时的一个关键概念。一方面，心理学家们常用年龄来定义生命个体的最优化时期（比如最好年龄、理想年龄或者完美年龄），并以此来表示生命个体在不同年龄阶段中的不同体验，以与个体生命历程的心理地图一致。另一方面，社会学家却认为年龄是社会组织和社会秩序维持稳定与平衡的关键。生命历程理论中既有社会学年龄，也有心理学年龄，本书对教师生命历程年龄的划分则是一种社会学视角下的年龄，以更加充分地体现教师的教师认同与教师所处社会背景之间的复杂关系。

教师的生命历程年龄分为小学阶段、中学阶段、大学（大专）阶段、工作第1年、工作2—5年、工作6—10年、工作11—15年等，在此基础上绘制教师认同生命故事线图（见附件3）。研究者与教师生活史访谈结束后，会与受访教师一起完成教师认同故事线图的绘制，一是让教师与研究者一起再次确认生活史访谈时收集的原始资料，二是也可进一步补充与完善原始资料。生命故事不仅完善了生命历程理论范式的理论框架，而且还在方法论上根本地实现了生命历程理论中由"静"到"动"的转变。生命故事线方法是理解成人生活结构和生命意义的主要

---

① 陈向明：《旅居者和"外国人"——留美中国学生跨文化人际交往研究》，教育科学出版社2004年版，第65—81页。

第二章 基于方法论探讨的研究设计与实施

途径①。汉德尔将生命故事定义为反映当前自我、他人与事件关系的有效自传,并能解释生命个体的过去、现在,同时指引生命个体的将来②。格根、贝加德也运用了此方法来进行资料收集③④;徐静、徐永德在生命历程理论视域下对老年贫困进行研究时也同样运用了此方法⑤。

教师生命故事线图表的设计主要是以教师在入职前的学徒观察期、职前准教师时期、入职1年、入职2—5年、入职6—10年等这些时间段作为每位受访教师生命历程中的重要时间点。生命事件对个体生命轨迹具有明显的、长期的影响,个体对这类生命事件是记忆深刻的,也是可以描述与回溯的,这为教师生命故事线的绘制提供了可操作性的逻辑基础。研究者对受访教师开展生活史访谈时会有意识地记录下教师在描述过程中的一些关键事件及其相关信息,生活史访谈结束后再以教师生命故事线图表作为进一步深入访谈的大致访谈提纲,并不断与教师之间反复求证他们在不同生命时期的教师认同水平,引导受访教师告诉研究者在不同生命时期引起其教师认同水平发生变化的生命事件,同时与生活史访谈所收集的生命事件之间相互验证。从这点上来说,本书在收集资料时运用了证伪法和相关检验法等方法,这样做的目的是让教师生命事件与教师的生活史访谈资料之间进行反复验证和相互佐证,使研究结论更具说服力和真实性,提升本书的研究效度。

教师生活史访谈和生命故事线图表方法,归根结底都是以一种叙事的方法收集资料,具体地说,这是一种教师叙事研究方法。王枬认为教

---

① Bertram J. Cohler, Andrew Hostetler, "Linking Life Course and Life Story", in Jeylan T. Mortimer, Michael J. Shanahan, *Handbook of the Life Course*, Springer Science + Business Media. LLC. 2004, pp. 555 – 576.

② Handel, G., *Making a life in Yorkville: Experience and Meaning in the Life - course Narrative of an Urban Working—class Man*, Westport, CT: Greenwood Press, 2000.

③ Gergen, M. M., "Narrative Structures in Social Explanation", in C. ANTAKI, *Analysing Social Explanation*, London, Sage, 1988, pp. 94 – 112.

④ Douwe Beijaard, "Teachers' Prior Experiences and Actual Perceptions of Professional Identity", *Teachers and Teaching: Theory and Practice*, Vol. 1, No. 2, 1995.

⑤ 徐静、徐永德:《生命历程理论视域下的老年贫困》,《社会科学研究》2009 年第 6 期。

师的叙事研究是一种能够描述教师真实生活的"由下至上"研究,这种研究是人文的、富有人情味的、具有情感的①。更重要的是教师叙事研究是促进教师专业发展最需要的,因为只有真正地了解、移情地理解教师的真实生活,才能有效地建构基于实践的教师专业发展机制。丁钢认为叙事研究基本假设教育是一种日常生活方式,因此,教育研究中应该用教师的生活语言来进行研究,从教师的生活语言中发现教师的经验,因为经验是教师成长的基石②。"关注教师的叙述和故事,实际上是教师对教育研究中如此多的教师表述形式的理性反应。……因此,聆听教师的声音是一个基本的和早该出现的观点。叙述、故事、日记、行动研究和现象学,有助于为教师提供表述自己的机会。"③ 叙事是被自我和他人强调的、有着文化价值的行动和终端,教师生命故事中的叙事对于言说者和倾听者的生活特征显示都有重要意义。简言之,本书中的叙事就是让教师通过自己讲述的方式表达自己丰富的内心世界,讲述的内容既可以是教师在教学生活中的各种故事,也可以是教师的各种感想等,抑或是二者兼有之。

二　资料分析

（一）研究问题分析

本书最初提出的研究问题是：不同出生组教师的教师认同发展轨迹是怎么样的？不同出生组教师的教师认同发展轨迹的转折点是怎么发生的？教师认同发展轨迹的影响因素有哪些？在不断完善的过程中,本书进一步补充了两个研究问题：第一,在中国文化场域下教师主体是如何建构自己的教师认同的？第二,关注教师内在发展力量的教师专业发展策略是怎么样的？对研究问题的不断补充与深化,一方面说明本书对研

---

① 王枬：《关于教师的叙事研究》,《全球教育展望》2003年第4期。
② 丁钢：《声音与经验：教育叙事探究》,教育科学出版社2008年版。
③ ［英］艾弗·F.古德森：《专业知识与教师职业生涯》,刘丽丽译,北京师范大学出版社2007年版,第25—26页。

第二章 基于方法论探讨的研究设计与实施

究者来说本身也是一个重要的生命事件,体现了研究者在教师教育领域中开展研究的连续性;另一方面也说明一项研究的发展也是在循序渐进过程中逐渐完善的。为进一步说明研究问题中所包含的内容,结合生命历程理论的研究特点,将本书研究问题细化如下。

一是,在教师认同发展轨迹的变化中,教师主体是如何发挥自己的主观能动性的?教师自己用什么样的语言来表达教师认同?

二是,两个出生组教师经历的生命事件有什么差异?他们的教师认同发展轨迹有没有差异?这种差异表现在哪里?在教师认同的发展轨迹中,转折点一般发生在教师多大年龄时?引起转折点发生的生命事件是哪些?

三是,从引起教师认同发生转折的生命事件来看,有哪些影响因素、包括哪些具体要素影响了教师认同的发展轨迹?这些影响因素之间有什么样的关系?它们是怎么样对教师认同发展轨迹产生影响的?对两个出生组教师来说,这些影响因素有什么样的差异?

四是,教师认同发展轨迹变化中的生命事件与教师认同发展轨迹特征有什么样的关系?这些生命事件之间有什么样的联系?

五是,在生命历程理论视阈下,不同出生组教师的教师认同到底是如何发生的?即教师在生命历程中建构自己的教师认同机制是怎样的?在这个机制中,是什么关键因素在发挥作用?

六是,教师认同是教师专业发展的重要表征,那么对以上5个研究问题的回答到底能解决教师专业发展的什么问题,即从本书来看,到底有什么样的策略能够解决目前教师专业发展中存在的问题呢?结合教师教育一体化的政策背景,在教师的培训与培养中需要注意哪些特别的问题呢?

本书的基本假设是能够紧密联结研究发现与具体实践指导之间的关系,这一点对任何研究来说都至关重要,但有时候可能不一定会实现得这么明显,这一方面与本书从总体研究范式上来说是质化研究有关,质化研究并不像量化研究那样会明确地提出其研究结论与现实之间的确切关系，因为这种确切关系可能也会抹杀对教师实际生活开展叙事研究的丰富性与复杂性；这一点可能也受到本书的实体性方法论——生命历程理论的影响。前已述及，该理论归根结底是属于一种成熟的社会学理论，社会学理论的重要性有时在于其对某种社会现象的解释能力，这种解释能力能提高人类的社会洞察力，这种解释力与社会洞察力并不一定像传统的、纯粹的科学学科那样强调结论与建议的密切联结性。在教师教育研究领域不断受到科学主义范式影响的现实背景下，本书从这样的视角来回答与研究教师认同的相关问题，既体现了跨学科、跨领域的研究视角特点，也是对当前日益增加的对研究过程合作性与相互借鉴性等学理诉求的回应。

（二）访谈资料分析

在资料收集阶段，研究者与 5 所学校的 35 位教师进行生活史访谈，并绘制生命故事线图表。所有访谈都在征得教师同意的前提下进行了录音，然后转成 Word 文本进行整理，转成的 Word 文档有 32 万字左右，将"60 后"教师的访谈资料与"70 后"教师的访谈资料各自打印成册，按照 A4 纸、小四号字体双面打印。"60 后"教师访谈资料一共是 145 页，"70 后"教师访谈资料一共是 177 页（在引用教师的访谈文字时按照两个出生组教师各自成册的访谈资料分别引用）。对两个出生组的访谈资料不断进行筛选和整理，并通过反复阅读与标记进行资料分析，排除了 6 个不太理想的样本（一共有 29 名教师的访谈资料可以作为分析对象），这 6 个样本分别存在访谈环境不太好、录音不太清晰、教师叙述时有明显的隐瞒或者敷衍痕迹等方面问题。

2012 年 6 月，研究者主要对录音资料进行整理并转换成 Word 文档；2012 年 7 月开始整理原始资料中高频词汇的类属关系，并建构论文框架，主要在研究问题、访谈资料、分析框架之间反复斟酌。研究者希望本书至少能体现生命历程理论的如下核心分析框架："第一，关注整个生命历程中年龄的社会意义；第二，研究社会模式的代际传递；第三，探索宏观事件和结构特征对个人生活史的影响。它要求必须在多重时间

第二章　基于方法论探讨的研究设计与实施

维度内来研究个人生活，尤其要关注年龄效应、同龄群体效应、历史环境和年龄级变迁的效应。简言之，就是要将社会历史和社会结构联系起来阐述人类生活。"[1]

教师是建构教师认同的主体，他们心目中的教师认同观是怎么样的？通过反复阅读与整理访谈资料发现，在教师的言说中，一种"满意"与否的情感体验以及将教师职业看成"良心活（良心工程）"是他们在描述教师认同时出现的高频词。首先从这两个高频词入手找出它们与教师提到的其他高频概念之间的类属关系，并结合已有的相关研究、教师自己的生活史叙事进行分析和讨论。轨迹、时间、年龄、转折等都是生命历程研究理论的重要概念。接下来的教师认同发展轨迹分析主要是在教师职业生涯与时空转换中探索教师对教师职业看法的变化，涉及的变量在时间维度上包括社会时间、历史时间和教师的生命年龄三个要素，在空间维度上主要指在不同的时间里，教师会发生哪些生命事件，结合这种时空维度标记出相应的教师认同水平并最终建构两个出生组的教师认同发展轨迹。

生命历程理论中的转折与转换是衡量一个人生命轨迹变化的重要概念，由于教师的职业角色并未发生转换，转折就成为分析教师认同发展轨迹的关键概念。在生活史访谈中，教师所描述的生命事件非常丰富和多元，因此在构成教师认同发展轨迹的影响因素中，那些引起教师认同发展轨迹发生转折的生命事件就成为最重要的因素。在对29名教师的教师认同发展轨迹分别呈现并分类梳理的基础上，结合教师职业生涯中的不同时间序列，探索教师认同水平发生转折的生命时间与生命事件的关系，进而厘清有哪些影响因素会引起教师认同发展轨迹发生变化，并探寻其中的基本机制。

在回答以上三个基本问题的基础上，本书进一步深化了研究过程中

---

[1] 李强：《生命历程：重大社会事件与中国人的生命轨迹》，浙江人民出版社1999年版，第4页。

的重要发现，比如教师认同与教师所处特定文化场域之间的关系、教师认同与教师专业发展之间的关系等；同时，进一步讨论了在生命历程理论下的教师认同发展轨迹所表现出的相应特征，该特征中蕴含了教师主体是怎样在一种生命历程中建构自己的教师认同的，即回答了两个出生组教师的教师认同发展轨迹的建构机制。不管是轨迹还是转折点，教师认同发展中的生命事件始终是关键要素，教师自己在面临不同生命事件时的选择或者反思才是教师专业发展的真正触发因素。基于这一点，本书最后提出了教师认同发展的具体策略与教师培训或者培养中的注意事宜。

  本书逻辑主要遵循如上的分析脉络进行。教师主体性的教师认同观既是研究开端，也是分析基础，在此基础上逐层递进分析教师认同发展轨迹的形成及影响因素。整本书主要以研究问题作为结构基础，并在分析过程中隐含着生命历程理论的分析框架。资料分析时的语言组织，主要采用一种深描的方式，即既从客位分析教师自己在生活史访谈中的声音，用他们自己的话语、他们自己的经验与体验来理解教师认同的发展历程；同时也会采用一种主位的立场，以一名研究者的视角来分析和解释教师认同发展的轨迹、相关的影响因素及其影响机理。

第三章

"满意"与"良心活"

——教师认同的主体间性特征

在访谈中,研究者首先用比较通俗的语言向教师解释教师认同概念,目的在于让研究者与受访教师之间能建构一种具有共享意义的边界。就像陈向明和中国留学生访谈时用留学生能够理解的"交往"定义进行解释一样[①]。本书在和教师访谈时也采用类似策略,在研究者向受访教师解释教师认同概念时,他们也是在与研究者的对话中用自己的语言表达和建构自己的教师认同。因为教师认同要体现于教师自己的声音中,只有对教师所经历的事件、内心的体验等不断地进行深描,才能知道教师在主体建构教师认同时所蕴含的意义。

深描在社会学领域和民族学领域是一种常见的资料分析策略,同时也是实现研究者与研究对象之间对研究主题产生共同理解并建立联结的关键途径。格尔兹认为即使是一个眨眼的动作,通过深描也能窥见其中隐含了什么特定的意义结构,这种意义结构蕴含于公共的文化中,而人与人之间的相互理解正是通过这样的意义结构才得以实现[②]。为了在研究者与教师之间建立起可相互理解的关于教师认同的公共意义结构,本章首先通过深描来分析教师眼中的教师认同。深描的魅力在于从访谈对

---

① 陈向明:《旅居者和"外国人"——留美中国学生跨文化人际交往研究》,教育科学出版社2004年版,第112—115页。

② [美]克利福德·格尔茨:《文化的解释》,韩莉译,译林出版社1999年版。

象自己的看法中还可提炼出相应的主体观点和关键主题,这种策略使研究者在对研究资料进行分析时不至于与教师的真实生活世界剥离,避免在一种空洞的、逻辑严密的量化数据中化约教师生活世界的丰富性与独特性。

本章首先从教师自己的声音中分析教师认同的本质与核心,以观照教师认同的学理特征与实践特质之间的关系,并以教师自己关于教师认同的真实看法与真切感受为导引,为进一步结合生命历程理论的分析框架分析资料奠定内容与结构基础。

教师常常谈到的词汇最能代表教师自己的教师认同观。两个出生组教师在描述他们的教师认同水平时,使用最频繁的词汇是"满意"一词;同时,教师职业常常被他们看成"良心活"。类属关系显示,"满意"代表了教师在建构教师认同时的一种情感体验,教师往往会通过"满意"程度强弱来表达他们教师认同水平的高低;而"良心活"则代表了教师对教师职业的一种特殊性职业认知,这种职业认知被教师看成自己在建构教师认同时的一种内心道德力量。

第一节 "满意"——教师认同的情感基础

戴和萨姆斯等认为教师积极的专业认同与教师的幸福和工作满意度是影响他们工作效能的关键要素[①]。这意味着在面向教师的各种专业发展项目中,保持教师的工作承诺应该要满足那些处于职业生涯不同阶段教师的不同需求。一旦教师的各种不同需求得到满足,教师就会从职业生涯中获得职业幸福与满意感。对教师们来说,他们"满意"时,内心就非常认可与接受教师职业,他们不"满意"时,则教师认同水平就会出现明显的向下转折变化。"满意"是教师在教师认同时的最直接情感

---

① Christopher Day, Pam Sammons, Qing Gu, et al., "Committed for Life? Variations in Teachers' Work, Lives and Effectiveness", in Ulf Brinkkjer, Helle Plauborg, Simon Rolls, *Teachers' Career Trajectories and Work Lives*, Springer Science + Business Media B. V. 2009, pp. 49–70.

第三章 "满意"与"良心活"

体验,也是联系教师认同与教师实践性行为的最重要中介因子。

"满意"是指"意愿得到满足,符合心愿"等,"满意"在教师认同中的意义结构与教师工作满意度有密切联系。彭小虎认为教师工作满意感是教师在职业生涯中的情感体验,他将此概念等同于生涯满足感,生涯满足感是个体对其工作生涯的一种感受,可能影响日后的生涯决策,低度的生涯满足感可能导致离职、调职、不愿意工作及偷懒怠惰;高度的生涯满足感则反映从业者愿意参与革新、步入专业化、愿意接受挑战[1]。回俊松认为"教师工作满足感是教师根据自己对其所从事工作的整体以及包含的各个方面通过比较实际获得的价值与期望获得的价值之间的差距后所形成的认知评价,是教师对工作的态度和情感体验"[2]。可见,教师的工作满意感与教师认同之间有密切的关系。首先,教师工作满意感定义中本身就蕴含着教师对教师职业的认知与评价,即教师认同;其次,教师工作满意感与教师认同之间呈现一种高度相关关系。魏淑华的研究也证实,教师工作满意感与教师职业认同之间存在着显著的正相关关系,且教师的职业认同对教师的工作满意度有着非常强的正向预测力[3]。

可见,通过教师的工作满意感确能窥见并判断教师的教师认同水平。教师们的工作满意感是指什么呢?当教师对工作比较"满意"时,他们心目中的"满意"就是工作比较惬意和轻松、没有什么压力、心情比较愉快。

"当时还是非常满意的,精力非常充沛、上班也非常开心……感觉非常好。"(A4M, pp.5-6)"那个时候感觉非常好,都是年轻人、好相处、收入不错,所以很满意。"(B3F, p.31)"想到那个年代我都还有

---

[1] 彭小虎:《社会变迁中的小学教师生涯发展》,博士学位论文,华东师范大学,2005年,第61—66页。

[2] 回俊松:《吉林省中学教师工作满足感相关因素研究》,硕士学位论文,东北师范大学,2010年,第5页。

[3] 魏淑华:《教师职业认同与教师专业发展》,硕士学位论文,曲阜师范大学,2005年,第31—43页。

自豪感。从 20 世纪 80 年代开始，一直到 2002 年以前，我都感觉很满意，觉得各方面都很不错。"（C8M，p.76）

对访谈资料反复整理可发现，教师的"满意"包括以下类属关系：第一，"各方面都顺利"是教师"满意"的理想状态；第二，"来自学生的成就感"是教师"满意"的重要源泉；第三，"领导重视"是教师"满意"的必要条件；第四，"旱涝保收"是教师"满意"的基本前提。

一 "各方面都顺利"是教师"满意"的理想状态

教师评价教师职业时，会从教师职业有关的方方面面进行考虑。不管是"60 后"教师还是"70 后"教师，在他们教师认同水平比较高或者发生转折时，都不是某一方面的单一因素在发挥作用。教师们心目中的各方面不仅包括教师在学校工作的方方面面，也包括教师家庭生活中的方方面面。像 A2F 教师说的："现在最喜欢当教师。教学比较得心应手、领导非常重视对年轻教师的培养、该有的节假日都有，并且是带薪假期。学校环境也没有什么争斗和竞争，感觉比较舒服。"（A2F，p.11）

从 A2F 教师的叙述中可以看出，在她教师认同水平高时，首先是教学上"得心应手"了，其次是她的专业发展受到"领导重视"了，带薪假期也可以"带娃娃"、照顾家庭等。她所认为的"满意"既有工作中的顺利和开心，也有在工作同时可照顾家庭的惬意。教师认同水平的高低不仅与教师工作是否顺利有关，还与教师的家庭是否和谐、教师是否能够对家庭尽到照顾责任有关，这一点在女教师身上体现得更加明显，不管是"60 后"女教师还是"70 后"女教师均是如此。B2F 教师的体会从反面也证实了这一点："教师工作太累。当时是班主任、办公室主任，还要上两个班的课。不管是行政还是教学，工作压力都很大。无暇顾及家里的情况，连自己儿子的学习状况都关心不好。工作做好了，家没有搞好。"（B2F，p.10，17）

之所以教师们会认为"各方面都顺利"就是"满意"的理想状态，

第三章 "满意"与"良心活"

与教师职业本身的职业特性分不开。首先，教师职业的自主性很强[①]。教师在工作中具有教学自主性，教师在教学中除了遵循基本的课标和教材外，可按照自己认为合理或合适的方式与策略进行教学。其次，教师职业具有时间安排的便利性。教师除了完成学校规定的教学任务外，常有着在事件认知与时间管理上的自由，教师可在家里备课、在家里批改作业等，教师在工作与家庭之间的边界变得不那么明显，边界的模糊性让教师在对教师职业"满意"时会考虑家庭方面的因素。再次，教师职业常被认为是女性职业。布里兹曼认为因为女性本能中具有的母性情怀以及耐心、关心、纯真的这些品质使女性正好非常适合扮演教师角色，她们在家庭与工作之间切换时不用进行过多职业社会化的准备，秉持女性特有的天赋就可以胜任教师工作[②]。因此，女性教师在表达"各方面都顺利"时，也很容易将照顾家庭和子女等因素考虑在内。

反之，家庭生活的不顺利肯定也会影响教师的教师认同水平，这种不顺利有两种情况，一是家庭成员患病，二是传统家庭结构破坏。家庭成员患病，教师会花更多时间照顾家人。比如，E1M 教师在工作 20 年之后，由于妻子卧病在床，需要他长期在身边照顾，导致他对教师职业已没有什么强烈的情感体验，就等着尽快退休。传统家庭结构破坏一般指教师离异，教师在离异前的生活维度主要由在学校和家庭两个场域中的活动构成，使教师产生一种多重维度、多重角色的教师认同。比如对女性教师来说，表现为既是妻子也是教师或者母亲；对男性教师来说，则表现为既是丈夫也是教师或者父亲。在离异后，教师的生活维度可能会变得更加简单，教师会更加倾向于单向维度的职业认同，其教师认同水平在经历家庭离异之后反而会上升。可见，离异对教师认同产生的影响不一定是负向的，比如 B2F 教师和 B4F 教师在离异后，其教师认同水

[①] 庞海芍：《高校教师的职业特点及激励机制研究》，《北京理工大学学报》（社会科学版）2006 年第 3 期。

[②] Britzman, D., *Practice Makes Practice: A Critical Study of Learning to Teach*, New York: Suny press, 1991.

平并没有出现下降,反而出现了向上的转折变化。原因可能就在于离异后的教师不再受教师身份认同的"多重"之困,在离异前她们需要考虑自己作为妻子的认同与作为教师的认同之间的平衡与协调,离异后,她们只需围绕教师认同来组织自己的生活维度即可。但如教师离异的原因是没有协调好家庭与工作之间的矛盾,他们对教师职业的"满意"就会"打折扣",教师认同水平也会受影响,比如 B2F 教师与 B4F 教师在感到家庭与工作之间出现矛盾时,教师认同水平均出现明显的向下转折变化。

二 "来自学生的成就感"是教师"满意"的重要源泉

学生是教师职业成就感的重要源泉。贝耶等研究发现,在教师工作的最初两年里,为了挑战和证明自己的能力,他们会格外地注意差生甚至是挑选差生到自己的班级以证明自己的能力[①]。在教师认同水平比较高时,教师常常会有"学生的成绩好""学生回来看望教师""学生有出息""师生关系好"等方面的描述。

E7M 教师在经历职初几年的低水平教师认同之后,从工作第 6 年开始,其教师认同水平就一直维持在比较高的状态。"觉得教师工作比较充实、满足。……至少学生常能做到理解教师对他们的付出。学生非常听话,考试成绩也比较好,学生带给我的成就感较高。"(E7M, pp. 173 - 174)

在 C1F 教师工作 5—10 年时,其教师认同水平比较高,有一个重要的因素就是来自学生方面的成就感,"学生单纯、好教,你怎么讲,学生就会怎么做,学生考试成绩也比较好,当时的感觉还是比较好"。(C1F, p. 81)"现在,我的很多学生回来看我或和我聊天,我觉得也就是对我工作的认可……到了工作后期,这个职业让我很有成就感。"

---

① Martin Bayer, Ulf Brinkkjer, "Teachers' Professional Learning and the Workplace Curriculm", in Martin Bayer, Ulf Brinkkjer, Helle Plauborg, Simon Rolls, *Teachers' Career Trajectories and Work Lives*. Springer Science + Business Media B. V. 2009, pp. 103 - 116.

第三章 "满意"与"良心活"

(B2F, p. 11)

教师的教学活动是一种生产劳动，在这个过程中不管是教师的劳动对象还是劳动产品都是学生。当教师认为自己取得某种成就感时，意味着他们在教学中体验到了一种自我满足。任何一种社会角色的担任，个体都需要体验到这种成就感。

教师的职业成就感与工作满意度、教师认同之间有着密切的联系。研究发现，那些越是认可与接受教师职业的教师，在教学过程中越容易取得职业成就感。外界对教师工作的认可程度会直接决定教师职业成就感的强弱程度，其中学生的认可以及领导的认可对教师获得职业成就感的影响最大[1]。且这一点并不与教师的经济待遇发生交互影响作用，即经济待遇并不是唯一决定教师在社会化过程中取得职业成就感的因素。"最好的是你发现你教出来的学生绝大部分都很正常很健康，能够记得自己生活轨迹中有你这样一位教师。……坦白地讲，当教师有时就是为了一种社会价值，而不是经济价值。我觉得我自己在社会价值这一块得到了一定的认可，我还是很满意的。"（B6F, p. 79）

教师这种职业成就感很大程度上由学生成绩决定。在当前教育体制下，学生成绩是教师荣誉感来源的关键因素，比如教师获得"教学名师"或"优秀班主任"等称号很多时候都由学生成绩决定。"获得过荣誉称号的教师职业成就感显著高于未获得过任何荣誉称号的教师；教师所获荣誉称号级别越高，教师所感受到的职业成就感就越强烈。"[2] 一位教师获得荣誉，不仅是其职业成就感的象征，还能在一定程度上帮助他们克服职业倦怠，并提高教师认同水平。"工作10年时，我有比较明显的职业倦怠，学生考下来偶尔第1，一般是第2或第3。当时就产生了自己成不了一名别人一听名字就知道的名师。后面带出了'状元'，我感

---

[1] 邓睿：《我国中学教师职业成就感问题研究》，博士学位论文，华东师范大学，2011年，第139—149页。

[2] 邓睿：《我国中学教师职业成就感问题研究》，博士学位论文，华东师范大学，2011年，第137页。

觉自己又找到这个突破口了。这一两年不仅把教师当成一种职业，还当成一种事业。在这个工作上已经干了20年，也取得了一定成绩：高级职称、市级教学名师、学科带头人、2005—2006年市级先进工作者等。"（B4F，p. 27）

可见，学生成绩好教师就可能获得附加荣誉，教师的职业成就感就会更加强烈，教师在工作中的"满意"度就会增加，教师认同水平也会比较高（见图3—1）。

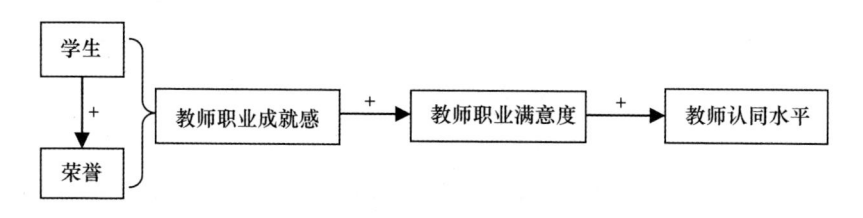

```
学生
 +     →  教师职业成就感  →+→  教师职业满意度  →+→  教师认同水平
荣誉
```

图3—1　学生与教师认同水平关系

三　"领导重视"是教师"满意"的必要条件

东亚社会高度强调对社会规范的服从，在这些社会中印象整饰（认知者与被认知者之间的互动）是人们更普遍采用的自我表现策略①。学校组织环境中教师的自我表现策略常与自己被学校领导的认知情况有关。"领导重视"成为教师感觉"满意"时的必要条件之一，不管是"60后"教师还是"70后"教师，"领导重视"就意味着自己的工作得到了领导认可，而教师也希望自己的工作得到成人群体的承认与认可，即同辈群体的认可是教师"满意"的关键。"重视"表示认为重要并认真对待。在教师心目中，一旦领导重视自己或者重视自己的工作了，意味着自己在学校这个组织中可能具有比较重要的作用。对普通教师来说，领导有可能既包括校领导，也包括学校的中层领导；而对那些身兼学校中

---

① 赵志裕、康莹仪：《文化社会心理学》，中国人民大学出版社2011年版，第94页。

第三章 "满意"与"良心活"

层干部的教师来说,学校领导则主要指校领导。

"学校的领导不仅仅是学校发展的关键,更是在学校教师之间的合作、支持学校教师的发展、接受培训等机会上扮演着重要的角色。"[1]在中国的很多组织中流行着这样一句话"领导重视了,工作就好开展了"。"领导重视"说明领导注意到了你作为教师的能力,此时即使领导给教师安排很多工作任务,教师也会认为自己的价值得到了体现。"哪怕是学校领导的一句表扬、一句赞美,都会让教师拼命地把工作做好。"(B2F,p. 11)相反,如果领导不重视,教师容易在工作中缺乏"满意"感,比如在C5F教师刚参加工作那几年,由于表达能力不强,也不善于展示自己的优点,不知道和领导之间怎么交流,常感到自己做的工作没有得到领导认可,或自己在工作中付出了很多,但领导看不见其在背后默默做的工作。E1M教师是英语专业毕业,在他20世纪80年代初刚参加工作时,英语还不是升学考试的必考科目,加上当时他不满意学校的分配,所以对教师职业并不满意。20世纪80年代末,英语学科开始受到重视,E1M教师也开始有机会不断地展现自己在英语教学上的优势,学校领导任他为英语教研室主任,其教师认同水平才有了明显的向上转折变化。可见,"领导重视"首先是指领导看到了教师在工作中的付出。这种付出获得哪怕仅仅是领导的非正式表扬,教师也会感到欣慰和满意。其次,也指领导对教师委以行政职务。邓睿在研究中发现,在学校中既担任行政职务,又担任教学工作的教师更容易获得职业满足感[2]。

"有什么样的校长,就会有什么样的学校。"蔡进雄发现不管是研究者还是教师自己有时都有简化校长领导与学校绩效之间关系的倾向,即认为一个学校的绩效如何应由校长来决定,教师们同样容易简化学校领

---

[1] Stephan Gerhard Huber, "School Development and School Leader Development: New Learning Opportunities for School Leaders and Their Schools", in Jacky Lumby, *International Handbook on the Preparation and Development of School Leaders*, Taylor&Francisc, 2009, p. 173.

[2] 邓睿:《我国中学教师职业成就感问题研究》,博士学位论文,华东师范大学,2011年,第139—149页。

导重视与他们教师认同水平变化之间的关系①。教师常将自己教学成绩或学校的发展简单地、浪漫化地归因到学校领导身上②,这一点可能在中国教师队伍中体现得会更加的明显,比如 A 校和 C 校的"60 后"教师和"70 后"教师都提到了学校领导对其教师认同水平变化产生的重要影响。

中国人更喜欢通过一种树典型、学榜样的方式来促进群体中其他成员的发展。在教师管理中,领导常常会通过评选骨干教师、学科带头教师和教学能手等荣誉赋予的方式,让这些教师对学校中其他教师的专业发展发挥带头、示范和辐射作用。一旦有教师获得这些荣誉,其发展机会比如外出学习、示范课评比、优质课汇报等又会多于其他教师,他(她)的专业发展就会产生持续得到"领导重视"的良性循环。就像 E4F 教师说的,"一旦领导重视了,你就是能手、你就是骨干了"。

四 "旱涝保收"是教师"满意"的基本前提

在教师心目中,"领导重视""来自学生的成就感"是教师"满意"的非物质报酬,教师职业在经济待遇上的"旱涝保收"则是他们"满意"的物质报酬。"旱涝保收"原意是指田地的收成不会因为天气原因受到影响,即不管是碰到水灾还是旱灾,庄稼都会有比较好的收成,也用来意指无论什么情况下都能得到好处。两个出生组教师常用"旱涝保收"来形容教师职业的工资待遇,"从稳定的角度来说,教师职业始终是'旱涝保收'"。(A4M, p.4)

不同教师对"旱涝保收"的理解不一样,在一部分教师心目中,"旱涝保收"是一个中性词,暗指教师的经济待遇不高,即教师的职业"收成"维持在一种"饿不死、撑不饱"的"旱涝保收"状态。"教师

---

① 蔡进雄:《中小学校长领导研究的未来发展趋势与挑战》,载李进《教师教育与教育领导》,北京大学出版社 2011 年版,第 200—217 页。

② J. R. Meindl, "On leadership: An Alternative to Conventional Wisdom", Research in Organizational Behavior on Leadership – an Alternative to the Conventional Wisdom, No. 12, 1990.

第三章 "满意"与"良心活"

这个职业近几年收入确实比以前高了很多。横向上与其他职业相比，比收入高的职业要差，比收入低的职业又要好很多。教师收入不可能'饿饭'，但也不可能'撑饱'。"（C5F，p. 129）

但也有不少教师说到"旱涝保收"时，带着明显贬义性情感表达和不满情绪宣泄。"为什么要说教师的收入是'旱涝保收'，因为教师收入确实是比较低的，那些高收入群体从来没有提过要提高自己的工资。'上面'只对那些'穷人'才会说你要安贫乐道。……所谓提高待遇就因为待遇没达到某个大家觉得合适的水平，所以才每年都说要提高教师待遇。……现在对教师不认可的地方就是教师补课引起了家长的不满。如果真正地提高一点教师待遇，我相信所有的教师都会很满足，就不会造成社会上的多种矛盾。"（B6F，pp. 48-49）

在 B6F 教师看来，教师本来就是比较容易满足的一个群体，但目前所获得的收入还停留在"旱涝保收"的状态，则没有满足教师群体对物质报酬的底线要求，教师认同水平就会受到比较明显的影响。这一点在"60 后"教师工作十多年后体现得更加明显。E4F 教师和她爱人都是 E 校的教师，两人工龄加起来已近 50 年，"旱涝保收"的工资待遇让他们很尴尬，两个人的工资加起来也就是 6000 元左右。他们在镇上买了房子，每个月须还房贷，她最担心的是儿子如果大学只考上独立院校，将是一笔不小的开支，所以 E4F 教师觉得自己的经济压力很大，其教师认同水平持续在比较低的状态。C7M 教师同样也有这样的担心，"儿子毕业时，我让他不要去当教师，因为教师工作压力也大。他在天津工作，现在也担心如何给他买房子，那边的房价贵，买不起"。（C7M，p. 62）

由于中国经济的快速发展并没有同时伴随社会福利程度的相应提升以及再分配制度的合理改革，"啃老"成为一个比较严重的社会问题[①]。在教师群体中，同样存在他们需要为自己已成年子女购房、购车的家庭经济压力，一旦教师收入不能满足子女的这种惯性"啃老"，他们的教

---

① 张文镔：《"啃老"的法、理、情》，《中国青年研究》2011 年第 5 期。

师认同水平就会受到影响。在中国文化场域下，父母总要为子女"成家立业"赓续尽力，因为基于亲情的家族结构构成了中国的社会结构基础。中国的社会结构非常重视家族的观念，其中尤以"父子"观念为主轴，基于这种主轴发展起来的家庭与事业之间形成了一种绵延性的事业群体①。所以即使进入现代社会，乡土中国的家族结构模式依然在显著影响着教师对教师收入的满意度。在下一代是儿子的"60后"教师的家庭结构中，难以帮助下一代应对社会压力成为对教师收入"旱涝保收"不满的主要原因。父母与子女的关系处于教师亲密关系波纹圈的核心，即使"旱涝保收"对教师自己的生活并没有多大影响，但在和子女一道面对各种不确定性和风险性时，这个基本前提就得不到保障了，"满意"程度下降，教师认同水平也随之而降。

"旱涝保收"之所以成为教师"满意"的基本前提，是相较其他职业而言，稳定也是他们的考虑因素，教师们心目中的稳定不仅指教师职业基本不会承担失业风险，还指教师职业收入稳定，教师尽管每年有寒暑假，但依然领12个月的工资。一份职业是个体用自己的劳动来交换稳定薪水或工资的工作基础，一个人拥有一份稳定的职业，对该个体在社会生活中保持一份自尊具有重要作用。教师们眼中的"旱涝保收"要能实现满足教师的生存与安全感需要基础上进一步满足他们的自尊需要，他们可能才会更加重视学生带给他们的职业成就感。

"如果仅从经济收入来看，教师职业确实不值得干。但从你培养的学生来看，和其他职业大不一样。在我40—50岁时，有些学生已是县级干部、处级干部等。尽管教师的成果没有变成教师自己的收入，但它变成了别人的能力和水平，这样看，够维持自己生活的教师职业收入好像也能接受。"（A4M，p.5）

但这种"旱涝保收"的基本"满意"前提也可能会影响教师的工作投入，他们常会认为自己的工作投入符合"旱涝保收"的收入水平就是

---

① 费孝通：《乡土中国》，北京大学出版社2012年版，第59—67页。

◈◈ 第三章 "满意"与"良心活" ◈◈

负责的,一旦教师们认为这种"旱涝保收"只是让他们的生活水平处于"饿不死"状态,他们的工作投入就容易陷入一种得过且过状态。教师职业收入的这种"旱涝保收"状态还使教师实现了比较安全的职业阶级分层,男教师对此体会更加的明显。不少男教师之所以选择教师职业是因为当时的学习成绩不怎么好,教师职业是他们跳出农门、顺利实现就业的保底选择,选择"旱涝保收"的教师职业无疑使他们实现在社会上的生存尊严、承担家庭责任的尊严并未受到多大损害,而学生桃李满天下的精神报酬也能补偿他们选择教师职业未能实现的抱负。这一点对两个出生组教师均如此。"我高考是1988年,当时都是分数最低的同学当教师了,分数最高的同学都不想当教师,我自己是不想报师范的。"(B5F,p.30)

第二节 "良心活"——教师认同的道德力量

"良心活"是两个出生组教师在表达对教师职业的看法时出现频率最高的职业隐喻,在他们心目中教师职业是"良心职业",教师工作是"良心活"。"'教师是一种良心活',这是普通教师对职业的日常性解读,这一解读的背后蕴含着特定的职业认同内涵和方式。"[①] "良心"与"良知"是一对同义词,"良""心""知"作为单独一个字使用时,均具有丰富和多元的意义。但"当'良'与'心'或'知'联系起来而生成'良心'或'良知'概念时……'良'从来就只有道德的含义,仅指'善良';而'心'或'知'均指人的心理或意识"[②]。西方文化中也有"良心"说法,但更多地属于宗教教义范畴,带有某种神秘色彩。中国文化中的"良心"与宗教无关,"纯粹是个体通过道德学习和自我心性

[①] 蔡辰梅、刘刚:《"教师是一种良心活"对教师职业认同方式的分析与反思》,《教师教育研究》2010年第1期。

[②] 汪凤炎、郑红:《良心新论:建构一种适合解释道德学习迁移现象的理论》,山东教育出版社2011年版,第75页。

修养获得的，基本上不带神秘色彩"①。可见，"良心"或"良知"是明显带有中国文化特色的表达，中国人在说到"良心"一词时具有良知与共知相统一的特点。

教师们将教师职业看成一种"良心活"，意味着在教师主观意识中教师应该具备职业良心，这种职业良心不仅是教师对工作义务的自觉意识，而且是评判教师是否履职尽责的基本道德标准。"我们这一代人的工作都是凭着良心干，你付出多少可能是没人能看见的，但你还是得不断地调整自己的心态，因为教师职业是'良心工程'。"（B2F，p. 18）。"教师职业是一个'良心活'，关键在于教师自己的认识，如果愿意用心去干、认真去干，都会成为优秀的教师。"（C3M，p. 44）"教师职业是一种'良心活'，比如现在我每周要给初一的学生上辅导课，并不计入课时量计算，但这个班学生底子较差，我觉得每周给他们补一两节也没有什么。这是我心甘情愿干的事情，不管有没有人表扬。"（B4F，p. 28）

从教师的叙述中可发现：首先，教师将教师职业看成"良心活"主要受到个人内心力量的驱使。"当一个人判断和确认自我的存在方式和存在价值时，良心是一个无法回避的声音，是一个无法逃避的内在道德律令。"② 这种内心力量使教师在工作中不断地反思自己的行为。由于教师职业的主要工作对象是学生，在教师将教师职业看成"良心活"时，他们常会提到"要对得起学生"，一旦教师认为自己对不起学生时，良心上就会受到谴责，"对得起学生"成为教师将教师职业看成"良心活"的重要行为准则。其次，教师容易将"良心"与责任联系起来。中国传统文化中的"良心"是为人标准，而责任是做事标准，良心与责任成为判断一个人为人处世的基本标准。当"良心"成为教

---

① 汪凤炎、郑红：《良心新论：建构一种适合解释道德学习迁移现象的理论》，山东教育出版社2011年版，第75页。
② 蔡辰梅、刘刚：《"教师是一种良心活"对教师职业认同方式的分析与反思》，《教师教育研究》2010年第1期。

第三章 "满意"与"良心活"

师建构教师职业认同的内在道德力量时，责任就成为教师在检验这种内在道德力量时的外显性行为表征，因此教师一提及"教师是良心活"时，就会不自觉地进一步阐释他们在工作中的具体行为及如何履行他们的育人责任。

一 "对得起学生"是"良心活"的行为准则

"学生"是教师职业的公共服务对象，也是教师完成教育教学任务时的关键他者。在教师与学生建构的师生关系中，"良心"让教师的教学具有了某种道德仪式感，通过教师的个性（这种个性很有可能隐藏在教师传授知识过程中）来影响学生，这种个性是多元的，但对学生的影响是高效的。对所有像教师这样的专业人员来说，包括医生、律师等专业性职业的工作人员，可能既有超凡的个人魅力，也有退隐性；一些是富含感情的，一些是保守的；一些看起来是严厉的，一些又是非常和蔼的，教师作为一个专业人员的个性可能也是非常多样化的，但依然保持一种高效的（工作方式）[1]。埃利奥特认为教学应当被看成一种道德活动，因为教学中的假设包括确定一些事物的价值等，这些都是可以被教的[2]。另外，由于教师与学生之间的不平等关系，使得教师教学活动也内在地隐含着道德性。"对得起学生"正是教师教学工作中这种道德性的行为准则，同时也体现了教师对学生的一种伦理责任。学生是外在于教师存在的他者，但也是教师实现专业成长的关键性他者，教师在工作中"对得起"学生，首先是指教师在工作中要"遵守职业道德和要求"；其次还指教师不仅要对自己的教学活动负责，还得为学生的长远发展负责。

---

[1] Linda Darling Hammond, Joan Baratz Snowden, "A Good Teacher in Every Classroom: Preparing the Highly Qualified Teachers Our Children Deserve", *Educational Horizons*, Vol. 85, No. 2, 2007.

[2] John Elliott, "Teacher Evaluation and Teaching as a Moral Science", in Mary Louise Holly and Caven S. Mcloughlin, *Perspective on Teachers Professional Development*, The Falmer Press, 1989, pp. 239–258.

"一旦你从事教师职业,就会有一种自然的道德要求在里面,也许我不会把它当成是多大、多崇高的事业来做,但我会遵守它最基本的职业道德和职业要求,并且一定尽量把它做好。因为:第一,这个职业不能误人子弟;第二,如果别的事情我都能做好,也要铆足劲做好教师。"(B6F,pp.50,52)

E5M 教师提起至今让他很内疚的一件事情,"刚参加工作时,当时我班上的学生是轮流值日,有个学生值日时,其他学生把他的值日本弄丢了。我知道后比较生气,当着很多同学的面对这个学生说:搞丢了本子,就要自己买来赔偿,不赔偿就别来读书了。结果他真的不来了,家访了两三次都不来。现在那个学生在我们学校门口租了一个门面卖奶茶,但看见我都不会和我打招呼"。(E5M,p.134) E5M 教师认为如果自己当时不这么武断,也许这个学生的发展就会完全不一样。

类似的事情在 B2F 教师刚参加工作时也经历过:"刚当教师时,对学生采用的方法比较简单。我记得当时有个学生不听我话,我就直接把他带到校长那里,校长就当着我的面批评教育了这个学生……其实作为一名教师你对学生、家长的说话做事方式都要对得起学生才行。"(B2F,pp.13-14)

在教师们心目中,"对得起学生"是作为一名教师的最低要求:"我认为教师的基本职业道德就是要对学生认认真真,要对得起学生。"(E5M,p.133)这种最低要求不仅体现在教师要兢兢业业地传授知识,还体现在教师言行上不能伤害学生。一旦教师认为自己的言行伤害了学生,就会产生内疚的情感,且这种情感体验的持续时间会比较长。

二 "责任感"是"良心活"的表现形式

"责任感"是教师谈论"良心活"时的常用词汇。王夫艳认为教师的责任是教师专业身份建构的重要向度,也是教师专业道德的基本要素,承载了教师的道德承诺①。沈璿认为教师职业责任的特点体现在其建构

---

① 王夫艳:《教育问责背景下教师的专业责任观》,《全球教育展望》2012 年第 3 期。

第三章 "满意"与"良心活"

基础是师生之间的伦理关系①。可以说,将教师职业看成"良心活"是教师建构教师认同时的最高善,教师的责任就是教师在这种内在道德拷问时的外在表现。

C3M 教师在诠释"良心活"时,曾经反复地提到"用心"二字。教师什么情况下算是"用心",什么情况下算是不"用心",目前并没有科学客观的评价指标体系。"心"代表教师在教育教学活动中的主动投入情况,依然是教师内在的一种自我评价。教师们常用"责任感"来表达和表现"用心",教师心目中的"用心"其实就是"责任感",体现在教师具体的言行上。就像良心与责任之间的关系是为人与做事的关系一样,一个人是否具备"责任感"可通过其做事进行观察和评价。师生关系是教师工作中的主要伦理关系,因此,在教师的具体工作中,责任感同样主要体现在教师对学生的生活、学习、身心发展的关注上。就像康弗瑞所认为的,学生是教师工作中的主要参考框架,教师常常会倾向于通过学生这个群体来建构自己的专业身份②。教师对学生的责任感,是一种在"良心活"道德承诺下的责任感,也是教师认为在自己教学工作中应首要考虑的责任感。

B2F 教师描述了她在儿子与学生面前表现出的两种截然不同的责任感,在她工作 15 年左右,儿子正在上初中,由于工作繁忙,当儿子有什么问题要问她时,她已没有任何耐心好好地讲解。但是"如果我在学校里,是一个学生来问我,不管多忙、多累,基于一种责任感,我都得很有耐心地讲解"。(B2F, p. 10) B2F 教师的责任感还体现在自己对工作的付出上,"我早上七点半就要到学校督促学生早锻炼,中午的时候要守着学生背诵。作为教语文的班主任,还得兼顾学生其他学科的学习。"(B2F, p. 10)

表面上教师将教师职业看成"良心活"对教师认同水平并没有产生

---

① 沈璿:《主体间性视阈下教师责任伦理的探究》,《当代教师教育》2009 年第 12 期。
② Convery, Andy, "Listening to Teachers' Stories: Are We Sitting Too Comfortably?", *International Journal of Qualitative Studies in Education*, Vol. 12, No. 2, 1999.

明显的影响，但处于不同教师认同水平的教师，对"责任感"却有着差异性的理解。B2F 教师的"责任感"更多地体现在教师对学生发展的专注投入上。B2F 教师是省市名师，且获得了很多荣誉，尽管是"60 后"教师，但她依然保持着强劲的上进心和持续的学习力。比如，上课前她会听优质课堂 Video 中的讲课，吸取其中的经验；上课时，她会先让学生朗读摘抄的美文，再进入正式的课堂学习，她的课堂氛围非常活泼、生动。而教师认同水平一直比较低的教师心目中的"责任感"主要表现为被动性的职业投入，此时不少教师会选择"上完课就走"，与学生之间的关系越来越疏离，这种工作投入方式在农村学校比较常见。D3M 教师为考公务员挣扎了 10 年，最后只得选择接受教师这个职业"因为走不出来，就调整自己教'良心工程'，哪怕现在教师地位还是低下，也要认认真真去履行这个职业的使命。……教书就是'良心活'，总有干不完的活，但我们身边也有不少老师把几节课上完、作业布置了就什么不管。剩下的就是不停抱怨学生的不配合，抱怨绩效工资与公务员相比的差异等"。（D3M，p.101）D2F 教师的教师认同水平从其参加工作开始就一直处于逐渐下降的变化中，她也将教师职业看成"良心工作"。"教师工作是'良心工作'，虽然教师私下里牢骚不断，但当你走进教室的那一分钟，你知道你的身份，你有时候整堂课都在讲……很辛苦。"（D4F，p.168）

当教师认为教师职业是"良心活"时，他们对"良心活"的责任感归因是不一样的。教师认同水平比较高的教师更倾向于将自己的这种"责任感"与学生之间建立起联系，认为这种"责任感"更多地体现在自己对学生的付出和对学生长远发展的负责任上。而教师认同水平比较低的教师则更倾向于将教师"责任感"与最基本的教师工作任务完成情况联系起来，或者与自己在完成任务时的付出与回报之间联系起来，比如像 D3M 教师和 D2F 教师提及的其他教师如何上课、如何布置作业等，当然这可能也是不少教师认同水平较低教师的叙事投射。可见，教师认同不仅能体现教师的职业投入程度差异，更能体现教师在外显性教学行

第三章 "满意"与"良心活"

为与教学策略背后的教育理念差异。"教师新手之间的差别或差距主要表现为他的技能和技巧,而对于一个技术熟练的专家来说,技术、技巧不再是他们之间的主要差别,而是支撑着这些技术、技巧作为'背景'的教育观念。一名优秀的教师之所以是优秀的,并非因为他的某种特别教学技能,而是因为他对教育的独特理解,即他的教育哲学"[①]。

当大部分教师意识到教师职业是"良心活"时,多是在工作多年之后。之所以这种内心体验并没有直接对其教师认同水平带来多大实质性的影响,是因为很少有教师认为教师职业是"良心活"了,其教师认同水平就上升了。"教师对'教师是一种良心活'的理解和践行面临着现实的困难,对现实的妥协往往意味着对职业理想维度的放弃,而对现实的超越则需要付出巨大的勇气和努力。"[②] 教师认同水平的发展与变化更多地受到众多现实因素的影响,首先就是教师的职业理想常与应试教育对学生成绩的要求之间存在冲突,教师不得不关注学生的应试能力及考试成绩,并在某种程度上放弃他们的职业理想,甚至对现有教育目的及其相应的教育教学方式产生怀疑。"我有些困惑。作为一名教师,希望有办法让学生实现真正的长远发展,但非常难。有再多的理想与想法,你都得屈服于现实。中考靠题海战术就可把学生的成绩给'压'出来,我们对这种做法并不认同,把学生都教'死'了,对学生是摧残,对教师自身也是摧残。"(B2F,pp. 19 – 20)

教师的物质待遇是另一重要现实因素,尽管国家一再地强调教师职业待遇应不低于公务员,但现实境遇却是教师认为自己的待遇远不及公务员。教师不得不面临各种选择与判断,并做出妥协与让步,此时"教师职业是良心活"成为教师内心深处最基本的职业底线,是他们对现实妥协与让步的职业底线。"良心活"的职业认知使教师可在工作中不断

---

① 高伟:《回归智慧 回归生活——教师教育哲学研究》,教育科学出版社2010年版,前言第8页。
② 蔡辰梅、刘刚:《"教师是一种良心活"对教师职业认同方式的分析与反思》,《教师教育研究》2010年第1期。

地进行自我检查与自我反思,是教师在对来自自己内在需求的自觉认知中与在实际工作中面临的各种现实际遇之间进行的理性选择。

这种来自教师心理对教师职业的内部认知特点有时也被教师看成是自己的教育理想,也是教师对"教师是谁?"这个教师认同问题的主体性解释。"'教师是谁?'的问题,本质上也就是教师如何面对国家与社会的教育价值观与其自身教育理想之争的问题。"① "良心活"这一理解是教师群体对教师职业的特殊理解,教师群体对教师职业的理解肯定首先要与国家或者社会赋予该群体的社会身份与道德要求一致。即使教师已具备公共知识分子身份,教师依然特别看重国家在政治维度中对其社会身份的界定,所以教师认同问题中其实隐含着浓厚的权力关系或者说就是一个政治哲学问题。也许对于身份问题的追问本身就是一个政治哲学问题。同时,教育受到市场、权力的渗透与影响,已是全球化经济背景下不可避免的日常事实,新时代背景之下,教师群体在看待自己的职业性质、追问自己的职业身份时,更加倾向于对自己所遵循的教师伦理与教师道德的强调与重视。如果说"满意"更多的是从教师自身的生存境遇来回答了教师职业的身份问题,那"良心活"则更多的是从教师群体的自身价值诉求上来回答了教师职业的身份问题。

但教师职业是"良心活"也凸显出教师在教师职业的自我认知中存在的内在矛盾与现实冲突,教师要像春蚕那样奉献、要像蜜蜂那样勤奋等这样的传统职业身份隐喻是教师将教师职业看成"良心活"的主要原因,同时也是教师对教师职业的一种道德底线承诺。教师们常常会认为"我负责了,就是有良心了","我对得起学生了,就有良心了"。这种隐喻方式本身就蕴含着虚假的成分,即这是一种受到中国传统道德体系影响的虚假式隐喻。在中国传统道德体系中,个人的行为判断标准是由己及人,以自己作为社会关系网络的行动中心,以"克己复礼"作为行动

---

① 高伟:《回归智慧 回归生活——教师教育哲学研究》,教育科学出版社2010年版,第24页。

第三章 "满意"与"良心活"

的出发点。教师在教师职业中的行为不通过"良心"是什么出发来判断，也不从学生究竟获得了什么样的身心发展出发来判断，而是由是否满足教师如何在教学行为中求得自己内心平衡的精神需求出发判断，因此这样的道德承诺具有虚假性。当然这种虚假也体现出教师自己的职业身份认知与国家或社会所赋予的教师职业身份之间所存在的差异。

教师主体性视野中的教师认同观是理性的，也是充满矛盾的。教师们产生这种职业自觉认知是由像教师这样的社会群体所处的特殊社会位置结构所决定的，一般来说，教师往往处于社会各种政策利益链条的较末端，导致他们在这样的社会位置结构中容易陷入一种"位置性痛苦"中。皮埃尔·布尔迪厄认为像教师这样的职业群体产生"位置性痛苦"的原因是社会对他们的任务要求与他们所拥有的有限方式手段之间的矛盾所致，即"对于那些为弥补市场经济不足而承担着所谓'社会功能'的警察、基层法官、社会工作者、教育工作者等人员来说，在他们致力于应对新自由主义市场经济带来的社会疾苦时，在国家赋予他们的繁重的、无休无止的'不可能完成的任务'和他们手中掌握的十分有限的方式手段之间存在矛盾，基层政府的职能部门工作人员必然会感受到这种张力，体验到这种'双重困境'和政府体制之内存在的'制度的自欺'带来的痛苦"[①]。米尔斯也认为"地位和自我认同紧密相连，失去了传统的价值就降低了人们的自我认同感，把他们卷入了一个位置的'恐慌中'"[②]。这种痛苦使教师在自己自觉的职业付出与回报之间容易产生矛盾，并对国家与社会对教师培养、在职教育等方面的运行、监督、评价机制等方面产生怀疑。从 D4F 教师对学校继续教育看法可窥一斑。

"教师本职工作是备课、上课等，但现在教师每天都忙于准备各种资料、参加各种继续教育、交各种学习心得。我们参加的继续教育既有县

---

① 毕向阳：《转型时代社会学的责任与使命 皮埃尔·布尔迪厄〈世界的苦难〉及其启示》，《社会》2005 年第 4 期。
② ［美］鲁思·华莱士、［英］艾莉森·沃尔夫：《当代社会学理论：对古典理论的扩展》，刘少杰等译，中国人民大学出版社 2008 年版，第 90 页。

里的、也有市里的。不去学，就达不到每年125节的继续教育课时要求；去学，在学校的上课任务就会受到影响，因为你的课都得上，这也是十分矛盾的地方。"（D4F, p. 167）

教师主体在教师认同中通过"良心活"的认同方式形成一种内在道德力量，并以此决定自己的职业责任与义务，这一点成为两个出生组教师在主体性教师认同上的共同表现。

首先，"良心活"的道德性制约是教师职业的原初特质。从教师职业产生开始，从业人员就受到一种内在道德力量的制约与影响。有研究者曾经按照职业生涯中个体对职业的态度与价值观的不同，将职业分为谋生性职业、世俗性职业和神的召唤性职业三类①。当把教师职业理解为神的召唤性职业时，教师职业就具有某种神圣性，需个体以虔敬之心对待。在中国文化场域下个体在自我理解这种神圣性时往往又将其表述为个人全身心投入的事业。在古代，召唤性职业与神、神圣相关，中西方教师发展史上均出现过这种观点。比如，中国古代把像孔子这样能探寻"仁"的人生目标并基于"仁"为人处世的士称为教师，教师要做的是学而不厌、诲人不倦、教人向善。古希腊思想家柏拉图把瞻望"善"的理念的哲学家视为教师，并要求教师具有能引领处于黑暗洞穴中那些无知囚徒的灵魂转向洞穴外的"善"的理念②。教师职业在古代中西方社会中，被当成了"仁""善"美德的传播使者。教师职业从产生之初就是一种有关德性的职业，很少有职业会把道德看得比教师职业重要。

其次，"良心活"是教师对教师职业应然和实然层面群体性道德要求的主观回应。随着人类生产力水平的日益提升，以及社会分工的日益精细，教师职业逐渐沦为具有社会分工意义的世俗性职业。同时，国家与公众的力量也日益强大，教师职业逐渐成为一种随时需要接受公共监督的职业，一旦教师在职业生涯中出现了任何有关师德的问题，不仅是

---

① Wrzesniewski, Amy, et al., "Jobs, Careers, and Callings: People's Relations to Their Work", *Journal of Research in Personality*, Vol. 31, No. 1, 1997.

② 李长伟：《透析现代性语境中的教师伦理》，《天津市教科院学报》2009年第2期。

第三章 "满意"与"良心活"

教师的服务对象—学生及其家长，其他社会成员同样也可对任何一名教师的师德状况进行评价与判断。这使教师的师德即使是在现代社会分工模式下仍然受到很大的关注与重视，甚至可以在某种程度上说，教师主体在认同教师职业时产生的"良心活"德性关注就是教师对他们的服务对象及其他社会大众的一种主观能动性回应，这种回应同时也是教师群体的"自我保护"策略，隐含着教师群体这样的一种主观假设：自己的教师工作做得怎么样与外界是没有关系的，我只需要对得起自己的良心即可。

最后，"良心活"的教师认同认知深刻地受到中国传统文化场域的影响。追溯"良心活"词源可以判断它并非外来词，甚至在外来文化的词典中也不可能查到其具体表达方式，说明"良心活"应是产生在中国本土的一个汉语言词语。文化作为语言和文字的总和，汉字（词）既能体现中国文化的博大精深，也是中国文化的符号标签，说明"良心活"式的教师主体认同受到中国传统文化的深刻影响。中国自古就有"以道德代宗教"的文化传统，道德在中国人心中具有"宗教"式信仰的影响力，当然这种道德信仰需相应的外在规则限制，比如中国古代的三纲五常伦理制度。现代社会，教师职业主要受到来自府际治理教师职业规范的道德规制和秩序性限定，比如 2014 年 1 月教育部印发的《中小学教师违反职业道德行为处理办法》，以及某些省市教育行政部门颁布的《师德十条》等。但事实上教师职业的现代性道德规范要求并未对教师认同水平产生多大影响，而深受中国传统文化影响的这种职业道德信仰反而成为教师自主性建构教师认同的约束机制，并关键性地表现为对教师的内在性道德的自我约束上。这种主体性教师认同观既是中国人讲究"做事情要对得起自己的良心"基本道德原则在教师职业中的具体体现，也是中国文化中强调"慎独"精神在教师职业中的具体体现。在中国传统文化中，"慎独"首见于《大学》《中庸》，《礼记·大学》中记载："所谓诚其意者，毋自欺也。如恶恶臭，如好好色，此之谓自谦。故君子必慎其独也。"《礼记·中庸》中也记载："慎其独莫见乎隐，莫显乎微，故君子慎其独也。"教师把自己的工作当成"良心活"一方面说明教师在建构自己的教师认同时，将"良心活"作为基本的师德底线，另一方面教师群体也是通过这样的方式彰显教师职业道德中自律慎独的重要性。

第四章

教师认同发展轨迹的类型

第一节 教师认同发展轨迹的社会时间序列

时间观是生命历程理论的重要概念,其中"恰当时间"是个体生命历程中年龄、个体的生命轨迹转变及相应的时间三者关系的集中体现。根据生命历程理论,一定时空中的个体生命历程是个人生命时间与社会时间的联系点,以对为什么在相同的社会时间内,个体的生命历程发展会出现差异进行深度解释。"标准时间表"是生命历程理论的另一重要时间观概念,用来表示个体在不同的生命时间里需要按照一定的社会期望发生一系列的生命事件,比如到了一定年龄要上学、升学、工作、结婚生子等这些生命事件,这些生命事件体现个体的生命历程是"生理年龄和社会年龄的一种叠加"[①]。每个个体的"标准时间表"主要分为两种:生命时间和社会时间。以一个人家庭的标准时间表为例,生命时间就是生理年龄,从每个个体出生时开始计算,每一年增加一岁,人类社会所有个体的生理年龄计算方式都一样,具有同质性。社会时间则是指个体在恰当的时间离家、结婚、生育时的生理年龄,即恰当的生命时间,这里的恰当二字包含着社会性意义,所以社会时间体现了个体与社会之间的联系,表现的是个体在恰当生命时间中承担的社会角色与社会期望。与生命时间不一样,尽管社会给每一个个体在不同社会时间里都规定了

---

① 李强:《生命历程:重大社会事件与中国人的生命轨迹》,浙江人民出版社1999年版,第7页。

相应的生命事件,但每个个体有可能还是会在这些生命事件的社会时间上出现差异。社会时间概念在生命历程理论中具有重要意义,它充分反映了社会文化因素对个体发展的实时影响。教师的社会时间就是教师扮演特定社会角色的恰当时间。具体地说,教师认同发展过程中的社会时间包含了教师职业生涯中一系列社会角色扮演时的恰当生理年龄,比如成为准教师、合格教师、优秀教师、专家型教师等的生理年龄。

在教师职业社会化中,入职者会经历一系列的体验,教师认同发展中的社会时间也包括教师的观察学徒期①(也被称为学徒观察期,首次由丹·C.劳蒂提出,指教师在社会化过程中受到普通教育对其就业准备的影响,即教师在入职社会化过程中至少有 16 年的时间在接触学校教师。每个学生在高中毕业之前与学校教师直接接触的时间平均为 13000 个小时。)、教师的职前培养时间、教师的新入职时间,也包括教师入职后的在职研修时间,这些社会时间体现了社会对教师在职业生涯中的社会角色期望(期望教师在不同的社会时间成为相应的教师,学徒观察期的社会时间对应学徒教师、职前培养的社会时间对应准教师、入职后的社会时间对应合格教师或新任教师、优秀教师、专家型教师等)。

一 学徒观察期

学徒观察期是教师生命历程的第一个社会时间。这是教师在作为学生时的普通教育阶段,这时的教师以学生身份"看见教师的时间比他们看见任何其他职业群体的时间都要长"②。休伯曼也发现,在教师的职业生涯发展中,教师在学生时期受到其教师的影响是导致他们做出教师职业选择倾向的一个重要因素③。因此,教师职业社会化过程中的最初体验——学

---

① [美]丹·C.劳蒂:《学校教师:社会学的研究》,饶从满、于兰等译,北京师范大学出版社 2011 年版,第 55 页。
② [美]丹·C.劳蒂:《学校教师:社会学的研究》,饶从满、于兰等译,北京师范大学出版社 2011 年版,第 55 页。
③ Michael Huberman, *The Lives of Teachers*, New York: Teachers College Press Columbia University, 1993, p.117.

第四章 教师认同发展轨迹的类型

徒观察期是教师在正式进入专业教育以前的社会时间,教师在这个过程中扮演着学生的角色、潜移默化地体验着教师的言行举止。

二 专业教育时期

专业教育时期是教师生命历程的第二个社会时间,即教师在正式入职之前的准教师时期,教师在这个阶段扮演着准教师的社会角色。从20世纪80年代初到21世纪,我国教师的职前培养经历了从定向培养转向专业教育培养的发展历程。20世纪80年代初期,为缓解教师队伍建设的数量短缺,教师职前培养主要是定向培养模式,即从初中生或高中生中选拔优秀学生进入中等师范教育、师范专科教育或本科教育,毕业后响应国家的工作分配政策,必须从事教师职业,这种培养模式满足了在短期内补给教师数量的时代需求。20世纪90年代末期以后,随着九年制义务教育的基本普及以及高等教育的快速发展[①],对高质量教师的需求增加,教师培养逐渐向专业教育转变,主要由师范大学等本科院校来承担教师的职前培养功能,而中等师范教育与师范专科教育逐渐通过升级或与相应的师范大学进行合并、转型而退出教师职前培养的历史舞台。同时,即使是进入师范大学的准教师,毕业时实行的也是比较灵活的"双向选择"就业政策,即准教师也可以不从事教师职业。两个出生组教师的生命历程中这两种培养模式都可能对他们的教师认同观产生影响。

三 入职第1年及其他职业生涯阶段

工作第1年,是教师生命历程的第三个社会时间。在这个时期里,教师的社会角色实现了从学生到教师的转换。休伯曼认为,在教师的职业生涯中,工作初期主要指教师入职后的1—3年里,这是教师个体职业生涯的开始阶段。教师还处于一种感知自己目前是否适合该职业的阶段,

---

① 黄威:《我国教师教育——从定向教育到专业教育》,《高教探索》2001年第3期。

有可能既有痛苦的开始经历，也有愉悦的开始经历。① 教师个体从学生时期到入职初期的角色转换中会受到不同教育系统背景的影响，特别是会受到自己当学生时观察教师行为时产生的体验的影响②，比如教师学徒观察期时观察到的各科中小学教师教学行为，以及专业教育阶段观察到的各科大学老师教学行为等。

教师在入职初期经历了或痛苦或愉悦的体验后，其生命历程逐渐进入熟练教师的职业生涯发展阶段。教师的职业角色体验越来越丰富，从生涩逐渐走向成熟，同时作为已然完成社会化过程的个人开始发生恋爱、结婚、生子等生命事件，教师开始体验到多重的社会角色，比如为人妻、为人夫、为人父或为人母。教师的职业生涯周期持续时间一般比较长，大部分教师都会一直持续到老年退休期。教师的职业体验会经历一系列的角色变化，比如从熟练教师到优秀教师或到专家教师角色的转换。在有关教师职业生涯发展的研究中，多是以教师入职后的工作年限作为理论建构的时间维度。中国人常以"5"或"10"作为个人职业发展规划的时间间隔阶段，本书也主要以"5"年为一个周期对教师入职后的教师认同发展轨迹进行分析，主要涉及两个出生组教师生命历程中的以下社会时间序列：教师的学徒观察期、教师的专业教育（师范教育）时期、教师入职第1年、教师入职第2—5年、教师入职第6—10年、教师入职第11—15年、教师入职第16—20年、教师入职第21—25年、教师入职第26—30年等。

第二节　教师认同发展轨迹的类型

教师认同发展轨迹体现的是在教师生命历程中教师生命时间（教师

---

① Michael Huberman, *The Lives of Teachers*, New York: Teachers College Press Columbia University, 1993, pp. 194 – 213.

② Alan C. Kerckhoff, "From Student to Worker", in Jeylan T. Mortimer and Michael J. Shanahan, *Handbook of the Life Course*, New York, Kluwer Academic/Plenum Publishers, 2003, pp. 251 – 267.

第四章　教师认同发展轨迹的类型

的生理年龄)、教师认同发展方向、社会时间序列三者的关系，教师认同发展轨迹图也主要由这些要素构成，以教师认同发展水平的变化为纵轴，以教师的社会时间序列为横坐标，同时标记出相应的生命事件。29名教师中，"60后"教师14名，"70后"教师15名，以下是这29名教师的教师认同发展轨迹类型的基本分布情况（见表4—1）。

表4—1　　　两个出生组教师的教师认同发展轨迹类型分布表

总的发展方向	变化强度	"60后"	"70后"	轨迹图形示范
水平	波折	C7M、E1M、E3M、E2F	C6F、D2F、C4M	
向上	渐进		A1M、A2F、A3M、B5F	
	波折	B8F、A4M、B2F、D3M	C5F、C1F、B4F、B6F、E7M、C2F	
向下	渐变	E4F、C8M	D4F、E6F	
	波折	C3M、D1M、E5M、B3F		

一　"60后"教师的教师认同发展轨迹类型

在14名"60后"教师的教师认同发展轨迹图中，有4名教师属于波折水平型、4名教师属于波折向上型、2名教师属于渐变向下型、4名教师属于波折向下型。

（一）波折水平型

波折水平型指教师的教师认同发展轨迹在总的发展方向上处于水平状态，但发展强度呈现波折型的变化特征。总的发展方向上有2名教师处于比较高的认可与接受水平（E2F教师和E3M教师），还有2名教师处于一般认可与接受的水平（C7M教师和E1M教师）：

1. 较高水平型

这种类型中的样本分别是E2F教师、E3M教师。两位教师在工作初期时的教师认同状态都处于比较认可与接受的水平，在经历一次比较明显的波折期之后（E2F 教师在工作 10—15 年之后，E3M 教师在工作 15—20 年之后），又再次达到比较认可与接受的水平，主要以 E2F 教师为例说明（见图 4—1）。

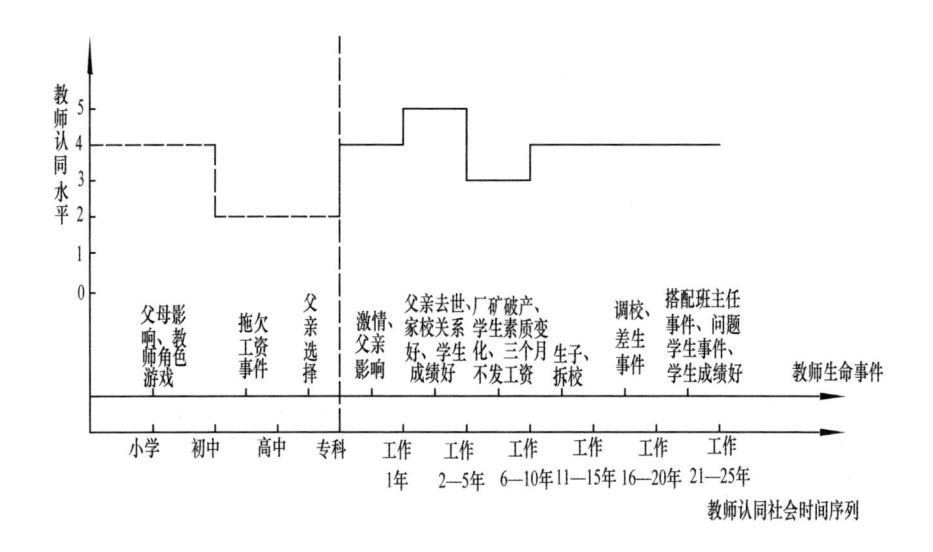

图 4—1　E2F 教师的教师认同发展轨迹

两位教师都出生于 20 世纪 60 年代末期，学徒观察期时他们对今后是否选择教师职业都有明确的意识和鲜明的态度。E2F 教师的父母是教师，从小生活在学校环境里，甚至连儿时的游戏也是扮演教师角色，因此一直比较认可和接受教师职业。上高中时，教师职业的待遇并不怎么好，E2F 教师开始不太认可与接受教师职业。"当时流行的看法是宁愿读财校的中专都不读师范的大专，因为当时教师待遇非常不好，时常有拖欠教师工资的情况发生。"（E2F，p.116）高考时，E2F 教师之所以选择师范专科主要受到她父亲的影响。E3M 教师出生在农村，小学时对教师职业并无特别意识，但是他非常崇拜毛泽东，因为毛泽东曾经上过师范学校，所以他也很想读师范学校。

两位教师都在 1990 年参加工作，E2F 教师因从小受到父母的耳濡目

第四章　教师认同发展轨迹的类型

染影响并没有任何不适应之处,而E3M教师认为教师职业实现了自己的理想,工作起来同样也很有激情。E2F教师在工作初期的8年时间里,是其对教师职业最认可与接受的时期,"子弟校家长比较重视学生学习,学生的素质也比较高,当时家长、学校和学生之间的配合非常好。那时当教师的感觉比较好,教师上课也比较轻松,想要达到的目标基本上都能按预期达到"。(E2F,p.112)E3M教师工作2—5年时,中国已进入市场经济体制改革的发展时期,社会大众之间收入差距逐渐拉大,收入成为人们闲谈阔论时的重要话题,E3M教师开始发现教师微薄的收入在同学面前经常显得捉襟见肘,其教师认同水平出现明显的下降变化。

同样受到市场经济改革浪潮的冲击,E2F教师所在学校的国企于1998年宣布破产,难以支付教师工资。学校为维持正常运转,只得招收附近的农村学生,生源开始变得比较复杂,E2F教师的很多同事选择了离开。E2F教师此时刚结婚不久,爱人的收入尚可,经济压力并不是很大,故还是留在了学校。因为不知道学校的前途在哪里,E2F教师也会经常困惑要不要离开,对教师职业的认可与接受水平在此时出现了明显的向下转折变化。2002年,生子后的E2F教师面对的学生结构比较复杂,几乎都是农村生源,但她的教学态度和方式发生了很大的变化,对学生更加的耐心仔细了,在其工作12年时,教师认同水平再次出现明显的向上转折变化,并一直持续到研究者访谈时。在这期间,E2F教师所在的子弟校被拆除,她调到现在的E校。E校的生源层次结构更加复杂,E2F教师曾经教过底子非常差的学生,但通过她的不懈努力最后该学生有了比较明显的进步,她也逐渐成为班主任经常抢着搭配的科任教师,这些都让E2F教师的教师认同水平持续在比较高的状态上。

对大部分女性教师来说,生子是职业生涯中的重要事件,很有可能成为其职业生涯转折点发生的关键事件[1]。比如生子之后的E2F教师即

---

[1] Geoff Troman and Peter Woods, "Careers Under Stress: Teacher Adaptations at a Time of Intensive Reform", in Martin Bayer, Ulf Brinkkjer, Helle Plauborg, Simon Rolls, *Teachers' Career Trajectories and Work Lives*, Springer Science + Business Media B. V. 2009, pp. 117 – 135.

使面对生源层次复杂的学生也变得比以前更有耐心。

2. 低水平型

属于这种类型的教师有 C7M 教师和 E1M 教师，他们的教师认同发展轨迹图呈现的特点是：在入职初期的教师认同状态处于一般水平或以下，经过波折变化后，后期依然维持在一般或以下的水平，以 C7M 教师为例说明（见图 4—2）。

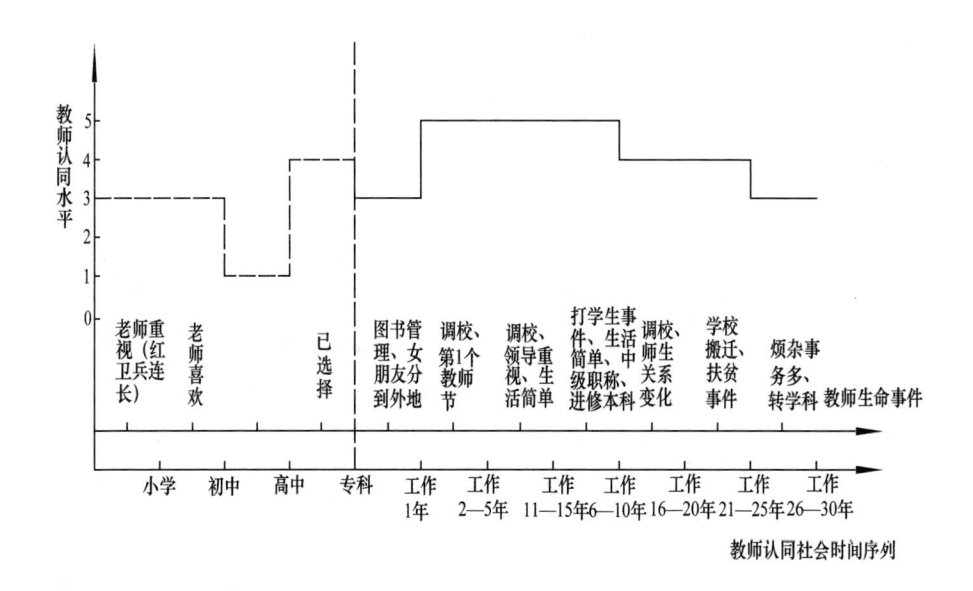

图 4—2　C7M 教师的教师认同发展轨迹

这两名教师分别出生在 20 世纪 60 年代早期和中期，C7M 教师的父亲是"南下西进"干部。学徒观察期时，C7M 教师因家庭成分好在"文化大革命"期间是红卫兵连长，受到教师的喜欢。那时，C7M 教师认为自己也喜欢教师这个职业。高考恢复，C7M 教师由于成绩不理想，经过 1 年复读后选择了师范类院校，毕业时 C7M 教师得以留校。

工作第 1 年时，C7M 教师的教师认同处于一般水平，其第一个转折点发生在工作第 2—5 年时，其间，他与女朋友为了能在同一所学校工作，都从原来的单位辞职，应聘到一个建筑企业的子弟校工作。当时正

第四章 教师认同发展轨迹的类型

好是20世纪80年代中期,建筑企业的收入非常可观。1985年我国开始正式确定每年9月10日为教师节,C7M教师感受到教师职业开始受到国家重视,其教师认同水平出现明显的向上转折变化。从这之后,C7M教师开始非常认可与接受教师职业,这种状态一直持续了近10年(这期间他与爱人再次调到省城的另一所中学)。"当教师虽然不是很富足,但我还是觉得挺好的。当时对老师没有这么多要求,工作比较简单,每天主要就是上课,学生不听话时,凶一下、拍几下也没有关系。"(C7M,p.62)C7M教师的教师认同水平发展轨迹的第二个转折点出现在其第三次调校之后,即在他工作10—15年时,进修完本科的C7M教师及其爱人再次调校(即调到C校)。C7M教师开始变得不太适应新学校环境中与学生之间关系的变化,其教师认同水平出现了明显的向下转折变化。2005年,C校搬迁,C7M教师被抽调去参加扶贫,这期间其教师认同水平维持在比较高的水平(他认为根源在于这时他不用考虑与学生之间怎么相处)。到2009年,由于C7M教师的教学成绩不理想,只能上一些"无关痛痒"的校本课程,加上他又是学校总务处的工作人员,每天的繁杂事务非常多,使其教师认同水平再次出现了非常明显的向下转折变化。可见,对C7M教师的教师认同发展轨迹产生明显影响的生命事件是第3次学校调动,特别是这次调动之后面临如何与自主性更强、生源层次更复杂的学生相处难题时,他的教师认同水平随之发生明显向下转折的变化。

(二)波折向上型

波折向上型是指教师参加工作后的教师认同水平尽管在职业生涯中经历过波折,但其总的发展方向还是呈现上升的变化趋势。"60后"出生组中一共有4名教师呈现这样的发展轨迹特征,即A4M教师、B2F教师、B8F教师和D3M教师,以D3M教师为例说明(见图4—3)。

D3M教师出生在20世纪60年代中期。中小学阶段的D3M教师经历了一段非正常学习状态的学徒观察期。由于其爷爷是地主,从小D3M教师就看见爷爷与父亲在"文化大革命"时被批斗的场景,"小时候明显

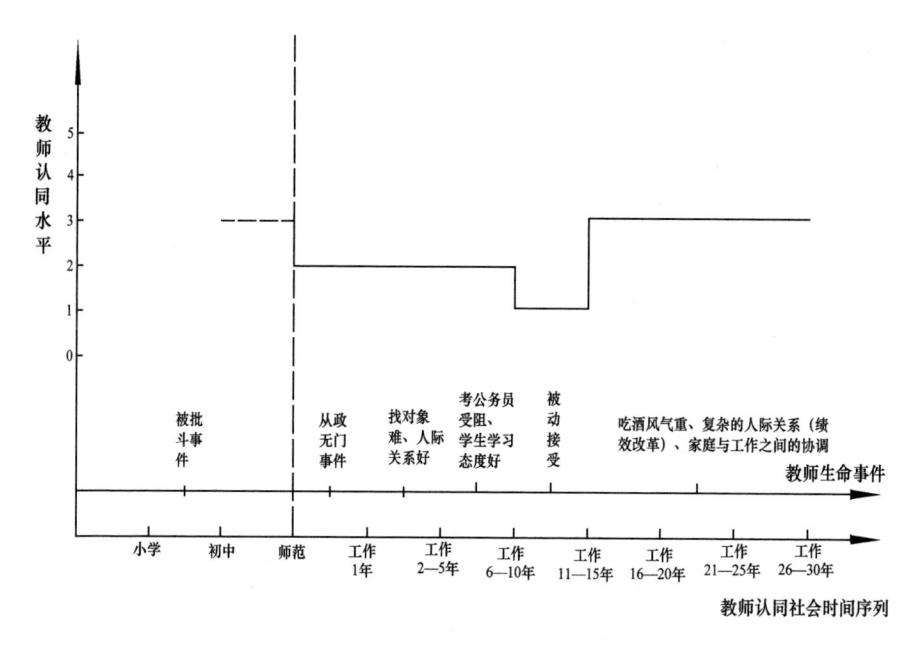

图 4—3　D3M 教师的教师认同发展轨迹

感到自已和外面的人不同，小朋友都会叫我'地主分子'、不和我玩或欺负我。"（D3M，p.99）D3M 教师的梦想是上高中和大学，但其家庭非常贫困，只能在初中毕业后被动选择中师，他希望通过尽快就业以减轻家庭负担。

工作第 1 年时，D3M 教师的教师认同水平不高。他非常想从政，这个想法持续了 10 年左右，但由于其特殊的家庭背景限制很难如愿，直到其年龄已经超过了公务员考试的年龄限制才不得不放弃这个想法，并开始被动接受教师职业。同时，也因为 D3M 教师特殊的家庭成分，加上其所在学校的地理位置偏远，他一直没有找到合适的对象，在 30 多岁的生理时间才结婚成家，实现另一重要社会化角色的转变。结婚使 D3M 教师开始更多地考虑家庭的稳定性，所以在短暂地经历非常不认可与接受教师职业的状态之后，D3M 教师的教师认同水平在其工作 15 年左右时开始出现明显的向上转折变化，并维持在一般认可与接受的状态，一直持

第四章 教师认同发展轨迹的类型

续到研究者访谈时。到20世纪90年代末期和21世纪初期,农村学校学生就业成本和就业风险增加,他们已不可能通过读中师或者中专就可以分配到传统性的稳定工作,学习动力和学习积极性都明显下降。在教师工资绩效改革后,D3M教师所在学校的人际关系也比以前更为复杂,加上他要每周周末才能回家,这些都让他感到非常疲惫,也成为其教师认同水平只是持续在一般状态的主要原因。

（三）渐变向下型

渐变向下型是指教师认同发展轨迹图总体发展方向向下,总体变化强度呈层层递进式变化的类型。有2名"60后"教师的教师认同发展轨迹呈现这样的特征,即C8M教师和E4F教师,以E4F教师为例说明（见图4—4）。

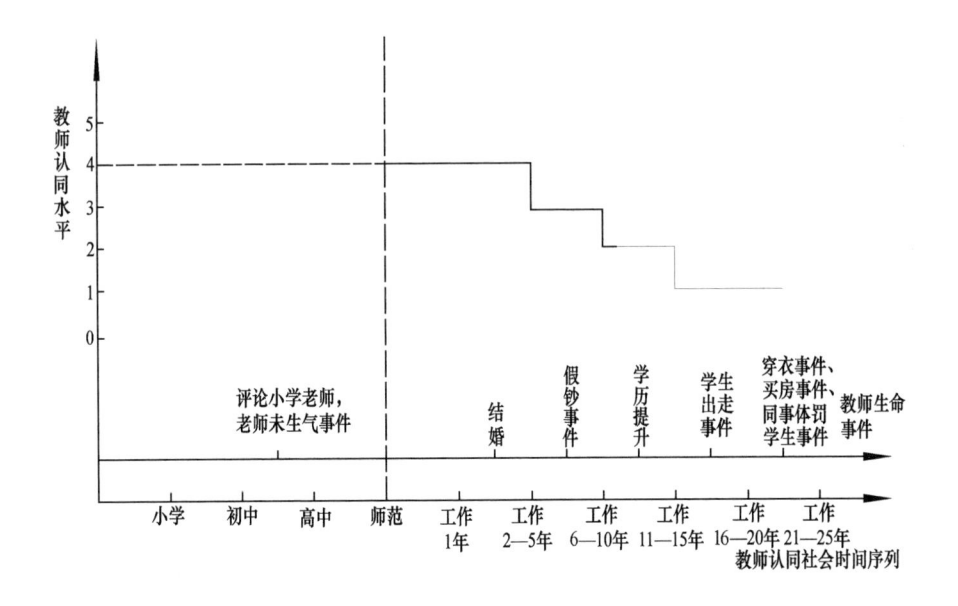

图4—4　E4F教师的教师认同发展轨迹

E4F教师出生在20世纪60年代中期。"文化大革命"结束时,E4F教师在上小学,但对自己当时懵懵懂懂地对毛主席像鞠躬的印象比较深刻，由于家庭太过于贫困，加上自己又是女性，在高中毕业时勉强地得以读师范，并在毕业后随着亲戚颠沛流离到了 E 校工作。受自己小学老师的影响，E4F 教师从师范毕业到入职后的 5 年时间里，对教师职业都比较认可与接受。在其工作第 6 年时，正是 20 世纪 90 年代中期，一次收学费时收到假钞，E4F 教师让家长换真钱时，该家长声称要投诉她，这让 E4F 教师开始怀疑自己一直秉承的教师职业比较高尚的理念是不是错了，她的教师认同水平开始出现明显的转折向下变化。E4F 教师的爱人也是教师，那时两个人的工资加在一起很微薄，随着家里孩子的逐渐长大，家庭开销日益增加。为了增加收入、改善现状，E4F 教师在 2000 年时选择外出进修专科，但其教师认同水平并未上升，因为在她看来这是一种为生活所迫的被动式学习。进修回校后，E4F 教师担任班主任，一学生离家出走，在已通知家长的前提下，她没有过多地放在心上，家长闹到学校，这让 E4F 教师再次感到当教师太难，"自己一方面兢兢业业教书，另一方面却得不到学生和家长的理解"。（E4F，p.127）因此，其教师认同水平在其工作 15 年时（2005 年）下降到了非常不认可与接受的状态，"我现在说实话真的不想教书了，因为教师经常费力不讨好"。（E4F，p.127）绩效工资改革后，客观上教师职业的工资待遇好了很多，但在 E4F 教师看来，绩效工资依然很低，她和爱人的工龄加起来已经 50 年了，两人在镇上买了房子，还须按揭贷款，加上儿子马上要上大学，这些都让她感觉到压力越来越大。E4F 教师的教师认同在入职初期时水平较高，更多地源于教师职业带给自己的安定感。引起 E4F 教师的教师认同水平发生转折变化的关键因素是学生生源的素质和层次变化，以及家长和学校之间的配合情况，这些因素与 E 校所在的地理位置有关。到 E4F 教师中年时，引起其教师认同水平发生向下转折的关键要素是教师职业的经济待遇未能满足其需求。

（四）波折向下型

波折向下型指教师认同发展轨迹总的发展方向是向下，但变化强度中既有向上的转折，也有向下的转折。"60 后"教师中有 4 名教师的教

第四章 教师认同发展轨迹的类型

师认同发展轨迹表现出这样的特征，即 B3F 教师、C3M 教师、D1M 教师和 E5M 教师，主要以 C3M 教师为例说明（见图 4—5）。

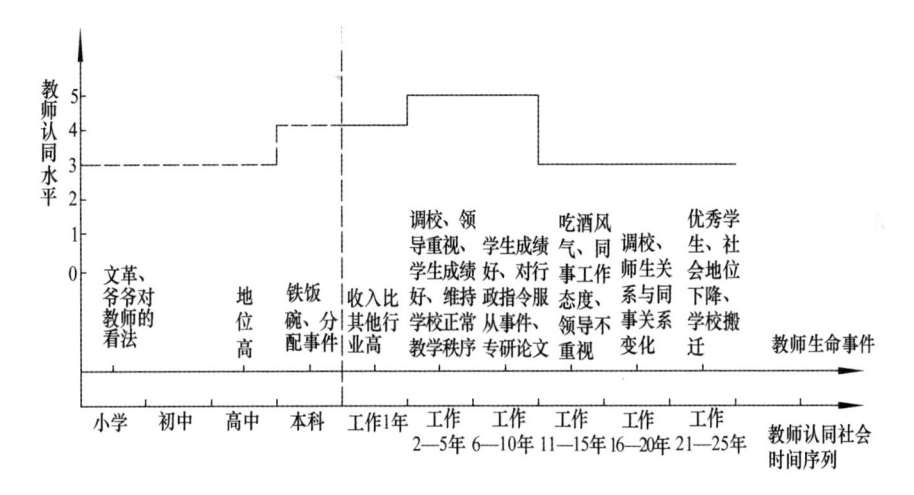

图 4—5　C3M 教师的教师认同发展轨迹

4 名教师均出生在 20 世纪 60 年代初期，其中 D1M 教师的父亲是教师，其余三位教师的父母都是农民。E5M 教师的父亲曾是国民党军人，因此 E5M 教师的家庭在"文化大革命"期间属于被批斗的对象，他并不认为教师职业有多好，但是由于自己的身体不太好加上父母担心再次的政治风波，所以他还是选择了师范专业（父母认为教师职业在政治风波中比较安全），以求毕业后能分到离家近的地方。D1M 教师的父亲是乡镇中学教师，但家庭依然贫困，在初中毕业后 D1M 教师选择了师范，希望可以得到一个"铁饭碗"的工作。C3M 教师和 B3F 教师都是读的师范大学本科。C3M 教师的爷爷认为教师职业是在任何时代都不会受到政治牵连和影响的职业，尽管 C3M 教师自己很想读军校，最后还是报考了师范大学。B3F 教师作为女性，家里的父母根本不怎么管她，只是她在上高中时成绩好，从小也比较崇拜教师，所以自然地选择了师范大学。

C3M 教师是当时少有的本科生，分配时很幸运地留在了县城中学，

"刚参加工作时,对工作的热情非常高,想好好干一番以得到教师和同学的称赞,自己暗暗地较着劲,想成为优秀教师。当时(1988—1990年)虽然工资只有80—90块钱。我自费给自己定了不少学习资料",(C3M,p.46)工作2—5年时,由于C3M教师的教学成绩好,很受领导重视。1989年时曾经有恶势力想要冲击学校,是C3M教师带头与恶势力做斗争,才使学校的正常教学秩序没有受到影响。在C3M教师工作的最初8年时间里,一直非常喜欢和认可教师职业。但在工作第9年时,因为一次校领导随意性地安排工作,让C3M教师认为学校行政权力影响了他正常的教学工作,继而对学校领导产生不满情绪。20世纪90年代末期,认真教书的教师不多,社会风气也不如C3M教师刚参加工作时好,他开始对当地的教育现状很失望,其教师认同水平降到一般的状态。2002年C3M教师毅然离开县城中学,调到C校,但省城学校同事之间的相处方式又与县城中学不一样,大家只是在工作上有交流,下班后就各忙各的。同时,教师们对学生的态度也不一样,以前C3M教师认为自己就是学生面前的"权威",到省城学校之后,他发现学生成了教室里的"老大"。这种不适应感使C3M教师的教师认同水平依然持续在一般状态。

二 "70后"教师的教师认同发展轨迹类型

15名"70后"教师的教师认同发展轨迹分布如下:波折水平型3名、渐进向上型4名、波折向上型6名、渐变向下型2名。

(一)波折水平型

属于波折水平型的"70后"教师分别是C4M教师、C6F教师以及D2F教师,以C6F教师为例说明(见图4—6)。

学徒观察期时,C6F教师的父母都是教师,童年时家里常有学生来拜访父母,这让C6F教师认识到教师职业比较受人尊重,此时她比较认可与接受教师职业。高考时C6F教师直接报了师范专科学校,毕业时分到C校工作,并同时开始进修本科。C6F教师基本是遵从父母的意愿选

第四章　教师认同发展轨迹的类型

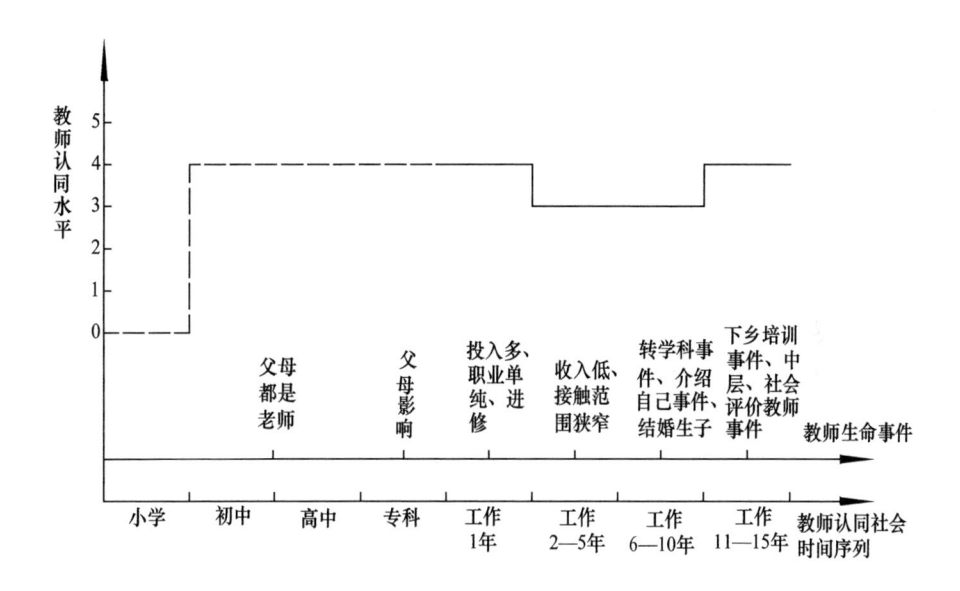

图 4—6　C6F 教师的教师认同发展轨迹

择了教师职业，加上她认为自己的性格也较文静和单纯，适合当教师，故在工作第 1 年时其教师认同水平比较高。2000 年时教师职业收入还比较低，当同学聚会谈论起收入时，C6F 教师会感到自卑。另外，教师职业每天只和学生打交道也让 C6F 教师觉得教师职业不利于个体发展。"在教育部门外工作的同学收入比我们都高，他们接触的人、事比较客观，更成熟一些。相反，学校是个单纯的地方，待在学校让人变得很'傻'。"（C6F，p.136）这时 C6F 教师的教师认同水平开始出现比较明显的向下转折变化，并一直持续到 2005 年左右。2005 年，C6F 教师被抽调去参加为期一年的教育扶贫，偏远地方学生对知识的渴望让她慢慢转变了对教师职业的看法。在扶贫回校后，C6F 教师成为学校的中层干部，生活比以前充实了很多，她开始喜欢上这种既可照顾家庭，也可很好地投入工作的生活状态。在入职 8 年以后，C6F 教师的教师认同水平出现向上的转折变化，并逐渐维持在比较认可与接受的状态。

（二）渐进向上型

渐进向上型是指教师认同水平在方向和变化强度上呈逐渐向上发展的趋势，在"70后"出生组中，有4位教师属于这一类型，即A1M教师、A2F教师、A3M教师、B5F教师，主要以A3M教师为例说明（见图4—7）。

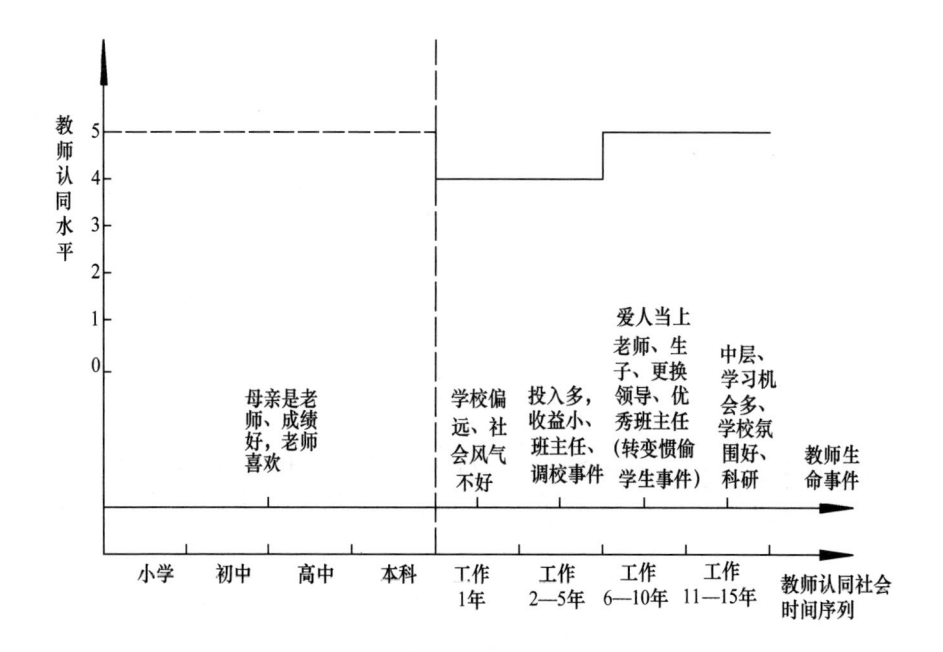

图4—7　A3M教师的教师认同发展轨迹

A3M教师出生于农村，学徒观察期时，受到母亲是小学教师的影响，他一直很喜欢教师职业。尽管当时大学生就业已是灵活的"双向选择"制度，但毕业于重点师范大学的A3M教师依然得以顺利留在贵阳的A中工作，所以他刚参加工作时的教师认同水平是比较高的。工作初期，A3M教师也有过职初"休克"的体验。A校在城郊接合部，学生生源质量参差不齐，成长于重组家庭、单亲家庭的学生数量比例较大，课堂教学纪律不好、学生难以管教等是主要原因。此时，A3M教师的教师认同

第四章 教师认同发展轨迹的类型

水平出现了明显向下的转折变化，但受到其母亲影响，他的教师认同水平下降并不明显，还是停留在比较认可与接受的状态，并持续了5—6年。"母亲的工作非常辛苦，她的一生经历过许多酸甜苦辣，但她还从教书中得到了很大满足。那种再辛苦都要把自己本职工作做好的性格也深深地影响了我。"（A3M，p.15）这期间，A3M教师依然很认真负责地投入教学工作，课后不断进行反思，并撰写了课程与教学论方面的一系列论文，但由于其表达能力不是太好，在教学上一直很难出成绩。工作第5年时，A3M教师班上有一个学生喜欢偷拿同学东西，为纠正这个学生的不良习惯，他花了很多精力、也想了很多办法，这个学生毕业时成为一个很受老师和同学欢迎的好学生，这件事让A3M教师收获了自己当教师以来的最大成就感，其教师认同水平开始发生向上的转折变化。

A3M教师的爱人开始并未从事教师职业，受到A3M教师的影响，经过努力学习也当上了教师，两人逐渐在省城贵阳安家。随着工作年限增加，A3M教师不断从自己讲话的语音、语调、语速等方面着力提高自己的语言表达能力。加上学校新领导让年轻教师也有机会教生源质量好的班级，A3M教师的教学成绩也逐渐提高，并得到同事与领导认可。同时，学校领导也委以相应的行政工作给A3M教师，让他主要负责学校的人事以及全校教师专业发展等工作，A3M教师的教师认同水平在工作第6年时达到非常认可与接受的状态。由于学校领导非常重视教师的专业发展，学校的每名年轻教师都有机会出去学习，并且可以有机会做自己感兴趣的课题，学习氛围也比较好，所以A3M教师的教师认同水平一直持续在非常认可与接受的状态。

（三）波折向上型

波折向上型是指教师认同水平在教师的生命历程中既有向上的转折，也有向下的转折，但其轨迹总体的发展方向向上。在"70后"出生组中，有6位教师的教师认同发展轨迹是这样的类型，即B4F教师、C1F教师、C2F教师、C5F教师、C6F教师和E7M教师，以C2F教师为例说明（见图4—8）。

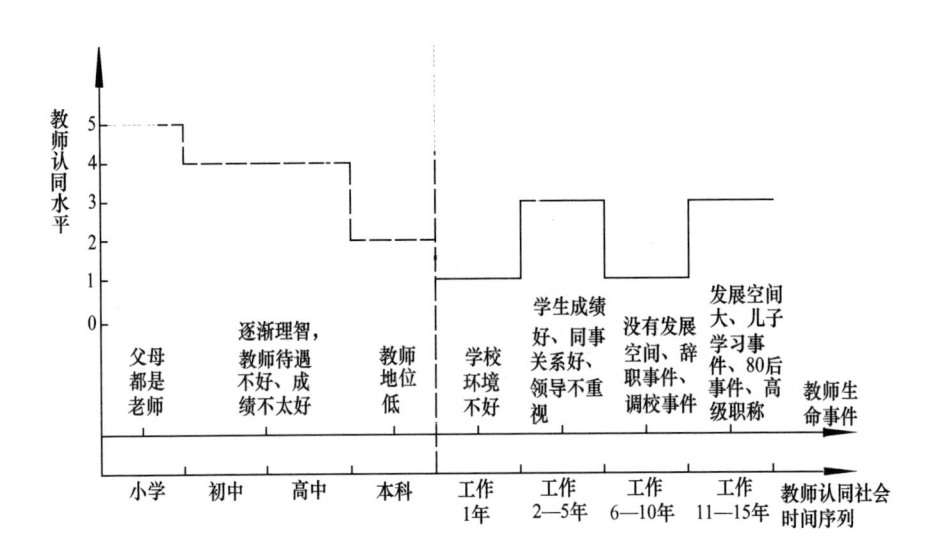

图4—8　C2F 教师的教师认同发展轨迹

C2F 教师的最初学历是专科学历。因为父母都是教师，学徒观察期时 C2F 教师心里比较认可与接受教师职业，高考时只填了师范大学。C2F 教师作为职前教师时，正是 20 世纪 90 年代初期，常有各地拖欠教师工资的报道，她才发现教师地位并不高，并开始不太认可与接受教师职业。毕业时 C2F 教师联系过其他工作并没有成功，为和男朋友留在同一个地方，最后不得不和男朋友一起到一军工企业的子弟校工作，该企业地处较偏僻，与 C2F 教师从小的生活环境也存在差距，工作第 1 年时，其教师认同水平下降到非常不认可与接受的状态。但学生素质较高、同事之间相处也较融洽，C2F 教师的教师认同水平在接下来几年里出现小幅上升的转折变化。工作 7—8 年后，C2F 教师和爱人希望能为孩子创造更加良好的条件与环境，同时两人在学校都没有得到领导的重视，让他们萌发了辞职或调工作的想法，C2F 教师的教师认同水平降到非常不认可与接受的状态。经过多方努力，C2F 教师终于在省城比较好的一所学校谋得代课教师职位，且校领导向其承诺 1 年后能以正式调动的方式进入这所好学校，但 1 年后却被他人顶替了名额。正逢 C 校刚搬迁，需要

第四章 教师认同发展轨迹的类型

大量新教师，C2F 教师便通过招考进入 C 校。新学校带给 C2F 教师更多的发展机会，加上她在工作中不断地反思与学习，很快评上了高级职称，同时也获得了不少荣誉，其教师认同水平再次出现向上的转折变化。尽管 C2F 教师认为教师的社会地位比较低，教师职业待遇也不太近人意，但同时她也认为教师自身的整体素质也比较低，加上现在学校与家庭之间的关系变化很大，家长和学校对教师都要求过多、过高，所以到研究者调研时，其教师认同水平还是持续在一般认可与接受的状态。

（四）渐变向下型

渐变向下型是指教师认同发展轨迹的总发展方向向下，变化的强度是逐渐下降。"70 后"出生组中，呈现这种特征类型的有 D4F 教师和 E6F 教师，以 D4F 教师为例说明（见图 4—9）。

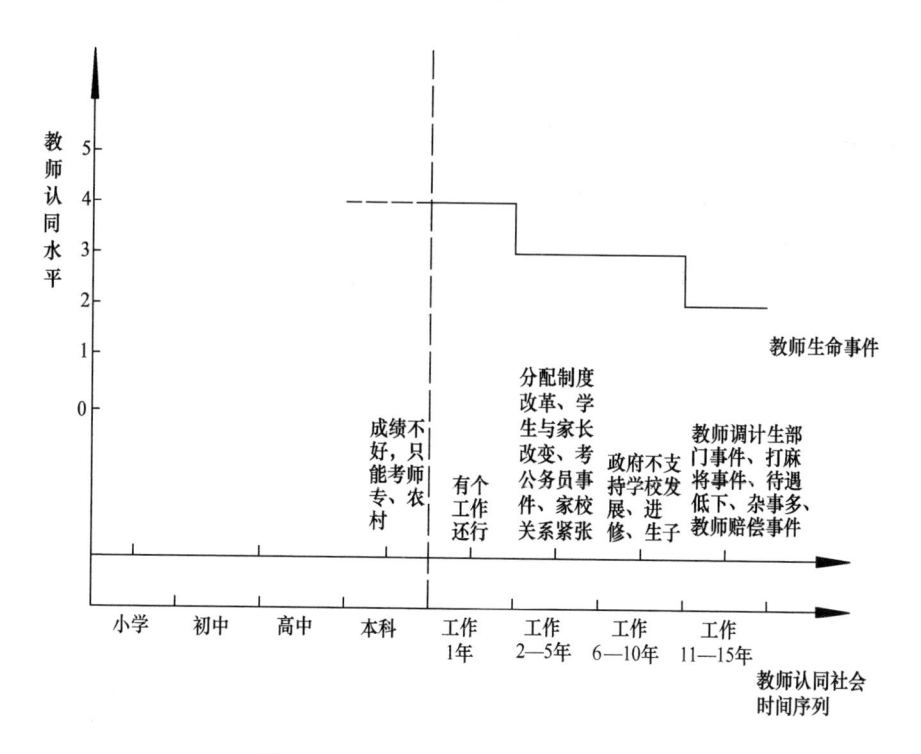

图 4—9　D4F 教师的教师认同发展轨迹

D4F 教师出生于离 D 校所在地不远的农村，非常偏僻，交通也极其不便。学徒观察期时，D4F 教师对教师职业并无特别想法，高考时，由于她成绩不好才选择了师范类专业。师范院校毕业时并不好找工作，D4F 教师通过考试才由县教育局分配到 D 校，入职初期她还是比较满意，因为在学校里有份工作的生活相较自己以前艰苦的农村生活要优越很多，所以其教师认同水平处于比较认可与接受的状态。但 2000 年以后，受到分配制度改革的影响，当地学生学习态度以及学习积极性都发生了变化，加上当地大量的农民工开始进城务工，开阔了眼界，增强了各种意识，在 D4F 教师看来以前曾经非常"纯朴"的那些家长也开始有什么事情都要找学校。农村学校的家校关系变得紧张且夹杂着各种利益的博弈，这让 D4F 教师感到本来社会地位比教师更低的农民都瞧不起他们（因为教师还没有出去打工的农民挣得多），所以其教师认同水平开始出现向下的转折变化。

在 D4F 教师参加工作后的近 10 年时间里，她的教师认同水平一直持续在一般认可与接受的状态，这期间，尽管她也出去进修了本科，但对教师职业的看法与态度并未改变。在结婚生子后，D4F 教师更是不愿意在教师工作中花费更多的心思，只是每天坚持完成学校布置的绩效工作量即可，以保证期末或年末时的绩效工资不要太低。与学校的其他教师一样，D4F 教师认为地方政府并不支持乡村学校的发展，比如，过教师节地方政府都不会有任何表示，很多同事说起政府工作人员都愤愤不平，但这期间 D4F 教师也和其他教师一样，都曾经想要报考公务员，对他们来说只要有机会都愿意去当地政府工作。比如，2000 年前后，当地政府决定从教师队伍临时调人到计生部门，其工作性质就是去农村与那些超生户"斗智斗勇"，但想调入者络绎不绝，最后教育局规定要想去计生部门的教师必须辞职才基本制止这种现象。绩效工资改革后，教师的工作要计入量化考核中，且要求教师每年都要参加一定数量的继续教育学习。这些都让 D4F 教师认为教师地位太低下，且在日常工作中还受到各方力量的限制，其教师认同水平继续降低，并一直维持在不太认可与接受的状态。

三 "60后"与"70后"教师的教师认同发展轨迹比较

从两个出生组教师的教师认同发展轨迹类型的总体分布来看（见表4—1），"60后"出生组的教师多分布在波折水平型和波折向下型，而"70后"出生组的教师多分布在波折向上型和渐进向上型。单从轨迹走向上看，不管是"60后"教师还是"70后"教师，他们的教师认同发展轨迹都可分为垂直持续向上型或者水平断裂型[1]，但"60后"出生组教师中的垂直向上型教师样本数要明显地少于"70后"出生组教师。

分析两个出生组教师的教师认同水平在不同职业生涯阶段中的平均值发现（见图4—10），"60后"出生组教师的教师认同水平在入职初期有明显的上升变化趋势，随着工作年限延长，又逐渐呈现教师认同水平向下发展的趋势，并在工作20年之后基本维持在一般认可与接受的状态。"70后"出生组教师的教师认同水平在工作初期的5年内一般会有小幅下降，但随着工作年限的延长呈现逐渐上升的变化趋势，在工作15—20年时，大部分"70后"出生组教师的教师认同水平仍然高于比较认可与接受的状态。

教师认同发展轨迹中的转折点体现的是两个出生组教师在不同社会年龄和生理年龄之间的联系点。学徒观察期作为教师进入教师职业的早期社会化时期，家庭教养、朋友、同伴都有可能成为他们要成为的那类人并促使他们做出职业选择[2]。部分"60后"出生组教师的学徒观察期处于一种非正常的学习状态中，当时的学制也普遍是532学制，即小学5年、初中3年、高中2年的学制，持续时间明显短于"70后"出生组

---

[1] Martin Bayer, Ulf Brinkkjer, "Teachers' Professional Learning and the Workplace Curriculm", in Martin Bayer, Ulf Brinkkjer, Helle Plauborg, Simon Rolls, *Teachers' Career Trajectories and Work Lives*, Springer Science + Business Media B. V. 2009, pp. 103 – 116.

[2] Mary Thornton, Patricia Bricheno, "Teacher Gender and Career Patterns", in Martin Bayer, Ulf Brinkkjer, Helle Plauborg, Simon Rolls, *Teachers' Career Trajectories and Work Lives*, Springer Science + Business Media B. V. 2009, pp. 159 – 178.

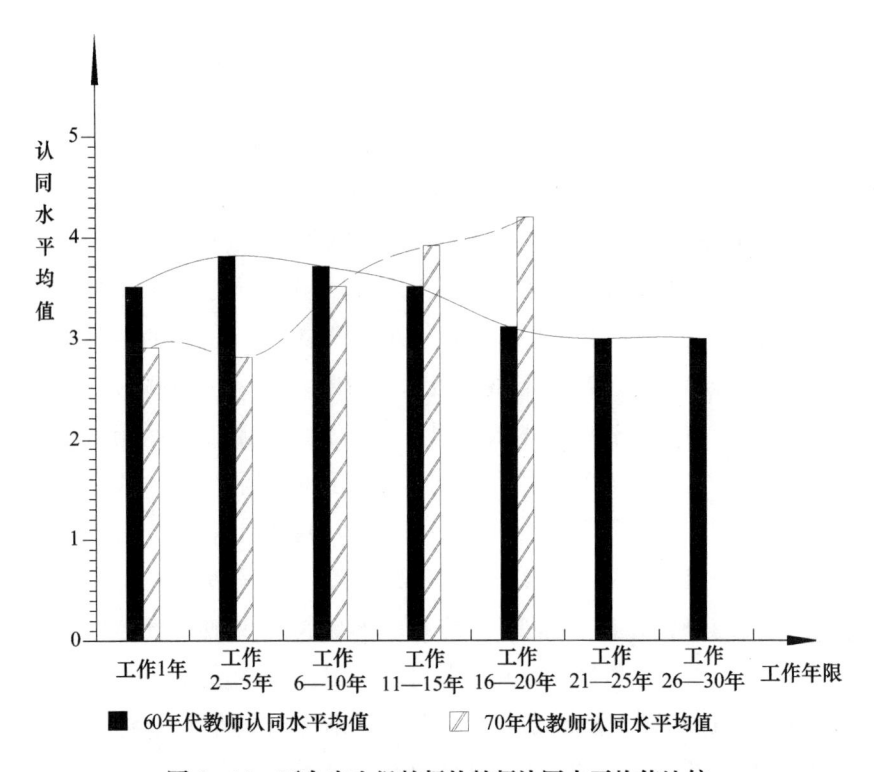

图 4—10　两个出生组教师的教师认同水平均值比较

教师。所以，B2F 教师、A1M 教师等从专科毕业参加工作时的生理年龄也都没有满 20 岁。在学徒观察期的社会时间里，"60 后"教师很少对教师素质进行评价，且多是保底选择或者被动选择师范类专业。大部分"60 后"教师入职时的第一学历来是专科学历，也有不少是中专或中师学历，极少部分是本科学历。所有"70 后"出生组教师的学徒观察期都是 633 学制，且不少"70 后"教师在学徒观察期时已开始对教师职业有自己的看法和评价，在高中阶段"70 后"教师的教师认同发展轨迹容易出现向下转折的变化，这与当时（20 世纪 80 年代末期、90 年代初期）教师职业的社会地位低下有关。"70 后"出生组教师多是因为成绩不好才报考师范类院校，选择教师职业的内部动机更多的是为了顺利就业，而"60 后"教师更多的则是选择机会有限时的一种保底选择。

第四章 教师认同发展轨迹的类型

不管是"60后"教师还是"70后"教师，与他们心目中未能实现的其他理想职业相比，进入教师职业相对都更加容易，"教师职业在获取那些不能追求其首要目标的人的继发性忠诚方面具有明显的优势"[①]。但这种继发性优势给两个出生组教师入职初期时的教师认同水平带来了不一样的影响，"60后"教师的教师认同水平会出现比较明显的向上转折变化或持续在比较高的状态；而"70后"教师的教师认同水平则会出现明显的向下转折变化，其后才开始出现比较明显的向上转折。说明两个出生组教师在工作初期时的向上转折时间点有差异，这种差异表现为"70后"教师的教师认同发展轨迹转折点发生的社会时间序列延后于"60后"教师。这可能与两个出生组教师在刚入职时教师职业的经济待遇与社会地位差异有关，也可能与两个出生组教师结婚生子年龄不同有关。大部分"60后"教师入职时的生理年龄小于"70后"教师，且"60后"教师在参加工作后不久就很可能会考虑结婚生子，所以"60后"教师比"70后"教师结婚生子的生理年龄要普遍偏小。一般"70后"教师在参加工作时都已处于22—24岁的生理年龄，而"70后"教师多是在工作几年后才会考虑结婚生子，所以其结婚生子的普遍年龄要比"60后"教师偏大。而不管是"60后"教师还是"70后"教师，结婚生子都容易使他们比较倾向于安定，开始在职业生活中获得满足，这一点对女性教师来说体现得比较明显。

"60后"教师和"70后"教师在职业生涯初期时，更容易考虑要不要离开教师职业，这与诺尔斯和普拉伯格认为教师是在工作多年以后才考虑要不要离开教师职业的研究结论不同[②]。在刚进入教师职业生涯时，教师有可能会面临"现实休克"，如果教师在课堂中能收获成功的话，

[①] [美]丹·C.劳蒂：《学校教师：社会学的研究》，饶从满、于兰等译，北京师范大学出版社2011年版，第43页。

[②] Simon Rolls, Helle Plasborg, "Teachers' Career Trajectories: An Examination of Research", in Martin Bayer, Ulf Brinkkjer, Helle Plauborg, Simon Rolls, *Teachers' Career Trajectories and Work Lives*, Springer Science + Business Media B. V. 2009, pp. 9 – 28.

这种现实休克的表现将不是很明显①②。本书中，"60 后"教师的职初休克表现并不明显，但不少"70 后"教师有明显的职初休克，且新教师倾向与同事或者学生之间建构起比较好的交互关系来克服这种"现实休克"。对两个出生组教师的教师认同发展轨迹进行组间比较发现，"60后"教师在工作初期对教师职业的认可程度要高于"70 后"教师，多数"60 后"教师在工作初期的教师认同水平与学徒观察期相比，会有明显的向上转折变化。但多数"70 后"教师在工作初期的教师认同水平均明显低于学徒观察期。

工作 5—10 年时，两个出生组教师都已经历过职初适应或休克期，"60 后"教师的教师认同水平容易在这个时期出现向下转折的变化，而"70 后"教师则更容易出现向上转折的变化。原因可能在于在工作 5—10 年的社会时间里，两个出生组教师所处的社会背景不同。对"60 后"教师来说，此时多处于 20 世纪 80 年代末期或者 20 世纪 90 年代初期，很多地方都有拖欠教师工资的问题，教师的社会地位已明显不及他们刚参加工作时高，加上"60 后"教师多在此时面临着上有老、下有老的家庭情况，家中开销的增加加大了他们对教师工资足月按时发放的依赖性。而"70 后"教师工作 5—10 年，一般正处在 20 世纪 90 年代末期或者已经进入 21 世纪，此时市场经济体制改革进一步深化，经济文化日益繁荣，人民的物质与精神需求也日益丰富，但社会发展同时伴随的阶层分化也日趋明显，对资源占有的竞争加剧也带来了不同阶层个体生存压力的日益增加。而此时教师职业的待遇已较以前有了明显的改善，教师职业的稳定性、低风险性、适合女性兼顾家庭等优点使得大部分"70 后"教师更容易获得满足感和成就感。因此，尽管在工作初期时，"60 后"

---

① Simon Rolls, Helle Plasborg, "Teachers' Career Trajectories: An Examination of Research", in Martin Bayer, Ulf Brinkkjer, Helle Plauborg, Simon Rolls, *Teachers' Career Trajectories and Work Lives*, Springer Science + Business Media B. V. 2009, pp. 9 - 28.

② Michael Huberman, *The Lives of Teachers*, New York: Teachers College Press Columbia University, 1993.

第四章 教师认同发展轨迹的类型

教师的教师认同水平明显高于"70 后"教师的教师认同水平,但到工作 10 年及以后的时间里,"60 后"教师的教师认同发展轨迹更容易出现向下转折变化的走势,他们在教师职业生涯的退出现象要明显早于"70 后"教师。

在教师的职业生涯轨迹中,当教师面对压力时可能会做出的选择是:逃避现实、降低速度、自我实现[1]。本书中两个出生组教师的教师认同发展轨迹也表现出这样的特征,不管是"60 后"教师还是"70 后"教师,当他们在面临社会变迁、教育改革、家校关系紧张等压力性事件时,也会出现相类似的应对性选择,继而对其教师认同水平产生相应的影响。"60 后"教师在面临各种压力时更容易选择逃避现实或者降低速度,"70 后"教师则会更多地做出自我实现的选择。

在教师工作 7—18 年,是教师专业发展的一个分水岭时期,教师专业发展既有可能进入实验期或积极行动期,也可能进入重新评价期或自我怀疑期[2]。戴和萨姆斯等也认为在教师入职 8—15 年时,教师开始对自己的角色以及认同进行管理,紧张与转换增加,这时是教师职业生涯发展过程中的一个分水岭[3]。本书也证实了这一点,不管是"60 后"教师还是"70 后"教师,在工作 10—15 年时,其教师认同发展轨迹也会出现明显的转折向上或转折向下变化特征。大部分"70 后"出生组教师会持续职业投入,但也有少部分开始表现出明显的教师认同水平低下、专业发展动力不足等现象;大部分"60 后"教师在工作 10—15 年时的职业投入开始减少,教师认同水平开始有明显的转折向下变化趋势。

---

[1] Geoff Troman, Peter Woods, "Careers Under Stress: Teacher Adaptations at a Time of Intensive Reform", in Martin Bayer, Ulf Brinkkjer, Helle Plauborg, Simon Rolls, *Teachers' Career Trajectories and Work Lives*, Springer Science + Business Media B. V. 2009, pp. 117 – 135.

[2] Michael Huberman, *The Lives of Teachers*, New York: Teachers College Press Columbia University, 1993.

[3] Christopher Day, Pam Sammons, Qing Gu, et al., "Committed for Life? Variations in Teachers' Work, Lives and Effectiveness", in Martin Bayer, Ulf Brinkkjer, Helle Plauborg, Simon Rolls, *Teachers' Career Trajectories and Work Lives*, Springer Science + Business Media B. V. 2009, pp. 49 – 70.

教师认同发展轨迹的代际研究

工作 16—23 年时的教师处于工作—生活紧张期,这期间教师如何在工作与生活之间协调是影响他们教师认同发展水平的关键,他们既有比较烦重的工作任务,也有比较繁琐的家庭事务,这种平衡对教师的职业生涯发展具有一种消极的影响[1]。本书中两个出生组教师的教师认同发展轨迹中也有这样的特征,但出现的时间序列与已有研究有差异。不管是"60 后"教师还是"70 后"教师,多是出现在工作 10 年以后,而不是在工作 16 年以后。"60 后"教师更多的是因为他们本身参加工作时的生理年龄较"70 后"小,容易过早进入家庭生活有关。而"70 后"教师则更多的是因为大部分是女性教师,她们本身就出于能够照顾家庭、适合女性等原因而选择教师职业,所以,一旦参加工作并结婚生子,也会较早地出现家庭与工作之间的平衡与协调问题。但对"70 后"教师来说,家庭与工作之间的平衡与协调问题往往并不对他们的教师认同水平产生消极影响,而更多的是一种积极影响。

截至研究者调研时,有部分"60 后"教师的教龄已有 30 年。在教师工作 19—30 年时,教师专业发展会进入平静期或者关系疏远期与保守期;在工作超过 30 年时,教师专业发展会进入明显的退出期,表现为不再积极投入工作、平静或者痛苦[2]。戴和萨姆斯也指出在教师工作 24—30 年时,关键问题就是如何保持发展的动力,特别是教师在面临外界的政策压力和发现与学生群体之间存在明显的代际差异时,他们的持续专业发展动力可能会受到明显影响[3]。这一点与本书的研究一致,在"60

---

[1] Christopher Day, Pam Sammons, Qing Gu, et al., "Committed for Life? Variations in Teachers' Work, Lives and Effectiveness", in Martin Bayer, Ulf Brinkkjer, Helle Plauborg, Simon Rolls, *Teachers' Career Trajectories and Work Lives*, Springer Science + Business Media B. V. 2009, pp. 49 – 70.

[2] Michael Huberman, *The Lives of Teachers*, New York: Teachers College Press Columbia University, 1993.

[3] Christopher Day, Pam Sammons, Qing Gu, et al., "Committed for Life? Variations in Teachers' Work, Lives and Effectiveness", in Martin Bayer, Ulf Brinkkjer, Helle Plauborg, Simon Rolls, *Teachers' Career Trajectories and Work Lives*, Springer Science + Business Media B. V. 2009, pp. 49 – 70.

第四章　教师认同发展轨迹的类型

后"教师工作 30 年时,他们会表现出明显的退出现象,他们的教师认同水平通常维持在一般或以下的状态,当然也不再积极地投入工作。面临各种教师教育政策或教育改革等外界压力时,"60 后"教师表现出明显的抵触情绪或不适应感,但此时学生的成就也可能成为他们的教师认同依然维持在高水平状态的重要原因,比如 B2F 教师。

第五章

教师认同发展轨迹的转折点

29名教师的教师认同发展轨迹图显示教师认同在不同教师个体的社会时间序列里呈现出不一样的水平,教师的生命事件是教师认同水平发生变化的外源性刺激因素。教师认同水平的变化样态、教师个体的生命时间和社会时间①、教师个体的生命事件等之间到底有什么样的关系呢?教师认同水平变化在一条纵向轨迹上表现为一个一个的转折点。在生命历程理论中,转折点指一个人生命历程中的某个剧烈或重要的转折、事件或时间,而这种显著的经历引发了这个人成长轨迹中影响后果深远的新变动或重新定向。尽管对转折点的定义是基于客观标准,但对它的测量还是主要以一个人对生命轨迹和转变的主观判断为主。不同的人常常对生命事件具有不同的自我判断标准,从而对其生命历程中的转折点产生差异性的认知。生命历程理论研究者则侧重于从年龄时段或社会结构分析判断个体生命历程发展轨迹受到生命事件的影响程度②。因此,对教师认同发展轨迹中的转折点分析也主要基于教师自己的主观判断,并结合教师在转折点处生命事

---

① 生命时间是指实际年龄,代表个体在自身发展中所处的位置,即生命周期的阶段。这个维度符合人们日常概念中的年龄。但如果仅仅按生命时间划分群组,就很难用社会或历史因素解释群组之间的差异,也无法发现生命与时代变化的联系。参见包蕾萍《生命历程理论的时间观探析》,《社会学研究》2005年第4期。社会时间,指个体扮演特定社会角色的恰当时间。以"家庭时间"为例,社会时间通常是指个体离家、结婚和生育的恰当年龄。社会时间的概念充分反映了社会文化因素对个体发展的实时影响,与生命周期和生命阶段的概念有密切联系。参见包蕾萍《生命历程理论的时间观探析》,《社会学研究》2005年第4期。

② 李钧鹏:《生命历程研究中的若干问题》,《济南大学学报》(社会科学版)2011年第3期。

第五章 教师认同发展轨迹的转折点

件发生时的年龄时段或社会结构综合进行。时间观是生命历程理论的重点考察对象,在考虑教师的生命时间变量和社会时间变量外,还须结合教师生命历程中的历史时间[①]变量进行分析。历史时间变量关注历史事件对个人发展的影响,比如改革开放、市场经济改革等都是在一定历史时间背景下发生的历史事件,这些事件是否对教师认同发展轨迹产生影响,也将是本章的重点分析维度。

第一节 "60后"出生组教师认同发展轨迹中的转折点

一 转折点1:学徒观察期

表5—1 "60后"出生组教师认同发展轨迹中的转折点1

向上转折	向下转折	社会时间	历史时间	生命时间	生命事件
	E2F	高中	1985—1987年	16—18岁	政府拖欠工资
	C7M	高中	1976—1979年	17—18岁	学毛选
C7M		专科	1980—1982年	18—21岁	被动接受
	A4M	师专	1981—1983年	17—19岁	保底选择
B2F		高中	1979—1981年	16—17岁	学徒观察期教师
	B3F	高中	1981—1983年	18—19岁	教师收入低
B3F		本科	1983—1986年	19—22岁	铁饭碗
C3M		本科	1984—1987年	20—23岁	铁饭碗

从表5—1中可以看出,在学徒观察期时,有6名教师的教师认同水平发生过转折,其中C7M教师和C3M教师出现了两次明显的转折。这6名教师转折点发生的社会时间主要集中在高中以后的生命历程中。出生在20

---

① 历史时间指出生年份,代表个体在历史发展中所处的位置。这一时间概念强调的是把个人置于一定的历史情境中,由此出发去关注历史事件和环境对人的影响。参见包蕾萍《生命历程理论的时间观探析》,《社会学研究》2005年第4期。

世纪 60 年代初期或者中期的教师在初中毕业后就要下乡去支农，高中学习时间也被压缩至 2 年，此时历史时间正处于 20 世纪 70 年代中末期到 80 年代中末期。引起 8 名教师学徒观察期教师认同水平发生转折的生命事件主要集中于教师待遇方面（E2F、B3F、C3M）、学徒观察期教师影响方面（B2F、C7M），以及个人的选择动机方面（C7M、A4M）。教师待遇低时教师认同水平会出现明显的向下转折变化；教师职业选择动机（被动选择或保底选择）既可能使教师的教师认同水平向上转折，也可能使教师的教师认同水平向下转折；教师职业的稳定性（铁饭碗）容易使教师认同水平出现向上转折的变化。比如在 E2F 教师和 B3F 教师的高中阶段，历史时间正处于 20 世纪 80 年代初期和中期，B3F 教师之所以这时认为教师收入低下是因为"1983 年时，已经开始改革开放了，大家也开始关注各行各业的收入"。（B3F，p.32）从 20 世纪 80 年代中期开始，全国各地陆续有拖欠教师工资的现象发生，这是影响 E2F 教师高中阶段教师认同水平向下转折变化的主要原因。可见，教师收入问题可能成为影响教师认同水平变化的直接因素之一。在 C7M 教师的成长经历中，初中和小学阶段根本没有学到什么东西。"小学时是红卫兵，根本没有读什么书……初中时正常上课，但不上文化课，只学《毛泽东选集》。（C7M，p.60）"对于像 C7M 教师这样的"60 后"教师来说，"文化大革命"期间的非正常受教育经历对他们学徒观察期的教师认同水平有着深刻的影响。

二　转折点 2：入职第 1 年

有 8 名"60 后"教师的教师认同水平在入职第 1 年时出现了明显的转折变化，其中各有 4 名教师呈向上转折变化和向下转折变化。该转折变化发生的历史时间正处于 20 世纪 80 年代初期到 80 年代中期，即正处于改革开放初期，此时"60 后"教师的生理年龄主要分布在 15—23 岁，处于青少年时期。引起这些转折的生命事件既包括教师个人的情感（入职初期的激情、个人恋情）事件、也涉及学校人文环境事件（领导是否重视、学生是否好管理等），还包括宏观层面的教师地位、师范生毕业

第五章 教师认同发展轨迹的转折点

分配制度等。

表5—2　"60后"出生组教师认同发展轨迹中的转折点2

向上转折	向下转折	历史时间	生命时间	典型生命事件
E2F		1990年	21岁	入职初期激情
C8M		1981年	20岁	教师地位高
D1M		1980—1983年	15—18岁	受领导重视
E5M		1981年	20岁	在学生面前有权威
	C7M	1982年	21岁	女朋友分到外地
	E1M	1981年	20岁	分配不公平、学生不好管理
	B8F	1987年	23岁	学校环境不好、学生不好管理
	D3M	1985年	19岁	想从政

"刚上班想好好地干一番事业的那种激情，感觉还是非常好的。"（E2F，p.117）"刚参加工作时，一个星期上20多节课，其他教师不想上的课我都去拿来上。另外，当时人年轻能管得住学生也感到比较有成就感。"（E5M，p.137）"刚参加工作时，想先干着，有机会从政的话就从政。"（D3M，p.100）

教师的自我叙述显示，引起他们入职第1年教师认同水平发生转折变化的个人生命事件除了受入职初期的工作激情影响外，还与他们在课堂上能收获在学生面前比较有权威的成就感有关。D3M教师则是因为教师职业阻断了他从政的想法，而他之所以想从政是因为其家庭成分特殊。因为出生于地主家庭，在"文化大革命"期间他爷爷与父亲都受到过各种批斗，自己在学校里也受过其他同学的冷嘲热讽，"人格上非常压抑"，而从政一方面能光耀门庭，另一方面收入也会高于教师职业。

"1961—1963年的3年自然灾害，我身体严重营养不良。高中毕业时，我对教师职业都没有什么具体的想法，但因身体原因不能去当工人（那时候工人的地位比较高）只能读师范……毕业后，我家本来在县城，但被分配到乡下。"（E1M，pp.108-109）可见，E1M教师这个转折点发生的原因主要在于当时的毕业生分配制度以及教师职业并非是他的主动选择等有关。

引起"60后"教师在入职第1年时出现教师认同水平转折变化的原因集中在工作初期时的激情、职业选择动机、当时的分配政策、学生是否好管理、领导是否重视，以及教师的待遇等方面。而教师职业是否是教师的理想职业、对分配以及教师待遇等是否满意等又与教师个人的主观看法有关。自然灾害对身体的不良影响，以及"文化大革命"期间是否因为家庭成分原因受过不良待遇等则是教师自己不可抗拒的社会力量。

三 转折点3：入职2—5年

在"60后"教师入职2—5年的社会时间里，只有2名教师的教师认同水平出现明显的向上转折变化，此时他们的生命时间是22—30岁，而社会历史时间是20世纪80年代中期到90年代初期（见表5—3）。引起他们的教师认同发展轨迹转折点发生的生命事件包括是否受到领导重视、学生成绩是否好、教师待遇是否高等方面。C7M教师在入职第1年毕业分配时与女朋友分隔两地，在入职2—5年时，两人一起调到另一个学校："1985年，有个建筑公司的子弟校招教师，我们就一起过去了。当时年轻，为了调动'三不要'。……当时工资好像是70—80块每个月，比一般的中学教师至少多20块钱。……学校还专门给我们分了房子，第一个教师节时，领导还要来看望教师。"（C7M教师，pp.53-65）"

C7M教师未与女朋友分配到同一个地方是他在入职第1年时教师认同水平低的主要原因，但在入职2—5年时其教师认同水平又出现了向上转折变化，与他们选择勇敢辞职并重新就业的生命事件密切相关。20世纪80年代，个人的户口、编制、档案等是非常重要的身份证明，但是他们也有勇气"三不要"（由于当时的毕业生必须服从分配，教师要想实现流动，很多时候只能选择不要户口、档案、编制等，称为"三不要"）。也正是因为这次重新就业的生命事件，他的教师认同水平出现明显的向上转折变化。

表 5—3　　　　"60 后"出生组教师认同发展轨迹中的转折点 3

向上转折	向下转折	历史时间	生命时间	典型生命事件
C3M		1989—1994 年	25—30 岁	领导重视、学生成绩好
C7M		1983—1988 年	22—27 岁	学校调动、子弟校待遇好、教师节领导看望

四　转折点 4：入职 6—10 年

在"60 后"教师入职 6—10 年的社会时间里，有 5 名教师的教师认同发展轨迹出现了明显的转折变化，而此时他们的生命时间是 25—35 岁，历史时间是 20 世纪 80 年代中期至 90 年代末期（见表 5—4）。引起 5 名教师的教师认同水平发生转折变化的生命事件可以初步归类为以下几方面。

一是个人方面的生命事件：生子、调校、家庭与工作之间的矛盾、假钞事件、教师的身体状况等；二是学校方面的生命事件：领导不支持、学科优势、兼任行政职务等；三是宏观层面的生命事件：《义务教育法》的实施、学生素质变化、拖欠教师工资、教师大规模下海等。

25—35 岁正是一个人成家立业的重要时期，在这个生命时间里，生子、家庭与工作之间的矛盾等都会影响教师的教师认同水平。

进一步从教师的叙述来看，《义务教育法》的实施之所以会引起教师的教师认同水平变化，主要是因为大部分"60 后"教师秉持着教师在学生面前具有绝对权威性的师生观，认为《义务教育法》只是保护了学生的利益忽视了教师的权益，并导致了师生关系以及家校关系紧张的不良后果。"20 世纪 80 年代末期，《义务教育法》开始实施。《义务教育法》一实施，学生越来越难管，家长也不好沟通。"（D1M 教师，p.92）D1M 教师认为《义务教育法》的实施带来了学生学习态度等方面的变化，使学生越来越难管，其教师认同水平此时出现向下转折的变化可归因为：学生是否好管理。

"我在工作6—7年时就不想当老师了,因为'费力不讨好',特别是在我们这个地方,家长素质不好,什么事都找学校,甚至还要告到教育局。比如,有一次开学时,一个家长交的学费中有100块钱的假钞,我打电话跟他说,让他换一下,家长的态度非常不好,还说要去教育局投诉我们。"(E4F,p.127)假钞事件让E4F教师开始意识到教师职业的社会地位其实是非常低下的。随着家长和学生自我保护意识越来越强,E4F教师的这种感觉越来越明显。而这次假钞事件其实也反映出20世纪90年代中期市场经济改革背景下经济利益至上的社会价值观深刻地影响着当时家长与学校之间的信任关系以及教师的社会地位。

表5—4　　"60后"出生组教师认同发展轨迹中的转折点4

向上转折	向下转折	历史时间	生命时间	典型生命事件
E1M		1986—1991年	25—30岁	学科优势、教研室主任
	E2F	1995—2000年	26—31岁	企业破产、工资被拖欠、学生素质不好
	E4F	1994—1999年	26—31岁	假钞事件
	B3F	1993—1998年	28—33岁	生子、同学下海、调校
	D1M	1985—1990年	30—35岁	领导不支持、家校矛盾、《义务教育法》实施

五　转折点5:入职11—15年

在"60后"教师入职11—15年里,有9名教师的教师认同发展轨迹出现了明显的转折变化,此时他们的生命时间是30—35岁,也有老师是30—40岁,社会历史时间多处于20世纪90年代末期到21世纪初期(见表5—5)。引起9名教师的教师认同水平发生变化的生命事件可归类为以下几方面。

第五章 教师认同发展轨迹的转折点

表5—5　"60后"出生组教师认同发展轨迹中的转折点5

向上转折	向下转折	历史时间	生命时间	典型生命事件
E3M		2000—2005年	31—36岁	成为中层干部、送礼
B3F		1998—2003年	33—38岁	师生关系好、获得荣誉
D1M		1990—1995年	35—40岁	调校、领导信任、"两基"工作
E2F		2000—2005年	31—36岁	生子
	D3M	1995—2000年	29—34岁	被动接受教师职业
	C8M	1991—1996年	30—35岁	职称评审不顺利
	C3M	1998—2003年	34—39岁	吃酒风气重、领导不重视
	E5M	1991—1996年	30—35岁	家庭开销大、党务会事件
	E1M	1991—1996年	30—35岁	没有外出学习机会

生子、调校、被动接受、送礼事件、家庭开销等可归为个人方面的生命事件。没有外出学习机会、当选为中层干部、师生关系好、获得荣誉、领导信任、职称评审、同事工作态度、领导不重视、党务会事件等可归为学校方面的生命事件。义务教育"两基"验收、吃酒风气等可归为教育政策与社会风俗方面的生命事件。

30—40岁正是一个人的而立之年，因此家庭方面的生命事件比如生子、家庭经济情况等依然会影响教师的教师认同水平。"2002年生孩子时，因企业破产，学校已是摇摇欲坠，开始通过额外收费招收学校周围的农村籍学生，这些孩子的素质和成长环境比较差……我开始发现教师工作也不轻松，但因为生孩子还是继续留在学校里维持，一直到学校最后被当地教育局拆分。"（E2F，p.112）

D1M教师想要调动的根本原因是与以前学校领导之间的关系不好，调到新的学校后，领导非常信任他，并且让他专门负责学校的"两基"验收工作，是学校的"两基"验收专员。尽管工作量增加不少，但D1M教师认为工作量的增加恰是领导重视自己的体现，因此这期间他的教师认同水平反而出现明显的向上转折变化,可见,教师与领导之间的关系会影响教师的教师认同水平。

D3M 教师因为"家庭成分"的原因结婚较晚。"既然走不出去,该干的还是得干……20 世纪 90 年代中期,我也曾经想过'下海',但成家后老人担心时局变化,加上也没有经济实力投资。"(D3M,pp. 101 - 102)对 D3M 教师来说,"文化大革命"依然还在影响他及家人的命运,比如老人"还是担心时局的变化"、晚婚、从政无门等。所以,"文化大革命"这个重大历史事件是影响 D3M 教师的教师认同水平变化的根源。

而 E3M 教师的送礼事件、C3M 教师眼中当地严重的吃酒风气、E5M 教师认为收入低等生命事件实质都与教师职业待遇密切相关。此时,E3M 教师已是学校中层干部、B3F 教师已获得诸多荣誉(比如优秀班主任)、C3M 教师认为领导对其不重视及同事工作态度不积极、E5M 教师的党务会事件以及 E1M 教师没有外出学习机会等生命事件,其实质都是教师在学校环境中与同事或者领导之间的关系问题。"我本来是有机会进学校的工会组委的,但在一次学校的党务会上讨论哪些教师可入党,需要下面的教师提意见,结果我就老实地提了意见。领导却说我只是列席会议,没有提意见的权力,这样就把我们的领导给得罪了。"(E5M 教师,p. 142)"当时有个副校长上的是一个重点班,后来他调到县教育局当副局长,校长让我去上这个副校长带的班,我当时就不同意,虽应支持校长的工作,但我当时自己还带了班级,另外这个副校长的班级带得并不怎么样,所以我就拒绝了。我觉得校长任意调整我的工作,这本身是对我的一种不尊重。"(C3M,p. 47)

六 转折点 6:入职 16—20 年

在"60 后"教师入职 16—20 年里,有 7 名教师的教师认同发展轨迹出现了明显的转折变化,此时他们的生命时间是 33—41 岁,历史时间处于 20 世纪 90 年代中末期到 21 世纪初期(见表 5—6)。引起这 7 名教师的教师认同水平变化的生命事件可归类为以下几方面。

第五章 教师认同发展轨迹的转折点

表 5—6　"60 后"出生组教师认同发展轨迹中的转折点 6

向上转折	向下转折	历史时间	生命时间	典型生命事件
D3M		2000—2005 年	35—40 岁	成为中层干部、吃酒风气、人际关系、家庭与工作之间的协调
E5M		1996—2001 年	35—40 岁	调动无门、评职称顺利
	A4M	1998—2003 年	34—39 岁	以酒抵薪、调校
	B2F	1998—2003 年	34—39 岁	家庭与工作之间的协调
	B8F	2002—2007 年	38—43 岁	生病、行政工作
	D1M	1998—2003 年	33—38 岁	上课不适应、学生难管
	C7M	1997—2002 年	36—41 岁	师生关系变化、调校

学校调动、家庭与工作之间的协调、生病等可归为个人方面的生命事件。成为中层干部、人际关系、职称评审、上课不适应、学生难管、师生关系变化等可归为学校方面的生命事件。《义务教育法》的实施、吃酒风气等可归为教育与社会方面的生命事件。

E5M 教师、C7M 教师、A4M 教师在这期间的教师认同水平都受到学校调动的影响，但从 3 位教师的各自叙述来看，调动这个生命事件对他们教师认同水平的影响具有个体差异性。

"我们当时的工资每个月只是拖 10 多天发，一般是学校自己先垫。但还是觉得教师工资太低了，去找过亲戚想调税务局去，对方说教师工资是要低点，但能按时发，税务有任务要完成可能不适合我。并且我那时评职称也顺利。"（E5M，p. 141）"之所以要调到 C 中，主要还是想孩子的成长环境稍微好一些。调动很麻烦，教育局不放人，后来到处找关系打点才调过来。但调到 C 中后，因为各种教育改革，我总觉得工作事务特别多，工作中的各种条条框框限制也特别多。在以前那个学校是下了课就回家，晚上 7 点到 9 点半带学生晚自习，虽然只有 8 块钱到 10 块钱，但觉得很舒服。"（C7M，pp. 62 - 63）"在我工作 10 多年时调到 A

校是为了给家人和孩子创造更好的生活环境，正好 A 校在招人，就过来了。……对教师群体流失影响比较大的是政府拖欠教师工资，当时我们县产酒，政府没有办法，给教师发酒来替代工资。……感觉最好的时候应是 20 世纪 90 年代初期，当时工作刚 10 年，精力非常充沛，上班也非常开心。"（A4M，pp. 3 - 5）

从 3 名教师生命历程中"学校调动"的生命事件来看，他们要调动的根本原因是教师的待遇低下问题，而调动未成的 E5M 教师之所以教师认同水平依然是向上转折变化的，还在于教师收入基本能按时发放以及职称评审的顺利。因为调校，A4M 教师和 C7M 教师都感觉到自己在新的学校不及以前学校过得舒心，进而影响了他们的教师认同水平。C7M 教师认为国家的各种教育改革使教师的工作日益复杂是影响其教师认同水平变化的重要原因。

"随着课程改革的逐渐深入，英语学科教学方式的改变也非常大。特别是 20 世纪 90 年代，教材变动很频繁。到 2000 年，感觉教材已变得和我学英语时完全不一样，基本不知道怎么教学了。"（D1M，p. 92）"现在是一个多元化社会，学生不好教。而且教师这一行不管怎么样都是教书育人，现在的学生都是独生子女，不能轻易地处罚学生，家长一投诉教师就会被处理。"（C7M，p. 56）

可见，D1M 教师上课不适应的根本原因在于教育变革，比如课程改革。而 C7M 认为学生难管的根本原因是社会价值观多元化引起的师生关系紧张，或者说是社会背景变迁带来的家校关系紧张。

七 转折点 7：入职 21—25 年

在"60 后"教师入职 21—25 年里，有 4 名教师的教师认同发展轨迹出现了明显的转折变化，此时他们的生命时间多已在 40 岁以上，而历史时间已进入 21 世纪初期（见表 5—7）。引起这 4 名教师在这个社会时间和生命时间里教师认同水平发生变化的生命事件可归类为以下几方面。

第五章　教师认同发展轨迹的转折点

表5—7　"60后"出生组教师认同发展轨迹中的转折点7

向上转折	向下转折	历史时间	生命时间	典型生命事件
B2F		2004—2009年	40—45岁	离异、获得荣誉、成为学校中层
B8F		2007—2012年	43—48岁	参与行政工作
	B3F	2008—2013年	38—43岁	绩效工资改革、经济压力大、约束多
	E5M	2001—2006年	40—45岁	成就感低、上课不适应、各种检查

离异、成就感低等属于个人方面的生命事件。具体地说离异是教师的家庭婚姻状况，而E5M教师的成就感低主要与学生素质或学生学习积极性变化有关。获得荣誉、成为中层干部、应付各种检查等则是教师在学校方面的生命事件。绩效工资改革、经济压力大、约束多、各种检查、上课不适应等可归为宏观方面的生命事件，主要涉及教师的待遇变化问题、各种教育政策的落实以及课程改革等。

总体来说，引起"60后"教师的教师认同发展轨迹中转折点发生的生命事件伴随在他们的职业生涯轨迹中，这些生命事件最终又与教师的家庭婚姻状况、身体状况、学生情况（成绩、素质）、人际关系情况（领导是否重视、是否担任行政工作）、教师待遇以及教育改革（课程改革）、社会结构变迁等息息相关。

第二节　"70后"出生组教师认同发展轨迹中的转折点

一　转折点1：学徒观察期

表5—8　"70后"出生组教师认同发展轨迹中的转折点1

向上转折	向下转折	社会时间	历史时间	生命时间	典型生命事件
C6F		初中	1989—1991年	14—16岁	父母职业
	D2F	初中	1990—1992年	13—15岁	爷爷职业
D2F		专科	1995—1997年	19—21岁	性格适合

续表

向上转折	向下转折	社会时间	历史时间	生命时间	典型生命事件
	B5F	初中	1984—1986 年	13—15 岁	教师队伍素质差
	B6F	初中	1988—1990 年	13—15 岁	教师队伍素质差
	C2F	初中	1987—1989 年	13—15 岁	教师待遇不好、成绩不好
E7M		专科	1995—1997 年	21—23 岁	被动选择
	E6F	初中	1987—1989 年	14—16 岁	教师队伍素质差
E6F		高中	1990—1993 年	17—19 岁	成绩一般

表5—8显示，学徒观察期时，有7名教师的教师认同水平发生了转折变化，转折点发生的历史时间多集中在20世纪80年代末期到90年代初期，社会时间多是"70后"教师的初中阶段和专科阶段。从引起教师认同水平发生转折的生命事件来看，主要集中于教师素质方面（B5F、B6F、C2F、E6F）、教师待遇方面（C2F）、个人及其家庭方面（D2F、E7M、C6F）。C6F教师和D2F教师学徒观察期时的教师认同水平明显地受到父母代际观念的影响。C6F教师的父母都是教师，所以在初中阶段她已比较认可和接受教师职业。D2F教师的爷爷是医生，受到爷爷影响，她心目中的理想职业是医生，教师职业是在自己不能学医前提下的备用选择。到了专科阶段，D2F教师开始发现自己的性格还是适合当教师，所以这期间她的教师认同水平出现了明显的向上转折变化。B5F、B6F、E6F教师在初中阶段都认为教师群体的素质不够好，教师群体素质的低下使B5F教师和B6F教师不希望自己也从事教师职业。E6F教师在初中阶段不太认可与接受教师职业，高中阶段成绩不太好，她开始考虑认可与接受师范类专业，因为师范类院校师范专业当时的高考录取分数要比其他学校其他专业要低。可见，"70后"教师在学徒观察期时的转折点容易出现在初中阶段与师范专科阶段，特别容易出现在初中阶段。

二 转折点2：入职第1年

在"70后"教师入职第1年的社会时间里，有7名教师的教师认同

第五章 教师认同发展轨迹的转折点

发展轨迹出现了明显的转折变化,此时他们的生命时间是 22—23 岁,而社会历史时间正处于 20 世纪 90 年代中末期(见表 5—9)。

表 5—9　　"70 后"出生组教师认同发展轨迹中的转折点 2

向上转折	向下转折	历史时间	生命时间	典型生命事件
A1M		1998 年	22 岁	学校环境不好、差班事件、情感寄托
	A2F	1998 年	22 岁	学生管理困难、工作量大
	A3M	1997 年	22 岁	学校偏远、社会风气不好
	B6F	1998 年	23 岁	教学不专业
	C1F	1996 年	23 岁	性格不适合、学校环境不好
	C2F	1997 年	23 岁	学校环境不好
	C5F	1994 年	22 岁	适应困难、学生难管理、领导不重视

引起如上 7 名教师在这个社会时间和生命时间里教师认同水平发生变化的生命事件可以归类为以下几方面。

个人方面的生命事件:个人感情以及个性性格等。

学校方面的生命事件:学校环境与位置、班级层次、学生管理、工作量、教学情况、领导是否重视等。

社会方面的生命事件:社会风气。

在个人方面的生命事件中,"70 后"教师的教师认同发展轨迹在入职第 1 年时的转折点发生与否会受到个人性格的影响,但"60 后"教师并未提到这一点,说明"70 后"教师比"60 后"教师更容易从自我个性层面判断自己是否适合教师职业。A1M 教师入职第 1 年时女友的支持是引起其教师认同水平向上转折的积极因素,尽管学校的环境不好、新入职的教师又只能教平行班(差班),但因为有女朋友的支持,其教师认同水平还是比在师范大学读书期间要高,个人的感情寄托成为 A1M 教师入职第 1 年时教师认同水平发生转折的重要生命事件。

"刚来时,学校的条件非常不好,地处城郊接合部,农民工子女非常多，交通不便，学校也没给教师提供住房。当时学校对教师发展的培训、帮扶也比较差，学校还分平行班和重点班，一般新教师都是教平行班，学生的整体成绩比较差。……由于当时也谈恋爱了，为了能够和她在一起，最后还是坚持了下来。"（A1M，p.2）

学校方面的生命事件中除了学校的环境与所处的地理位置外，还涉及学生的管理、日常工作量多少以及学校领导是否重视等方面。

社会方面的生命事件中社会风气不好的根本原因在于社会结构变迁带来的家长、学校、教师、学生之间的关系变化，特别是地处城郊接合部的学校更容易受到各种不良社会风气的影响，师生关系、家校关系等更紧张。"工作第1年时，就是对学生不满意、对学校不满意、对学校的领导和管理也非常不满意……当时这个片区的环境非常糟糕，社会风气非常不好，对学生的学习态度产生了非常不好的影响。"（A1M，pp.16-17）

三　转折点3：入职2—5年

在"70后"教师入职2—5年里，有9名教师的教师认同发展轨迹出现了明显的转折变化，此时他们的生命时间是21—30岁，而社会历史时间处于20世纪90年代中末期到21世纪初期（见表5—10）。

表5—10　　"70后"出生组教师认同发展轨迹中的转折点3

向上转折	向下转折	社会时间	生命时间	典型生命事件
A2F		1999—2004年	23—28岁	工作量变少、教师待遇提高
B4F		1992—1997年	21—26岁	进修本科
C2F		1998—2003年	24—29岁	学生成绩好、同事关系好
	C4M	1998—2003年	23—28岁	特长没有得到发挥、学校调动
	C6F	1998—2003年	23—28岁	收入低、人际交往圈子狭窄
	C5F	1995—2000年	23—28岁	付出与回报不成比例、调校失败、感情受挫、转行失败

第五章 教师认同发展轨迹的转折点

续表

向上转折	向下转折	社会时间	生命时间	典型生命事件
	E7M	1998—2003 年	22—27 岁	"两基"专员工作量大、中层干部但待遇低下
	D4F	2000—2005 年	24—29 岁	学生与家长素质不好、考公务员失败、家校关系紧张
	E6F	1998—2003 年	25—30 岁	进修本科后调校受阻、性格不适合

引起 9 名教师在这个社会时间和生命时间里教师认同水平发生变化的生命事件可以归类为以下几方面。

个人方面：性格、感情受挫、工作调动等；

学校方面：工作量、学生成绩、同事关系、领导重视、负责"两基"验收工作、中层干部、家校关系等；

社会方面：教师待遇、学生与家长对待学习与教师的态度转变等。

教师个人方面的生命事件中，个人性格、感情是否顺利以及学校调动是否顺利等是"70 后"教师在入职后 2—5 年的社会时间里转折点发生的影响因素。比如 E6F 教师在这期间尽管进修了本科，且性格也适合当教师，但由于想调到更好的学校没有成功，其教师认同水平依然出现了向下的转折变化。在入职第 1 年也有教师因为性格的原因而认为自己适合当教师，且其教师认同水平出现向上转折的变化。但在入职后 2—5 年的社会时间里，即使教师认为自己的性格适合继续从教，一旦其所处的学校环境较差，"70 后"教师依然想调到其他更好的学校，这也成为影响他们教师认同水平发生变化的关键因素，可见，即使是相同的生命事件对不同的教师个体也会产生不一样的影响作用。

"工作第 1 年时，非常辛苦。如果当时有机会换到轻松一些的学校或者岗位，肯定会走的。……学校住读班没办之后，工作稍微轻松了一点。工作 3 年后就没有想过要离开教师职业。教师的工资大幅度提高后，就

一直非常喜欢教师这个职业了。"（A2F，p.8）

A2F 教师工作量的减少与学校不再办住读班（教师不用上晚自习）有关，其实质也与学校领导的管理方式（办住读班时总是让新教师管理住读班）有关。

同样是"本科进修"的生命事件，却对 B4F 教师和 E6F 教师的教师认同发展轨迹产生了不一样的影响。"刚工作时，上课有很多问题，上完一堂课之后没有达到想要的目标，问题可能出在对一篇文章的要求把握不准，过度依赖课标和教参，没有自己对这些文本的解读。……我带着这些问题去读专升本，就是想在文本、自己、学生之间找到一个很好的融合点。（B4F，pp.24-25）"由于是带着问题去学习，B4F 教师在进修本科期间主动反思了很多自己的惯有教学方式，在专业上精进不少，因此这期间，她的教师认同水平出现了明显的向上转折变化。

"专科一毕业有个同学和我关系特别好，她说名都给我报了，我们两一起去读有伴，我就去读本科了。"（E6F，p.158）E6F 教师刚参加工作时进修本科是因为同学帮她报了名，而不是自己主动想去，也就没有像 B4F 教师那样带着实践中的问题去学习。两位教师进修本科的动机存在明显差异，一个是主动性进修，一个是被动性参与，这种差异使进修本科这个生命事件对两位教师的教师认同水平也产生了不一样的影响，B4F 教师的教师认同水平发生了向上的转折变化，但对 E6F 教师的教师认同水平并没有起积极的作用，可见教师主体的发展动机对其教师认同水平的变化起着重要作用。

除教师的进修以外，学校方面的生命事件还涉及同事关系、学生成绩、领导是否重视等。比如 C4M 教师认为自己在学校尽管得到了同事的认可，但自己的写作特长并没有受到领导的重视，这是他教师认同水平向下转折变化的主要原因。

教师们认为成为中层干部也是受领导重视的表现，受传统文化中的官本位思想影响，不管是"60 后"教师还是"70 后"教师，成为学校的中层干部这一生命事件是影响他们教师认同水平变化的另一重要因素，

第五章 教师认同发展轨迹的转折点

但其影响程度又要小于教师的待遇因素。比如在 E7M 教师受到学校领导重视成为"两基"专员的同时,他也是学校里的一名中层干部,但教师待遇低下使他也想跟着同学"下海",因此其教师认同水平依然出现了明显的向下转折变化。

四 转折点4:入职6—10年

在"70后"教师入职6—10年里,有11名教师的教师认同发展轨迹出现了明显的转折变化,此时他们的生命时间是25—34岁,社会历史时间多处于20世纪90年代末期到21世纪初期(见表5—11)。

表5—11　　"70后"出生组教师认同发展轨迹中的转折点4

向上转折	向下转折	社会时间	生命时间	典型生命事件
A1M		2003—2008年	27—32岁	家长认可、生子、教育硕士、领导重视
A3M		2002—2007年	27—32岁	爱人当教师、生子、领导重视、优秀班主任
B5F		1996—2001年	25—30岁	先进称号、领导重视、成功调校
B6F		2003—2008年	28—33岁	受学生尊重
C1F		2001—2006年	28—33岁	结婚生子、学生成绩好、同事关系好、外出学习(自费)
C4M		2002—2007年	29—34岁	收入高、结婚生子、有行政职务、挂职锻炼
C5F		1999—2004年	29—34岁	结婚生子、家人支持
E7M		2002—2007年	28—33岁	学生感恩、领导重视
	B4F	1996—2001年	25—30岁	结婚生子、家庭与工作之间的矛盾
	C2F	2002—2007年	28—33岁	没有发展空间、辞职不成功事件、调校失败
	D2F	2003—2008年	26—31岁	结婚生子、家校关系紧张、报公务员受阻

教师认同发展轨迹的代际研究

引起 11 名教师在这个社会历史时间和生命时间里教师认同水平发生变化的生命事件可归类为以下几方面。

个人方面的生命事件：结婚生子、自费外出学习、爱人当教师、家庭与工作之间的矛盾等。

学校方面的生命事件：家长会的感恩事件、更换领导、获得优秀班主任、学生看望老师、同事关系、有行政职务、挂职锻炼、学生感恩、发展空间小等。

社会方面的生命事件：家长与学生素质变化、学生学习态度变化等。

与"70 后"教师前两个转折点相比，这个转折点变化的影响因素中教师待遇问题未再被教师明显地提及。大部分正处于 25—34 岁生命时间的"70 后"教师都会发生结婚生子等生命事件，其教师认同发展轨迹应是最容易受到教师经济待遇问题影响的生命事件，但却少有教师提及。这是为什么呢？

"工作 2—5 年时比较困惑，主要是工作压力非常大，后来领导比较重视也就没有离开，并开始担任行政职务，教学上也逐渐有了成就感，对教师职业的认同度就更高。工作 7—8 年时心态比较平和，爱人也比较支持我，她喜欢我当教师。买了房子，虽然还贷有压力，但干其他的职业也是如此，心理也就平衡了。"（A3M，p.19）"我从刚开始参加工作到现在都觉得教师职业收入不高，现在好像收入高些了。但就像白岩松写的'有钱了，你幸福吗？'我现在可以自己给学生补课增加收入，这就是当教师的好处。"（B5F，p.30）"目前的基本工资待遇 3000—4000 元，比高中时候好多了。（C4M，p.111）"

从 3 名教师的叙述中可以看出，"70 后"教师依然关注教师收入，但此时教师待遇问题并未对他们的教师认同水平变化产生消极影响，可能在于从 21 世纪初期开始，教师职业的经济待遇较以前已有明显提高。另一个可能的原因在于教师们可以在课余时间通过补课等方式赚取额外收入。

C1F 教师的自费外出学习事件则更多的是她主动寻求专业发展机会的体现："2005 年，我已逐渐跟不上教育改革步伐，就自费到珠海去参

第五章 教师认同发展轨迹的转折点

加全封闭培训提升英语教学能力,学了半年,回到学校也用这样的方式试了一段时间,当时学生的成绩提高很快。"(C1F,pp. 86 – 87)

A3M 教师的爱人一直很支持他的工作,且最后也努力成了一名教师,有孩子后,一家人有共同的假期陪孩子,这是影响 A3M 教师在这期间教师认同水平发生变化的家庭因素。同时,A 校的新领导非常重视年轻教师的专业发展,这也是 A3M 教师的教师认同发生向上转折变化的重要原因。"学校的领导非常好,重视教师的发展和学习,特别是同伴互助搞得比较好,大家的干劲非常足。"(A3M,p. P17)

B6F 教师做生意时学生主动跟她鞠躬问好以及学生回来看望她则主要体现了社会(具体地说是学生及家长)对教师职业的认可与尊重对教师认同发展轨迹的影响。"她们在我开的蛋糕店里选好东西,走时这个学生恭恭敬敬地给我鞠了一个躬:'X 教师,新年好!'那一刻我觉得当教师挣的钱确实不多,但在做这份职业时获得的社会认可和尊严感,还是不一样。"(B6F,p. 44)

五 转折点 5:入职 11—15 年

在"70 后"教师入职 11—15 年里,有 5 名教师的教师认同发展轨迹出现了明显的转折变化,此时他们的生命时间处于 30—39 岁,而历史社会时间处于 21 世纪初期(见表 5—12)。

表 5—12 "70 后"出生组教师认同发展轨迹的转折点 5

向上转折	向下转折	社会时间	生命时间	典型生命事件
C6F		2008—2013 年	33—38 岁	下乡培训、成为中层、社会地位高
D2F		2008—2013 年	31—36 岁	学生主动打招呼、性格容易满足
B4F		2001—2006 年	30—35 岁	离异、高级职称评审顺利
C2F		2008—2013 年	34—39 岁	发展空间大、成为中层干部、高级职称评审顺利
	C4M	2007—2012 年	34—39 岁	收入降低且行政工作杂事多

C6F 教师在下乡培训中发现自己所学专业在边远学校很受欢迎,且由于 C6F 教师是学校的中层干部,下乡培训中收获的成就感和成为学校的中层干部使她的教师认同水平在这期间出现了明显的向上转折变化。虽然 C6F 教师认为教师职业的社会地位越来越低,这在一定程度上影响了自己对教师职业的认可与接受,但影响力有限,不及她在这期间收获的成就感。

D2F 教师在入职初期教的学生已经中学甚至大学毕业,有时在街上碰着学生,学生会主动且亲切地叫一声某某教师,让她体会到了作为一名教师受到的社会尊重。"以前调皮的学生,看到你主动和你打招呼,很有礼貌,这是他们对教师的尊重。现在,教师工资有明显改善,周围的人都觉得教师职业稳定、安逸,一年休息的时间又多。所以,我很知足。"(D2F,p. 154)

B4F 教师离异的生命事件与接另一个班时被同事看低的生命事件都成为激发其在工作中干出更好成绩的动力,"休完产假回学校上班时,有个老教师就不愿意把她的班级交给我带,意思是她带的班级我根本不敢接!这件事对我刺激非常大,当时正好我已工作 10 年,我决心一定要带好这个班,后来逐渐找到了感觉,并形成了一种良性的循环。"(B4F,p. 28)加上这期间她也顺利评上高级职称,因此其教师认同水平出现明显的向上转折变化。

C2F 教师的教师认同发展轨迹在工作 5—10 年时出现明显转折变化的主要原因是她成功调入 C 校。调入 C 校后,她明显地感到自己的发展空间比以前大了很多,不但成为学校的骨干教师和中层干部,而且也顺利地在此期间评了高级职称。可见,个人的专业发展空间影响教师认同水平变化时,可能是不同学校校领导对教师的重视程度差异造成的。

C4M 教师同样也是学校的中层干部,但与其他教师不一样,他认为尽管中层干部看上去比较光鲜,但他还更喜欢只是教书的单纯。"我倾向于只教学,虽然成就感不是很大,但行政性工作既要花费时间、还需要人'圆滑',因为行政更多的是人和人之间打交道,它不像教学那样

独立和单纯。"(C4M, p. 118)

另外由于 C4M 教师以前是在高中部工作,在学校搬迁后他被调到初中部,这个生命事件不但让他感到自己的专业地位被降低了,且收入也降低了不少,这期间尽管有家人的支持,但其教师认同水平还是出现了明显的向下转折变化。

六 转折点 6:入职 16—20 年

"70 后"出生组中,在入职 16—20 年里,其教师认同发展轨迹发生转折变化的教师只有 B5F 教师(见表 5—13),且其转折方向是向上变化。

表 5—13　　"70 后"出生组教师认同发展轨迹的转折点 6

向上转折	向下转折	社会时间	生命时间	典型生命事件
B5F		2006—2011 年	35—40 岁	收获各种荣誉、学生成绩好、阳光教学

这期间 B5F 教师的生命时间是 35—40 岁,处于 2006—2011 年的历史时间里。引起 B5F 教师的教师认同发展轨迹向上转折变化的生命事件首先是她所带班级学生成绩都比较好。B 校本就是省市重点中学,在分层管理模式下,B5F 教师带的都是特优班或者重点班。除学生的成绩优异之外,B5F 教师也有自己独特的教学方式,且校领导也不反对她在学校里践行自己的教学方式。"我以前就非常在乎学生的成绩,一到中考就开始拼命投入并更加严格要求学生。现在不这样,比如我现在的数学课是周二和周四各两节,我总要拿一节课来让学生到操场上去打篮球,让学生锻炼。我是在真正执行让我的学生每天'锻炼一个小时、阳光一小时'的教学。"(B5F, p. 31)

可以看出,B5F 教师的教师认同发展轨迹中转折点的影响因素首先是她自己具有强烈的自主专业发展动力,使她能在领导的默许下践行自己的教育理想；其次，学生的优异成绩以及她因此获得的各种荣誉也是重要的激励因子。

第三节 两个出生组教师认同发展轨迹中的转折点差异比较

一 学徒观察期比较

从图 5—1 和图 5—2 中可以看出，两个出生组教师在教师认同发展轨迹汇总的转折点发生人数以及相应的时间序列具有组间差异性。

学徒观察期时，"60 后"教师的教师认同发展轨迹转折点更容易出现在高中阶段和准教师阶段（师范本科或专科阶段），而"70 后"教师的转折点更容易出现在初中阶段和准教师阶段（专科阶段）。"60 后"教师高中阶段的生命时间是 16—19 岁，社会历史时间处于 20 世纪 70 年代中末期到 80 年代初期。"文化大革命"后的高考制度恢复对"60 后"教师的教师认同发展轨迹产生了深刻影响。丹·C. 劳蒂认为学徒观察期时教师形成的职业认识多是一种感性认识，但也有可能对职前教师教育阶段的学习产生过滤与筛选的作用①。对比分析两个出生组，有以下两点值得注意：首先，"70 后"教师对教师职业感性认识出现的生命时间比"60 后"教师要早。这可能与"60 后"教师的学徒观察期处在特殊历史时期，个人对自己的生命历程发展轨迹掌控度有限相关。其次，不管是"60 后"教师还是"70 后"教师，他们的教师认同水平在职前培养阶段都出现了明显的转折变化，说明专业教育阶段对两个出生组教师的教师认同水平转折点变化均有影响，且总体来说这种影响方向是向上的。

---

① ［美］丹·C. 劳蒂：《学校教师：社会学的研究》，饶从满、于兰等译，北京师范大学出版社 2011 年版。

第五章 教师认同发展轨迹的转折点

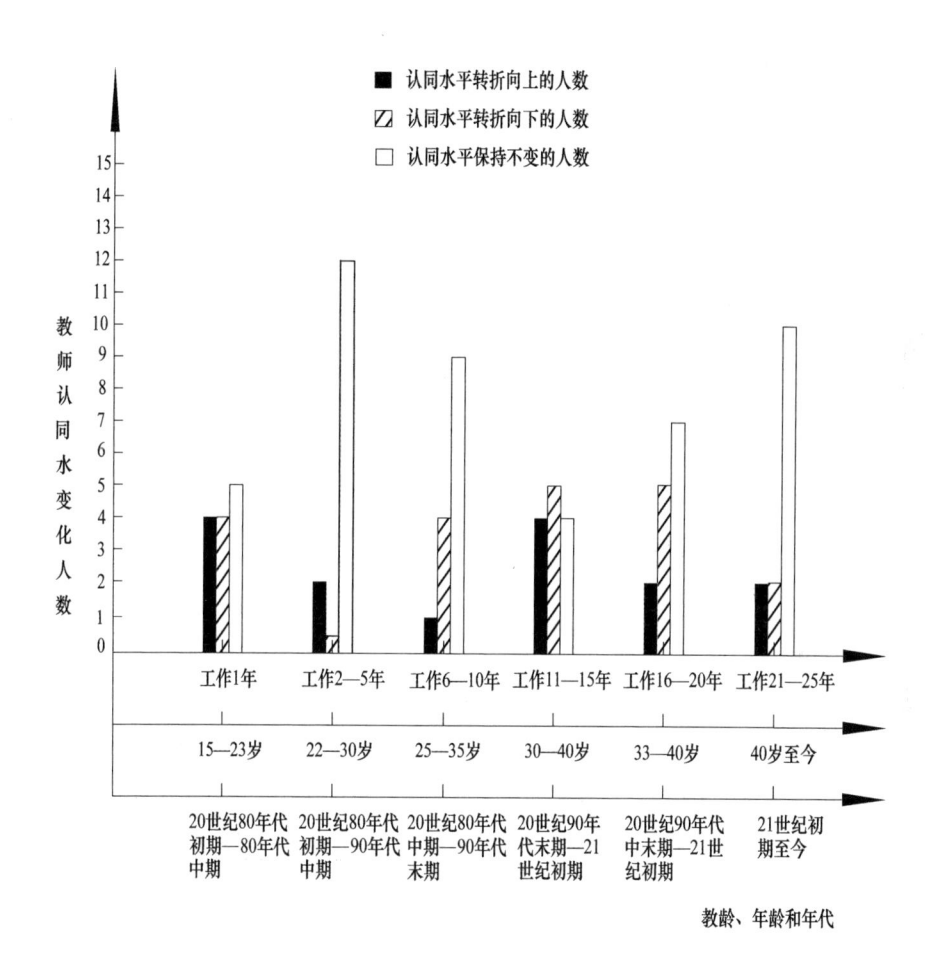

图 5—1 "60 后"出生组教师认同发展轨迹中发生转折的人数对比

二 入职后转折点发生的时间序列比较

从入职后两个出生组的教师认同发展轨迹转折点来看,"60 后"教师转折点最容易出现的社会时间依次如图 5—3 所示。在"60 后"教师入职后的 10—15 年时,社会历史时间多处于 20 世纪 90 年代初期到 21 世纪初期,且他们的生命时间在 30—40 岁时最容易发生转折。

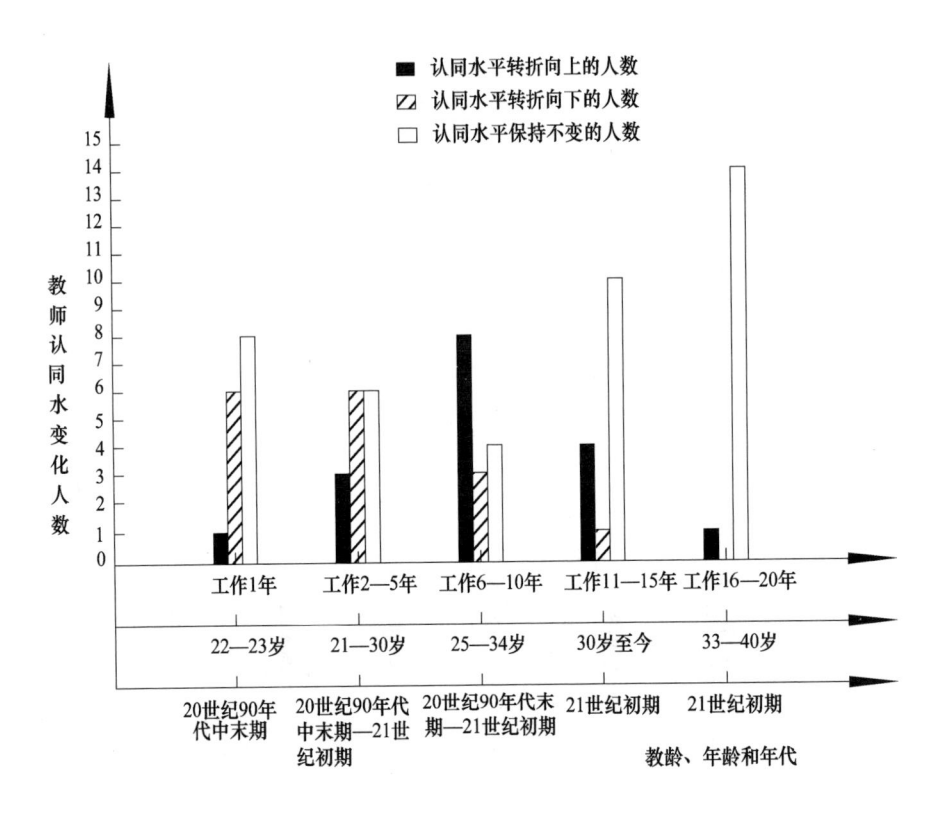

图5—2　"70后"出生组教师认同发展轨迹中发生转折的人数对比

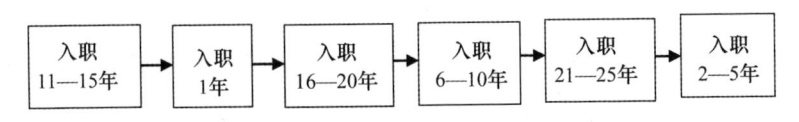

图5—3　"60后"出生组教师认同发展轨迹图转折点发生可能性排序

入职11—15年 → 入职1年 → 入职16—20年 → 入职6—10年 → 入职21—25年 → 入职2—5年

"70后"教师的教师认同发展轨迹转折点最容易出现的社会时间依次如图5—4所示。"70后"教师入职6—10年是他们教师认同发展轨迹最容易发生转折的社会时间，此时的历史时间也多处于20世纪90年代末期到21世纪初期，而他们的生命时间多在25—34岁。入职10年左右是两个出生组教师的教师认同水平最容易发生转折变化的生命时间，20

第五章 教师认同发展轨迹的转折点

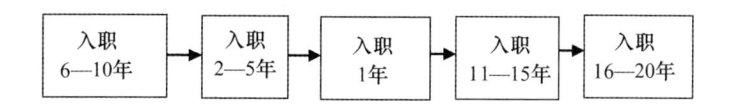

```
入职         入职        入职       入职         入职
6—10年  →  2—5年  →   1年   →  11—15年 →  16—20年
```

图5—4　"70后"出生组教师认同发展轨迹图转折点发生可能性排序

世纪90年代初期到21世纪初期则是两个出生组教师的教师认同水平最容易发生转折的社会历史时间,而这时也正是中国社会在经历近30年改革开放后的转型发展时期,说明两个出生组教师的教师认同发展轨迹均明显地受到了社会结构变迁的影响。

三　转折点时间及方向比较

从两个出生组教师的教师认同发展轨迹转折点发生的生命时间来看,两个出生组教师最容易出现教师认同水平变化的生命时间是25—40岁,这期间也是一个人建立家庭、成就事业的关键时期,在他们的自我叙述中会发现这段生命历程中的结婚生子、教师职业待遇等生命事件更容易影响他们的教师认同发展轨迹的转折点发生。"70后"教师的教师认同发展轨迹中转折点最容易发生的生命时间要早于"60后"教师,说明"70后"教师有可能比"60后"教师更早产生教师认同方面的问题,也可能是由于两个出生组教师中女性教师比例差异导致,从调研样本可以看出,"60后"教师中的男教师比例明显多于"70后"教师的男教师比例,这些都值得进一步的深入分析与讨论。

从两个出生组教师的教师认同发展轨迹转折点发生的方向来看。"60后"出生组中,入职第1年时向上转折与向下转折的人数各占一半,但在其他社会时间序列中的教师认同发展轨迹发生向下转折的人数要明显地多于向上转折的人数,特别是在工作6—10年以后,"60后"教师的教师认同发展轨迹发生向下转折的人数占到了发生转折总人数的2/3以上。"70后"出生组则正好呈现相反的变化现象,在入职第1年时绝大部分"70后"教师的教师认同发展轨迹发生向下的转折变化,但随着工作年限的延长，绝大部分"70后"教师的教师认同发展轨迹又主要呈现出向上转折变化的特点。说明"70后"教师的教师认同水平可能会随着其工作年限的延长逐步提高，而"60后"教师的教师认同水平则可能会随着其工作年限的延长明显逐步下降。

第六章

教师认同发展轨迹的家庭因素

在两个出生组教师的教师认同发展轨迹转折点变化时总会伴随特定的生命事件，那么这些生命事件是如何影响不同出生组教师的教师认同发展轨迹的呢？教师认同体现的是教师对教师职业的认可与接受情况，属于个人主观认知范畴，但个体的各种观念或看法又是在不断的社会化过程中形成的，并随着个体的生命历程延展发生相应的变化。家庭教育和学校教育是个体社会化的主要途径，家庭作为社会的基本组织和细胞以及个体联系社会的纽带，也使家庭教育成为个体社会化的最初阶段。每个个体的家庭生活都会伴随在他们完整的生命历程中，这一点使个人的价值观首先会受到家庭的影响，对本书中两个出生组教师的教师认同发展轨迹来说也是如此，可以说教师的教师认同发展是始于家庭，但并不止于家庭。中国人的家庭概念非常有自己的文化特色，从历史中走来的中国人非常重视家庭，梁漱溟认为中国文化中"轻个人而重家族"[1]的特点非常明显，"从读书人授徒应试，到小农小工小商所营企业，全是一人一家之事"[2]。中国人由于从小受到这种家庭文化的影响，在他们的生命历程中，也总会表现出一切为了家庭的人生价值观，如果个人为家庭做的贡献大，那么他就有可能拥有成功的人生，"中国式人生，最大特点莫过于他总是向里（家庭与自己在职业上的成功与否，也源于

---

[1] 梁漱溟：《中国文化要义》，上海人民出版社2011年版，绪论。
[2] 梁漱溟：《中国文化要义》，上海人民出版社2011年版，第224页。

此)用力"①。基于此，本书首先分析家庭因素是如何对"60后"教师和"70后"教师的教师认同发展轨迹产生影响的。

教师生命历程中主要会经历两个时期的家庭生活，即入职之前和入职之后的家庭生活。入职之前的家庭生活一般被称为原生态家庭生活，主要指在教师的青少年阶段，即教师的学徒观察期，这个时期的教师还没有成为独立的社会人，其生存发展所需的各种资源均源于父母，因此这时父母的政治经济地位有可能会成为影响其教师认同发展轨迹变化的重要因素。而教师入职后的家庭生活主要是指教师在能够自给自足前提下建构的家庭生活，即教师已成为一个合格的社会人之后的家庭生活。因此教师认同发展轨迹的家庭影响因素有两个时期需要考虑，一是教师青少年时期的家庭情况，这时对教师认同水平最大的影响来自其父母的经济与政治地位；二是教师入职并成家后的家庭情况，这时对教师认同水平产生影响的主要是教师家庭中的夫妻关系、家庭收入、孩子成长等。由于"60后"教师的青少年时期主要经历了"三年自然灾害"和"文化大革命"等社会历史事件，因此主要分析他们的原生态家庭成分对他们教师认同发展轨迹的影响。"70后"教师的青少年阶段主要经历了中国的改革开放、市场经济改革等社会历史事件，因此主要从他们的家庭经济地位，即家庭收入方面来作进一步分析。成年时期主要考察两个出生组教师自己的小家庭对教师认同发展轨迹的影响。

第一节 学徒观察期时的家庭背景

一 "60后"教师的家庭阶级成分差异

14名"60后"教师中，有5名出生在20世纪60年代初期，他们的整个中小学阶段基本都在"文化大革命"中度过；有6名出生在20世纪60年代中期，这部分教师有可能只有小学是在"文化大革命"中度过；

---

① 梁漱溟：《中国文化要义》，上海人民出版社2011年版，第226页。

第六章　教师认同发展轨迹的家庭因素

有 3 名出生在 20 世纪 60 年代末期,在他们中小学阶段"文化大革命"已结束。家庭是儿童成长中的第一个社会化场所,父母是主要的教育者和儿童社会活动的主要组织者。家庭能给学徒观察期的"60 后"教师提供必要的情感支持,不同的家庭则会给"60 后"教师提供不同的教育品质与环境。

在那个时代,一个人在社会结构中的位置并不由其职业收入、学历高低等经济资本或文化资本决定,社会并不会依据父母的职业来决定一个家庭的经济与社会地位,而是从历史清算的角度来判断一个家庭的社会地位与政治地位。对那些又红又专的家庭来说,他们的子女可以按照正常的途径求学、升学、考试。即使是贫农家庭的孩子,也有畅通的阶层流动渠道,即只要他们努力,就能顺利的实现阶层上移。是否受过教育的文化资本未成为个体社会位置结构的正向影响因素,甚至可能会成为负面影响因素。此时社会阶层结构体系的顶层是那些又红又专的家庭。尽管"文化大革命"是全社会事件,每一个孩子都会受到一些相似的负面影响,但对处于社会阶层结构体系顶层的家庭来说,他们具备的政治地位和社会地位能使他们的孩子在一定程度上减少甚至避免这种负面的影响,甚至有可能会带来有利的影响。在"60 后"教师中,有以下几种家庭成分。

(一)干部家庭

"干部"这个词在"文化大革命"时期以及改革开放后的很长一段时间里,是一个被泛化使用的词汇,当时的政府管理人员、专业人员、工人等都被称为干部,但是此处的干部主要指在政府部门工作的人员,因为他们的政治地位明显高于其他的专业人员和工人阶层。在"60 后"教师中,B8F 教师、C7M 教师和 C8M 教师的家庭属于当时的干部家庭,他们的父母双方或者至少一方是当时的"南下西进"干部。由于历史原因,贵州的"南下西进"干部是贵州当时的政权建立者和保卫者[①]。

---

① 陈林:《贵州不能忘记他们》,《贵阳文史》2011 年第 1 期。

"我父母是'南下西进'干部,中小学时搞红卫兵,由于我的家庭成分好,还被选为当时的红卫兵连长。……打倒'四人帮'之后,我回城读高中,当时的高中是上 2 年,第 1 年没有考上,补习 1 年就考上了。"(C7M,p.60)

B8F 教师出生在 20 世纪 60 年代末期,家在省会城市,学徒观察期时的家庭文化背景及其接受的教育品质要优于 C7M 教师和 C8M 教师,并且毕业后分配到了省市重点中学 B 中。与其他"60 后"教师不同,这三位教师目前所在的学校都是省城,尽管 C7M 教师和 C8M 教师开始并没有在省城工作,但是他们至少都在县城以上的城市学校工作,到后期都调到了省城的学校。虽然"文化大革命"期间大多数孩子都不能正常上学,但 C7M 教师和 C8M 教师的学习过程因为家庭成分好依然得以延续,并且个人发展的各种机会也未受到影响。(C8M,p.45)

(二)贫农家庭

在"60 后"出生组中,E3M 教师、E4F 教师、C3M 教师、B3F 教师、A4M 教师的家庭都是当时的贫农家庭。尽管贫农阶层当时的经济地位不高,但他们的政治地位明显要高于知识分子,更别说那些黑五类分子。E3M 教师出生于 20 世纪 60 年代末期,家庭非常贫困,他从小非常崇拜毛主席且热爱毛主席诗词,当时他看得最多的就是毛主席的语录或诗词方面的书籍。由于毛主席毕业于湖南第一师范,他也认为师范学校是非常好的学校,这是他在中学阶段对教师职业非常认可与接受的主要原因。"因为我一直比较崇拜毛泽东,他是湖南长沙第一师范毕业的。上初中时,我特意在宿舍的墙壁上写上'湖南长沙第一师范'这几个字激励自己。"(E3M,p.124)

贫农家庭成分的政治地位是怎么样的呢?1963 年 5 月 20 日,中共中央向全党发出《关于目前农村工作中若干问题的决定(草案)》中强调,在阶级斗争中不可忘记贫农和贫下中农。尽管"60 后"教师中,出生于贫农家庭成分的教师青少年时期都经历过吃不饱饭、穿不暖衣的艰苦岁月,但他们依然具有较高的政治地位。"初中时才偶尔有一件新衣

第六章 教师认同发展轨迹的家庭因素

服可穿。一直到我读高中都没有穿过一双新鞋。吃饭时,最多只能打5分钱的菜,甚至经常连5分钱都没有,没有菜吃,嘴上长年长疱。"(E1M,p.128)

但因为有较高的政治地位,当时很多贫农家庭对自己贫困的家庭现状并不是很在意,也很少产生现代社会模式下要尽最大努力改变"贫穷"现状的价值观,贫农家庭孩子的努力方向是成为"干部"。因此,贫农家庭的父母依然会送子女去上学,当然家庭的贫困使他们的子女求学和求变的心理需求也比较强烈,所以他们一旦有机会升学,也会抓住机会以实现家庭阶层位置结构的上移。

"我们唯一的希望就是好好读书,进入高中后,大家可以好好地学习跳出农门。所以我当时学习非常的刻苦,高考时顺利地考上了本科。"(B3F,p.32)

出生于贫农家庭的"60后"教师在童年时期的贫困经历是激发他们继续且努力学习的重要因素。父母所拥有各类资本的有限性让"60后"教师深刻地意识到改变命运的双手只能掌握在自己手中,在他们的自我叙述中也很难看到父母能为他们做什么的描述,因为"60后"教师父母的受教育时期正值国共两党内战,而从1958年开始的人民公社运动又使他们的青少年时期在参加集体劳动、吃大锅饭中度过,能接受正规学校教育的机会非常少,处在特殊时期的他们对子女的学习与教育既没有时间更没有能力来管。因此,尽管"60后"教师家庭当时的政治地位高于黑五类分子家庭,但他们依然在社会位置结构的最底层中挣扎。

(三)专业人员家庭

在"60后"教师中,B2F教师、E1M教师、E2F教师、D1M教师都出生于专业人员家庭,在他们的父母中,一方或者双方是事业单位的专业技术人员,且他们中的高学历知识分子比例也较高,比如中华人民共和国成立初期随当时"南下西进"干部进入事业单位各部门的大学毕业生,他们属于当时的先进知识分子,政治上虽没有什么优势地位,但主要家庭成员中没有黑五类分子,一般也不会受到明显的歧视或者打击。

因此，他们的政治地位可能与当时的贫农或者中农的家庭阶级成分相当，他们的孩子同样有正常的受教育机会和就业机会。

E2F 教师出生于教师家庭，父母都是教师，其父亲为了响应当时的政治号召，放弃留在省会学校工作的机会，在大学毕业时就报名参加了当时的支农、支边教育活动，然后被安排到了一个比较偏僻的县城中学当教师，几十年后才辗转调到了现在的 E 校，尽管如此，他还是希望自己的子女中有人是教师。受到父亲的影响，从小学开始 E2F 教师就对教师职业比较认可与接受。发展心理学视角下，婴幼儿从 2 岁左右就开始模仿父母的社会角色，受到父亲当时社会角色的影响，E2F 教师从小的父母社会角色模仿以及同辈群体交往活动均与教师职业有关，比如她在小时候经常会带着小朋友做教师与学生之间互动的游戏。尽管中学阶段 E2F 教师对教师职业的认可与接受程度有所下降，但在高中毕业时还是选择了师范专科学校。父母的教师职业社会身份对 E2F 教师选择教师职业有着非常明显的影响。

B2F 教师和 E1M 教师是出于无奈、基于被动而选择的教师职业，尽管他们的父母都是当时水电系统的专业技术人员，但他们并没有在职业选择与入学机会上占有多大的优势。E1M 教师由于出生在 20 世纪 60 年代初期，整个中小学阶段都在"文化大革命"中度过，后来不得已考了师范专科，但在分配时被分配到偏僻的 E 校。而 B2F 教师由于父亲去世较早，母亲一个人带着三个孩子，所以也只能选择师范专科学校，在毕业后被分配到一企业子弟校。

3 位出生于专业技术人员家庭的"60 后"教师在"文化大革命"期间没有受到明显影响，但也没有什么优势。比如尽管 D1M 教师的父亲当时是学校校长，但他从初中升入中专时经过了两次考试，因为第一次考试时的名额被别人顶替了；E1M 教师在专科毕业时被分配到边远乡镇中学的经历；B2F 教师在高考时由于家庭变故不得不放弃自己当记者的梦想。但随着改革开放之后对知识分子的日益重视，这几位教师在职业生涯中的发展机会与机遇上还是要多于、优于出生于贫农或者黑五类家庭

第六章 教师认同发展轨迹的家庭因素

的教师。

（四）黑五类家庭

在14名"60后"教师中，有2名教师的家庭成分是黑五类家庭，即D3M教师和E5M教师。尽管按照他们的自我评价，应该考上更好的学校，但两位教师入职时的第一学历都是中师。E5M教师由于父亲是国民党军人的身份，其家庭在"文化大革命"期间被认定为反革命分子，当时家里的哥哥姐姐都不能报考学校，而E5M教师初中毕业时正好"文化大革命"结束。"我的家庭当时受到迫害，好在初中毕业时正好恢复了中考和高考，但我根本就没有怎么学习，到高中后底子差得很，高考的分数只达到了中专的录取线（被当时县城的中师录取）。"（E5M，p.133）

D3M教师的家庭被划分为既是地主阶级成分，又是反革命阶级成分，其父亲和爷爷在"文化大革命"期间都是被重点打击的对象，"文化大革命"结束后，他的家庭才慢慢走出被批斗的阴影。尽管他在上小学时"文化大革命"就已结束，但直到1982年他参加中考时这种影响都还在："那时的理想是读大学，我跟家人也提过这样的想法，但他们认为我们这个家庭有个工作就行了。虽然我非常不想读师范，但还是违背自己的心意报了中师。"（D3M，pp.99-100）

对于像D3M教师和E5M教师这样出生于黑五类家庭的孩子来说，"文化大革命"对其生命历程中教师认同发展轨迹的影响是通过父母或祖父母辈的家庭出身或者个人经历对下一代或再下一代子女的入学、考学机会等产生的，具有明显的代际影响性特征。尽管相较他们的上一辈来说，他们没有直接受到什么具体的打击或者明显的迫害，但在他们成长中受到的歧视或者心理上的伤害"人格上的压抑（D3M）"至今依然存在。

家庭背景通常作为一种先赋因素用于在社会学中判断影响一个人发展的主要代际流动资本。布尔迪厄认为资本是一个人在社会行动中的工具，并且是一个人在社会行动中的一种排他性占有物，能够决定资本拥有者在社会行动中的力量和其在社会结构中所拥有的社会地位。在20世纪60年代出生的教师群体中,他们的家庭出身决定了他们的政治地位,也成为影响他们教师认同发展轨迹的一种政治资本。20世纪60年代到70年代,家庭成分是判断每个社会成员社会出身时的测量指标,这个标签是直接由国家规定的,不以任何个人的意志或力量为选择。个人在申请入学、招工、提干等生命历程中的角色转换时,都需按照规定汇报自己的阶级成分,即家庭出身①。这种由国家规定的家庭成分测量指标一直到1979年才正式废除,这使20世纪60年代出生的教师基本上在中小学阶段都受到这种阶级成分划分的影响,特别是对他们的入学、职业选择等生命事件产生了重要、深远的影响。

二 "70后"教师家庭出身的城乡差异

与"60后"教师相比,"70后"教师的职业社会化过程是在正常模式下发生的。20世纪80年代之后对教师职业的学历要求越来越高(有可能受到逐渐兴起的教师专业化运动影响),"70后"教师在入职时的初始学历最低都是专科以上,他们在青少年时期的家庭背景主要体现在城乡差异上。15名"70后"教师中,出生在农村家庭、父母职业完全是农民的教师都集中在D校和E校,而在A校、B校和C校的"70后"教师大部分都出生在省城,即使不出生在省城,其父母要不一方是教师,或者至少在县城有不错的工作。不是出生在省城的"70后"教师要想留在贵阳,需要比别人支付更多的文化资本。比如出生在20世纪70年代中期的A1M教师和A3M教师,尽管两位教师都是本科学历,且A1M教师毕业于一所部属重点师范大学,但也未能进入当时地处市中心的学校,而只能退而求其次选择地处城郊的A校。两位教师在工作初期都曾因为学校的环境不好而出现教师认同水平的下降变化。

---

① Hou, Zhou Liren, "Children of the Cultural Revolution: The State and the Life Course in the People's Republic of China", *American Sociological Review*, Vol. 64, No1. 2, 1999.

第六章 教师认同发展轨迹的家庭因素

"毕业时,有好几个单位我都投了简历,并且也都进入了最后的阶段……但为了留贵阳我还是选择来 A 校。……刚来时,学校的条件非常不好。学校处在贵阳的城郊,农民工子女非常多。……交通不太便利,学校也没有给教师提供住房。"(A1M,p.2)"师范大学毕业时,像我这样从偏僻农村来的学生,家里没有什么钱、也没有什么关系,就只有乖乖地回贵州。回来后,为了留在省城贵阳,也只能选择 A 校,处于城乡接合部、学校非常的破旧、运动场没有、教室是小平房、交通非常不方便"(A3M 教,pp.15 – 16)。

对于这些出生在农村,家中父母均是务农的"70 后"教师来说,即使均毕业于师范类专科学校,在 20 世纪 90 年代中期或者末期时,这样的文化资本已不具明显的优势来克服或者减轻他们的劣势性或弱势性,只得通过参加当地县教育局组织的差额淘汰招考,然后分配到比较偏僻的 D 校和 E 校。经历这个比较激烈的筛选过程入职后,这 4 位"70 后"教师刚参加工作时对教师职业还是比较认可和接受的,就像出生于贫农家庭成分的"60 后"教师一样,他们在入职初期时的教师认同水平容易比出生于其他家庭成分的教师要高。

李卫东认为学生的家庭背景是左右社会分流的重要因素,对于那些家庭背景好的学生来说,他们更可能会选择继续深造,而不用过早地进入劳动力市场。"阶层背景越好,可供教育投资的资本也就越多,抵御投资风险的能力也越高;同时,阶层背景越好,其子女也不需为分担家庭责任而过早地进入劳动力市场,他们有足够的社会经济资本来提高自己未来的竞争力,以保障其家庭地位不会因市场竞争的加剧而下降。"[①]出生在农村的"70 后"教师家庭的社会经济资本弱势性使他们不得不优先考虑通过就业满足基本的生存需求或抵御作为一个普通社会个体在未来生活中的可能风险,因此出身于农村家庭或社会经济政治地位低下家

[①] 李卫东:《本科毕业生毕业意向的影响因素分析——基于生命历程的视角》,《青年研究》2009 年第 6 期。

庭的个体更容易做出教师职业的选择。但由于他们家庭资本的有限性也难以给他们的教师职业生涯发展提供更好的机遇，因为资本不仅对个体当前的发展具有影响力，还具有对个体未来发展提供利润再生产的功能。"资本还具有一种生成性的繁殖能力，它以等量的或扩大的形式来进行自身和利润的再生产，资本具有获取各种形式利润的潜在能力，行动者在特定的场域中总是趋向于获取最大限度的利润。"① 因此出生在农村家庭的"70后"教师在入职初期时只得进入那些偏僻的农村学校工作，这是家庭影响他们职业生涯最初发展平台的典型表现。尽管这部分"70后"教师可能由于获得工作满足了其最初的生存需要而暂时比较认可与接受教师职业，但随着工作年限的延长，当他们有限的、弱势的家庭并不能为他们在教师职业生涯中获取最大限度的利润发挥多大作用时，其教师认同水平在面临漫长职业生涯中的各种冲击时（比如新课程改革、信息技术融入教育教学过程等）则容易出现明显的下降转折变化。"一个人出身于农民阶级，则其所受的教育条件和对公共教育资源的享用机会都会被限制，这就降低了他们改变自己与生俱来阶级属性的能力。"②

不管是"60后"教师还是"70后"教师，对那些家庭出身比较好的教师来说，家庭背景的优越性会伴随在他们教师认同发展的整个生命历程中，他们有着较高的第一学历，能进入层次较好的学校工作，继而获取更好的在职发展机会（比如调动到更好的学校）或由此获得经济待遇等方面的其他教师难以具备的优势。所以在学徒观察期或正式进入教师职业生涯后，他们都很少或者几乎没有抱怨过教师职业的待遇低下问题，说明在他们的教师认同发展轨迹中，并没有感受到或者明显地感受到经济上的压力。这就像古德森认为的："教育既是个性化的活动，也

---

① 陈治国：《布尔迪厄文化资本理论研究》，博士学位论文，首都师范大学，2011年，第43页。
② 张翼：《阶级阶层形成的家庭背景作用》，《江苏社会科学》2009年第2期。

第六章　教师认同发展轨迹的家庭因素

是政治的一部分。"① 那些出生在贫困家庭或由于黑五类家庭成分曾受过批斗、家庭经济状况受到重创的"60后"教师的教师认同发展轨迹中，则会更多地提及教师的待遇问题，因为在他们入职后，家庭背景不能为他们的职业生涯发展提供更多的机会，更不会为他们工作后家庭的组建等方面提供支持，其教师认同水平自然容易受到影响。

第二节　入职后的家庭情况

教师在入职后的家庭情况同样也会受到家庭出身的影响。比如C8M教师和D3M教师同为男教师，C8M教师就认为在自己参加工作时，男教师的地位是非常高的。"20世纪80年代时，女性找个教师作为伴侣，还是很不错的。"（C8M，p.69）但D3M教师的体会就完全相反，因为其家庭贫困以及特殊的家庭成分（还有可能因为他所在学校地处比较偏远），D3M教师到了31岁还没有结婚。"当时在农村学校的男教师找对象不好找，在本单位的女教师不希望一辈子都在这里清清苦苦的，她们还是想找公务员，然后跟着出人头地或跳出这个地方。"（D3M，p.101）"

一　伴侣的工作

对比两个出生组教师的伴侣情况会发现，"70后"教师的伴侣都有比较稳定的工作，但"60后"教师的伴侣则不一定有工作，特别是家庭出身不太好的"60后"教师的伴侣都没有工作，比如A4M教师、E3M教师、E5M教师。在伴侣没有工作的家庭结构中，教师的工资就会成为家庭收入的主要来源，一旦教师收入低下或者出现政府拖欠教师工资时，整个家庭就会陷入经济危机中，自然就会影响他们对教师职业的认可与

---

①　[英]艾弗·F.古德森：《专业知识与教师职业生涯》，刘丽丽译，北京师范大学出版社2007年版，第20页。

接受水平。这时教师为了改变家庭的生活状况会尽力往更好的学校或者区域调动，比如A4M教师和E3M教师。由于伴侣没有工作，在感到家庭经济压力增大时，A4M教师的职业生涯中曾经更换了两个学校，在他看来，作为一名男性要为孩子和家人创造一个比较好的生活环境是其想调动的主要原因，因此在调到更好的学校时，他的教师认同水平出现了向上的转折变化。一旦教师期望的这种流动无效或难以实现时（特别是在经过一定的努力，并没有实现调动或者教师收入并没有实质性的改观时），教师们的教师认同水平则可能会出现明显的向下转折变化。比如在E5M教师工作10年左右，孩子开始上学，爱人没有工作，在寻求亲戚帮助想调到税务部门没有成功后，最后其爱人只得在学校门口卖百货接济家庭经济支出，他在下课后有时还得帮助爱人"看摊"，这期间他的教师认同水平出现明显向下的转折变化。

另外，两个出生组教师中也有因为伴侣工作的原因而调工作、换学校的，比如"60后"出生组中的C8M教师、B2F教师、B3F教师以及"70后"出生组中的C1F教师等。尽管这几位教师都是为了改善家庭生活状况而调动学校，但学校环境的改变对几位教师的教师认同发展轨迹却产生了不一样的影响。比如B2F教师和B3F教师在调动后，对新学校环境的适应使他们的教师认同水平出现了明显的向上转折变化。而C1F教师和C8M教师则因为不适应新学校环境的改变而使他们的教师认同水平出现了明显的向下转折变化。因为不同的学校环境会给不同教师的专业发展提供不一样的社会资本，比如调到好学校的教师在教师待遇上会有改观、在职业生涯中的发展机会比以前多，而调到人际氛围比较好的学校教师工作起来则会比较舒心。教师自己也会比较努力获取或利用自己周围的社会资本，以保证他们自身各项资本的顺利再生产，实现自己利益的最大化。学校调动的生命事件发生概率在"70后"出生组教师中体现得并不及"60后"出生组教师中明显，一方面可能是因为"60后"教师的非正常学习经历激发了他们改变自己命运的动力，就像埃尔德认为的，在美国大萧条期间出生的孩子们的成长经历中，大萧条这个历史

第六章　教师认同发展轨迹的家庭因素

事件有可能会让一部分孩子在后来的成长经历中更加追求成就感[①]。另一方面也可能是因为"70后"教师生命历程中的社会就业压力比较大，要调动或换学校将会面临更大的风险所致。

二　家庭与工作之间的协调

"实际上，教师的时间表依然是以便利性间歇为其特色，并在吸引人们进入这一职业中发挥作用。"[②] 大部分"60后"教师选择教师职业是在一种比较被动与无奈境遇下做出的决定，教师职业的"便利性间歇"特点既没有成为他们选择教师职业的吸引因子，也没有成为他们以积极的态度从事教师职业的有力促进因子。但教师职业的这种"便利性间歇"特点成为大部分"70后"教师选择教师职业、持续教师职业生涯的主要吸引因子。在"60后"教师的职业生涯发展中，一旦教师感到自己工作忙碌到没有时间照顾家庭与孩子时，他们的教师认同水平很可能会出现向下转折的变化。而"70后"教师对教师职业的不满容易被教师职业这种便利性间歇表所消减，继而提升教师认同水平。对男性教师来说，由于性别特征的社会期待是他们对家庭的经济贡献应该要大于女性，一旦教师职业收入使他们难以实现这样的社会性别期待时，他们可能就会为了改善家庭的生活状态而想办法调离学校，比如A4M教师。当然也有男性教师的教师认同水平因没有照顾到家庭而受到影响，比如D3M教师，由于他一直没有机会调到更好的学校，他的爱人和孩子住在县城，他只能在每个周末回家，周一到周五都住在学校，当某个周末学校需要加班或者因为其他事情不能回家时，他就会产生在家庭与工作之间不能很好协调的矛盾心理，这是他在职业生涯后期教师认同水平不高的主要原因。

希尔维亚·沃尔比指出，家庭内的生产关系主要是妇女承担家务与子

[①] ［美］G.H.艾尔德：《大萧条的孩子们》，田禾、马春华译，译林出版社2002年版。
[②] ［美］丹·C.劳蒂：《学校教师：社会学的研究》，饶从满、于兰等译，北京师范大学出版社2011年版，第27页。

女教育等方面的工作①。一般认为，女性具有母亲的天职，女性所具有的关怀、纯真等道德特质使她们能够恰如其分地扮演教师的角色。这样，社会对教师的期待往往自然而然地陷入这种性别刻板印象当中。这也容易造成人们在观念上将女性适合教师角色的这一刻板印象和教师的教师认同之间建立连接。有研究者甚至指出"由生物决定的性别二元论已经塑造了教学结构本身"②。教师职业一度被看成是女性特有的职业，而有这个看法的原因除了女性天赋中的耐心与母性被认为是适合从事教师职业的素质外，她们在工作中既能照顾到家庭，也能给下一代带来比较好的教育也成为女性选择教师职业的另一重要原因。女性教师一旦这两方面协调得比较好时，她们的教师认同水平就会比较高。比如在 B8F 教师教师认同水平处于比较高的持续期时（工作 15 年左右）："当时我爱人做生意，我主要负责家里。在家庭和学校之间我始终协调得比较好。"（B8F，p. 42）而同样是在工作 15 年左右，由于家庭与工作之间没有能很好地协调，B2F 教师的教师认同发展轨迹出现了明显的向下转折变化："当时对工作付出了很多，同行的认可度非常高。同时，我又兼任学校办公室主任和一个重点班班主任的工作，每天都很累，爱人希望我把办公室主任工作辞去，我没有答应，想各方面都做好，但还是忽略了家庭和孩子。"（B2F，p. 17）

对女性教师来说，生子也会作为家庭因素中的重要生命事件而影响她们的教师认同水平，这种影响有时并不是直接产生的，常见的是女性教师在生子之后对学生的态度会发生变化，这在一定程度上促使他们的教师认同水平出现向上的转折变化。"特别是有了孩子之后，对学生的关爱比以前多了很多，对他们也会比以前更有耐心。"（B3F，p. 32）

随着市场经济体制改革的逐步深化以及社会上各种多元思想在学校场域的持续渗透，个人在职业生涯中经历的风险也逐渐增加。同时传统的家庭观念与家庭结构被动式解构的风险也日趋加大，离异家庭增多，即使是

---

① ［英］安东尼·吉登斯：《社会学》，李康译，北京大学出版社 2003 年版，第 110 页。
② Casey and Kathleen, "Teacher as Mother: Curriculum Theorizing in the Life Histories of Contemporary Women Teachers", *Cambridge Journal of Education*, Vol. 20, No. 3, 1990.

第六章 教师认同发展轨迹的家庭因素

在相对来说比较"保守"的教师职业群体中,也有不少教师会面临家庭离异这样的变故,参与调研的29名教师中,一共有3名教师离异。B2F教师和B4F教师离异的根本原因在于家庭与工作之间未能得到很好的协调,两位教师均是由于将时间过多地投入教师工作中而忽视了对家庭的照顾,而D1M教师的离异与教师职业关系不大。离异后,作为女性的B2F教师与B4F教师的教师认同水平在经过短暂的波动后,反而出现了明显向上的转折变化,而作为男性的D1M教师认为自己的教师认同水平并没有因为离异而受到影响。这一方面说明离异这样的家庭变故可能更容易对女性教师带来影响,并且很有可能是正向影响;另一方面也证明在当今社会中,女性对于男性的依赖程度已然下降。"除了比例极小的一部分富人以外,婚姻在今天已经不再和让财产与地位世代永久保持下去的愿望有多大联系。由于妇女在经济上越来越独立,婚姻已不再像过去那样必须与经济因素相伴。"①

---

① [英]安东尼·吉登斯:《社会学》,李康译,北京大学出版社2003年版,第172页。

第七章

教师认同发展轨迹的学校因素

第一节 学校概述

一 学校组织的社会性特征

学校是具有社会性特征的组织,"所谓组织,是指有意识地组织起来以达到特定目标的社会群体,它是人们为了合理、有效地达到自己的目标,有计划、有组织地建立起来的。"① 学校的特定目标是培养人才和教化青少年。作为一种社会性组织,学校既具备普通组织一般性特征,也具备作为培养和教化青少年场所的个性化特征。在不断适应社会需求的多元化中,学校的组织功能也日趋多元,并已逐渐成为一个具有多层次结构的多权威性组织和异质性组织②,多层次结构是指学校已演变成一个规模庞大、层次分明的科层制组织,多权威性和异质性是这个科层制组织的显著特征,多权威性表现为学校中的构成人员复杂,且学校里的工作人员对学生都带着某些不同特征的权威;异质性表现为学校中各种组成人员之间具有冲突、对立或者是合作的关系。

两个出生组教师分别来自地处西部欠发达地区省会城市的 5 所学校,这 5 所学校在学校办学层次、所处地理位置、学校生源层次、教师配备结构层次等方面都存在差异,这种差异给在不同学校工作的教师带来了不一样的主观性感知。"当不同学校的教师一起做自我介绍时,你来自重点学

---

① 马和民:《新编教育社会学》,华东师范大学出版社 2009 年版,第 210 页。
② 马和民:《新编教育社会学》,华东师范大学出版社 2009 年版,第 210—232 页。

第七章　教师认同发展轨迹的学校因素

校还是普通学校决定了别人对你的热情程度与态度。哪怕是学生补课，他们肯定也会找重点学校的教师而不找一般学校的教师。"（B2F，p.11）因此，尽管不同学校教师在教师认同发展水平之间可能有正常的高低之分，但从29名参与调研教师的教师认同发展轨迹图的总体发展趋势看，工作在"好"学校的大部分教师的教师认同发展轨迹方向总是向上的，比如来自A校和B校中的大部分教师的教师认同发展轨迹在总体方向都是向上的。在B2F教师的职业生涯过程中，其教师认同水平只是在家庭事务与学校工作之间不能很好地协调时出现了明显向下的转折变化，在其余社会时间序列中她的教师认同水平基本都维持在比较认可与接受或非常认可与接受的状态。在B3F教师调到B校后，其教师认同水平一直持续在非常认可与接受的状态，只是在绩效工资改革其收入明显下降之后，她的教师认同水平才出现明显向下的转折变化。B8F教师一直工作在B校，她的教师认同水平在工作15—20年时有过明显的向下转折变化，因为身体素质不好，她曾经特别想从事行政职业，但在其余的社会时间序列里，B8F教师的教师认同水平基本一直持续在比较认可与接受的状态。

二　学校场域中的教师习性

尼亚斯指出，在教师的自我满足中，通过换一所学校或者做更多的工作，即通过重新安置自己或迁移自己，会增加他们的职业价值观（职业价值观是教师认同的某一方面）①。本书也证实了这一点，即教师的教师认同水平有可能会受到在不同学校间流动的生命事件影响，但这种影响不一定是正向的，也有可能是负向的。

为什么不同学校会影响教师的教师认同水平呢？这种影响又是通过什么样的途径产生的呢？教师所在的学校组织指涉了相关人员及他们之间建构的各种关系，因此，需要从关系的角度去思考它们是如何影响教师的教

---

① Nias, J., "Changing Times, Changing Identities: Grieving for a Lost Self", In R. G. Burgess, *Educational Research and Evaluation*, London, Falmer Press, 1991.

师认同发展轨迹的。皮埃尔·布尔迪厄认为从关系角度的思考就是一种场域的思考①，他将场域的概念定义为"在各种位置中间存在的客观关系的一个网络，或一个构型。正是在这些位置的存在和它们强加于占据特定位置的行动者或机构之上的决定性因素之中，这些位置得到了客观的界定，其根据是这些位置在不同类型的权力（或资本）——占有这些权力就意味着把持了在这一场域中利害攸关的专门利润的得益权——的分配结构中实际的和潜在的处境，以及它们与其他位置之间的客观关系（支配关系、屈从关系、结构上的对应关系等）"②。其实，教师所在的学校场域就是整合教师资本与习性，并为教师带来各种利润（教师待遇）的一个场所，这里的习性指："积淀于教师身上的一系列关于教学和自身专业发展的知觉、评价和行动的各种心理倾向。……学校场域作为教师的专业生活环境，只要他们身处其中，总是自觉或不自觉地受到场域的浸润。……场域以其潜移默化的方式逐渐将其信念、态度、习惯和做事方式渗透到教师的身心中，赋予他们工作的意义、支持与身份。"③ 身处学校场域中的教师，长期受到学校场域的信念、态度、习惯和做事方式的浸润和影响，逐渐在自己的工作中建构对教育职业与教师身份的看法，这就是学校场域对教师的教师认同发展轨迹产生影响的机制，但这种机制不是因为学校是一个社会组织就可物化建构，而是学校各类人员在产生关系时的人为建构。具体地说，学校场域作为一种组织主要为教师认同发展提供了一种组织文化的潜移默化影响以及一种共同体成员的身份归属感影响。

三　学校中的组织文化

一个学校的组织文化一般由学校里的组织气氛、人际关系来决定，这

---

① ［法］皮埃尔·布尔迪厄、［美］华康德：《实践与反思：反思社会学导引》，李猛、李康译，中央编译出版社1998年版，第131—138页。

② ［法］皮埃尔·布尔迪厄、［美］华康德：《实践与反思：反思社会学导引》，李猛、李康译，中央编译出版社1998年版，第134页。

③ 赵明仁、黄显华：《场域—习性理论视角下影响教师教学反思的因素分析》，《课程·教材·教法》2009年第6期。

第七章　教师认同发展轨迹的学校因素

种组织文化决定了一个学校的风格与风貌，如果一个学校的组织文化风貌是积极向上的，则会成为一个学校发展的深层动力①。操太守、卢乃桂认为对一个学校来说，要使变革顺利发生，倡导者们最希望的就是学校的组织文化变革②。因为学校的组织文化最终决定着教师对学校改革项目的选择，也影响着教师的行事方式，这种影响程度比正式权力和制度性法规条文中对教师行为的影响还要大很多。

从参与调研的29名教师所处的5所学校来看，不同学校的组织文化是不一样的。

A校的学校组织文化中对教师们的教师认同发展轨迹影响比较大的是校领导非常重视教师的在职专业发展，尽量让教师们有机会都出去进修和学习，每名参与调研的教师几乎都提到了这一点，当然，这种机会主要还是针对A校的"70后"和"80后"教师，A校的3名"70后"教师：A1M教师、A2F教师、A3M教师的教师认同发展轨迹都呈现出明显向上的发展走势，3位教师共同提到的一点就是在学校的发展机会多，领导重视年轻人的发展。但对"60后"A4M教师来说，这种外出学习的机会已经很少了，"现在已经很平淡了，那种上进的锐气已经没有了"。说明"60后"教师在学校组织文化中（即使是像A校这样重视教师学习与发展的学校中）有可能已经被边缘化。特别是在很多"70后"教师心目中，他们认为很多"60后"教师尽管工作比较认真，但其实都在混着等退休了。B6F教师就对自己所认识的"60后"教师有如下评价："他们和我们（'70后'教师）的经历不一样，对很多事情的看法也不一样，认真也非常认真，但激情肯定是不够了。"（B6F，p.18）

B校为保住一直以来都是省市重点中学的良好声誉，都是实行分层教育，学校里教师之间的竞争也比较大。在研究者调研时曾经参加了几次该校语文学科的教研活动，该校已经形成了教师之间既互相竞争也互相合作

---

① 吴增强：《积极的组织文化：学校发展的深层动力》，《上海教育科研》2003年第9期。
② 操太守、卢乃桂：《论学校组织变革中的教师认同》，《华东师范大学学报》（教育科学版）2005年第9期。

的教师专业发展模式。

　　C校在2005年搬迁到新区后，迎来了新的发展机遇和更加优质的教育资源配备，招录了不少优秀教师并从重点师范大学引进了不少优秀师范生，该校的大部分"70后"和"80后"教师的工作热情很高，但同样这样的组织文化对"60后"教师所起的作用不是很大。首先，因为搬迁所带来的学校高中与初中部分离，使3名"60后"教师从高中"降级"到了初中；其次，随着学校优秀教师的增多，有些"60后"教师没有再教学或只上一些边缘性学科，比如C8M教师从2010年开始已不再教学，而C7M教师也只上一门讲述当地人文风情的校本课程。

　　D校地处偏僻的乡镇，整个学校只有两栋简陋、陈旧的校舍。随着城乡之间人口规模的单向度流动增加，农村学校的学生人数越来越少，学校仅有的10来个教师中每天守着5个班（每个班20多人）的学生。教师们基本上都住在E镇或者县城，有课时才到学校。该校学生以留守儿童居多，学生比较淳朴，属于传统学生观中比较好管理的那类学生。在这样的学校中，学校组织文化的现代特性体现得不太明显，学校更像一个比较松散的临时组织，教师之间的竞争也不明显，私下里碰着的时候会聊聊天，或者哪位教师家里有什么事时（比如搬家、红白喜事等）大家会聚在一起打打麻将等。

　　E校地理位置较为特殊，无论从区位优势还是经济发展水平都介于县城与D校所在乡之间，逐渐成为当地人从更偏远地向县城方向或省城方向流动的中转站，也截留了大量短期内不能继续向上流动的人口。该校依然是一个完中，学生人数较多，班额也较大，学校生源复杂。学校实行分层教育，教师之间的竞争较大，加上绩效改革过程中出现的各种问题，该校的很多"60后"教师对学校领导层的意见比较大。对于从外校调到该校的E3M教师和E2F教师来说，这种组织文化的影响似乎还不是特别明显。而对于长期在该校工作的E1M教师、E4F教师、E5M教师、E6F教师来说，他们的教师认同水平却一直处于比较低的状态。

　　组织文化主要通过以下两方面的中介因子影响两个出生组教师的教师

第七章　教师认同发展轨迹的学校因素

认同发展轨迹。

（一）教师对学校组织目标与相关价值信念的认可与否

当一个人信任某个对象事物的目标和价值观时，对该对象事物的依附程度就会比较高，并想与该对象事物保持一种稳固的关系，同时，该个体对这个对象事物的认同就会比较高[1]。每个教师都有自己的教育教学信念和愿景，这些信念与愿景一旦与学校的发展目标和教育教学理念一致，或者学校的组织文化有助于教师实现自己的教育信念与愿景时，教师的教师认同水平就会相应地提高。这一点在"60后"出生组教师中表现明显，他们在20世纪80年代初刚参加工作时，中国的教育体制才逐渐步入正轨，而在短短30年左右的时间里，中国社会结构发生了翻天覆地的变化，学校作为一种组织系统在这种社会变迁过程中，变得越来越市场化与商业化，学校之间的竞争也越来越剧烈。受应试教育目标的影响，学校之间的竞争实质就是学生成绩竞争，大部分学校会通过分层教育方式以集中保障学校优质生源的升学率，比如B校和E校。这时，学校就有可能忽视其他副科教师的专业发展，而偏向于重视主科教师的专业发展，这也是为什么B8F教师在工作15—20年时教师认同水平出现下降的原因之一，"学校对不同学科教师的重视程度，会影响我作为教师对教师职业的看法。如果是副科教师，有时就会有人开玩笑说成是'副产科'老师。因为副科教师没有补课的机会，就不会有更多的收入"。（B8F，p.42）

在E校调研时，研究者偶遇两名副科教师，他们很漠然地认为教师职业也就那么回事，学校领导怎么安排工作他们就怎么做，从没想过有关教师职业的认可或接受的问题。刘军，富萍萍将一个人组织认同的心理基础分为依附、认可、内化三个层次，处于最底层的就是依附层次，这个层次的组织认同对组织的目标、愿景等只是一种表面上的服从，即使内心里反对组织的目标或其他相关理念，但是为了从组织中获得自己的利益，表面

---

[1] 刘军、富萍萍：《组织认同的心理基础剖析》，《经济界》2004年第11期。

上还是会遵从组织的目标与意愿①。可见，E 校的这两名副科教师对学校的认同似乎就还处于依附阶段，因为自己是副科教师，什么都要排在后面，班主任也不容易当上，一般学校的班主任都是让主科教师担任，这样他们评职称的路径就会受阻（因为中小学教师评职称条件中会要求教师具有当班主任的经历），这些使他们在教师职业生涯中难以持续追问"我是谁？"这样的教师认同问题，也就无法思考自己的教师认同水平。

（二）学校通过提供一种共同体的身份归属感影响教师的教师认同发展轨迹

共同体是人类以一种群体作业的方式结合在一起时产生的。教师们在学校中的工作同样是以群体作业的方式共同促进学生的身心发展，比如一个班要配各个学科的教师，以班主任为首搭班相互合作，朝促进学生身心发展的共同目标努力。但这种群体作业过程中具有教师职业的独特性，教师在关上教室门的那一瞬间开始就是独自在履行专业人员的专业性教学，即当他们在履行专业职能时又是"独自"进行的。教师通过在这种"独自"的组织环境中找到身份归属感，一旦有人破坏了这种"独自"性，并且这种破坏发生在学校组织环境中的话，那么就有可能影响教师的组织认同继而对其教师认同水平也产生影响。比如 E1M 教师自假钞事件之后，就一直很难在学校找到归属感，感觉教师在学校是最底层的人员，甚至认为作为教师在学校的地位还不如清洁工人。"学校教师正专心上课，听见'砰砰砰'的敲门声，打开门一看是学校的工人。该工人吼道：'你们班哪个做清洁，快去搞卫生，上面检查的人马上就来了。'这个教师就说：'×哥，我们正在上课，你敲门做什么啊，你这样我这个课还怎么上。'这个工人当时就不乐意了，两个人在课堂上当着学生的面吵了起来。"（E1M，p.130）

但教师成员间也是基于这种"独自"性的合作构成了专业共同体，只是教师成员间的这种工作方式构成的是一种松散型共同体，这种共同体的

---

① 刘军、富萍萍：《组织认同的心理基础剖析》，《经济界》2004 年第 11 期。

第七章 教师认同发展轨迹的学校因素

工作模式使教师之间形成了一种群体式的纽带联系,使教师群体与学校的领导群体、行政群体、教师个体等之间在工作习惯、工作方式上互相适应,同时互相制约,虽然这种适应与制约的背后是教师的"独自"工作,如果一个学校与教师之间没有通过共同的奋斗目标实现有效联结,那教师则很难找到身份归属感。从表面上看,教师群体是因为有了学校这种场所和地缘而聚在一起产生的一种地缘共同体,但实质上这是一种精神共同体,因为教师在学校中的一言一行都具有教育作用,他们一旦走进学校的大门,语言和行为就要与这种精神共同体保持一致。比如,教师在学校里的着装要大方得体,在语言上要有礼有节等,这些言行也是教师职业身份特有的一些标签与符号。就像 B4F 教师认为的:"教师在外面的表现还是与其他群体不一样,教师素质不管怎么样都要好过很多群体。"(B4F,p.28)

第二节 同事关系

一 熟人式的同事关系

杨国枢将人际关系分为三种,即生人关系、熟人关系、家人关系,中国人在面对不同层面的关系时,所采用的处理方式以及其间表现出的责任与义务是不一样的[①]。与西方社会建立在契约精神基础之上的人际关系不同,在中国文化场域下,同事关系是一种熟人关系。中国人在处理这种人际关系时,更多的是基于一种互惠利益上的考虑,熟人之间遵循的是一种信任基础上的互惠原则[②]。

教师与同事之间的人际关系在不同学校的表现也不一样,进而可能会影响教师在不同社会时间序列中的教师认同发展水平。对工作初期的

---

① 杨国枢:《中国人的心理与行为:本土化研究》,中国人民大学出版社 2004 年版,第 86—120 页。

② 杨宜音:《试析人际关系及其分类——兼与黄光国先生商榷》,《社会学研究》1995 年第 5 期。

教师来说，一个学校的同事关系良好，则有可能会减少或者降低他（她）在入职初期的现实休克。比如 B3F 教师，在参加工作的第 1 年，其教师认同的水平处于比较认可与接受的状态，其中一个影响因素就是当时学校中的年轻人多、人际关系好，大家相处得很好。

生命历程中曾经发生工作调动、学校更换等生命事件的教师对不同学校人际关系差异的感受更加明显，教师的调动一般都是从层次差一些的、地方偏一些的学校调到层次更好或所处区域城镇化程度更高的学校。两个出生组教师的感受却是越偏僻的学校，教师之间的人际关系反而更好。这一点可能与目前越偏僻的学校中，同事之间的竞争越小有关，比如乡村学校的同事之间具有更强的同质性，教师在一个学校组织中的个性并不是那么突出，教师之间熟人的感觉越明显，但他们之间构成的共同体专业化程度可能也更低。这一点与齐美尔对组织中的人际关系分析一致，即组织分化程度越高，组织中成员之间的关系越不紧密。越是地处偏远的学校，组织分化程度越低，组织成员间越是保留原初的交往方式，人际关系反而更加紧密。

A4M 教师在区中学工作 3 年之后调到了县城中学，这个生命事件使得其教师认同水平出现明显向上的转折变化，因为区中学的人际环境与县城中学之间相差不大，但县城中学比区中学的其他条件要好很多。而在 A4M 教师工作 13 年左右从县城中学调到省城中学后，就明显地感受到两个中学之间的人际交往关系差异。同样的生命事件也发生在 C1F 教师、C3M 教师以及 C8M 教师的教师认同发展轨迹中。在 C8M 教师从县城中学调到 C 中时，教师认同水平出现了比较明显的向下转折变化，"省城中学的教师就没有县城中学的教师好相处，县城中学的教师要真诚一些，县城来的教师会受到省城教师的排挤甚至是歧视。"（C8M, p. 81）

二 同事关系满足了教师的归属感需要

同事关系主要通过满足教师归属感的需要进而影响教师的教师认同水平。马斯洛的需要层次理论显示个体在满足了基本的生存需要之后，

第七章 教师认同发展轨迹的学校因素

还会产生安全的需要、爱的需要、归属感的需要等，而归属感的需要是在其他更基础性和更前提性的需要得到满足时才会出现。教师在调动学校之后能感受到人际关系变化对其教师认同水平影响，也许是教师更基础性和更前提性的需要在以前的学校已经得到满足，当然也可能与前述及的学校作为一种共同体在联结成员之间的方式有关。学校共同体成员之间的专业化程度更高，更容易呈现出一种松散型的人际关系，即教师个人之间在"独自"工作之外的联系并不频繁，个人在组织中的独立性更强，个体之间表现为单个原子化的交往方式。

学校要提高自身的运行效率，科层制是最有效的组织形式。吉登斯认为为了处理日趋复杂的事务，有必要发展控制与管理系统。[①] 这个观点与科层制的最大贡献者韦伯一致，即从社会理性化需求的角度来看待科层制，科层制组织中必须有一个明确的权威等级。这个等级处于学校组织金字塔的最顶端，一系列的行政管理策略、教师教育政策等都通过它一级一级地向下传递或实施，而教师处于这种科层制的最低端，因此，学校组织的科层制管理模式常为很多老师所诟病。教师与领导之间的关系，既可能指的是教师与学校中层领导比如教研室主任、年级组长、教务主任等之间的关系，也有可能指的是教师与校长、副校长等之间的关系。"周围都是领导"的泛化感是影响两个出生组教师教师认同水平的重要方面，特别是在学校教育功能越来越完善、学校作为科层制组织特质越来越凸显的情况下更是如此。领导对教师工作的支持与认可是教师在学校组织中获得某种信任感、认可感的源泉，更是教师对教师职业认可与接受程度的重要情感体验之一。

三　同事关系对教师认同发展轨迹的影响

尽管在科层制管理模式下，学校教师与领导之间的交往模式具有权威等级性，但随着教育背景所置身的社会场域日趋多元化，在这种交往

---

① [英]安东尼·吉登斯：《社会学》，李康译，北京大学出版社2003年版。

模式中所发生的生命事件却是日益多样化的。影响不同出生组教师的教师认同发展轨迹的生命事件中既有领导对教师各种教改理念的支持情况、也有领导工作分配是否合理、同事之间评优是否公平，甚至还包括领导在传达或者处理某项教师教育管理政策时的态度等。比如A校的3位"70后"教师一致认为，学校新任校长很重视学校的长远发展和年轻教师的专业发展，改变了以前该校一直实行的分层教育，使学校形成了一种学习氛围浓厚、人际关系良好的组织文化，他们都认为自己在目前的学校中找到了归属感，且很满意目前的状态。调研过程中，因为加班A1M教师到下午1点半时还没有吃饭，但他并没有丝毫的抱怨情绪，反而认为在这种氛围下即使多干点也无所谓。

20世纪90年代初是市场经济开始活跃、国际贸易开始兴盛的时期，学校教育系统也开始意识到英语学习的重要性。这时E1M教师正好工作10—15年，他开始探索初中英语的各种教学方法，并认为学校应该将英语教育的教学组织方式改成小班教学，但他的很多新想法或新理念都没有得到领导的批准，且领导也不同意他外出学习。领导对E1M教师工作的不支持使其在这期间的教师认同水平反而降低到一般认可与接受的状态。D1M教师调到D校以前工作的学校领导对其工作的不支持是其想调动的主要原因之一，而选择D校也是因为D校的校长和其父亲之间的关系比较好，一是便于调动成功，二是到了D校后，容易受到领导重视。调到D校后，校长让他负责学校的"两基"工作，这让他感到自己受到了学校领导的重视。

费孝通以"差序格局"概念来表示中国人之间的人际交往，即中国人在人际交往中，往往是以自己为中心画圆，将依据与其有来往的人之间的亲疏远近分为几个同心圆，并采取不一样的交往法则[①]。教师与领导的关系也会受到这种亲疏远近的影响，比如，D1M教师在调到D校后，由于D校的校长与其父亲之间的熟悉关系，继而会受到领导的重

---

① 费孝通：《乡土中国》，北京大学出版社2012年版，第25—33页。

第七章 教师认同发展轨迹的学校因素

视,这与他在调到 D 校之前与领导之间的关系形成了强烈的对比。这样的生命事件也发生于 E6F 教师的职业生涯中,2003 年 E6F 教师为了提高学生成绩,想安排班上的学生上晚自习(出于学生安全的考虑,学校不允许教师私自给学生上晚自习),但因 E6F 教师当时与学校的某位领导关系比较好,也得到了其他领导的同意与支持。

如果学校组织内部各科层体系之间协调一致,各方人员之间形成良好人际关系,教师在这样的组织中能获得更多的职业满足感,教师认同水平也会相应地提高。尹弘飚、李子建等认为教师认同是教师职业满意度的重要影响因素[1]。也有研究证实教师认同与教师的职业满意度之间存在高度的正相关关系,比如魏淑华的研究[2]。教师在工作中体验到的这种满意感可能会源于多种因素,因此不同教师产生这种心理体验的标准具有个体差异性。杨中芳、彭泗清认为这种人际关系通过影响教师在学习与心理上的安全和信任而影响教师在工作中的投入情况和满意情况,进而影响教师认同水平的变化情况。[3] 一旦教师感受到领导的支持、信任与认可,教师认同水平很可能就会发生相应的向上转折变化。比如 E6F 教师在 E 校工作已 15 年有余,工作一直兢兢业业,且在其工作第 2 年就进修了本科。但一直以来学校的任何评优、评奖等都没有考虑过她,尽管她是主科教师,且经常在当班主任,但她还是初级职称。一直没有得到同事与领导的认可与重视是 E6F 教师的教师认同水平的最大影响因素。

比较两个出生组教师的生命事件也会发现,"70 后"教师比"60 后"教师更加重视与领导或同事的关系。比如 B 校和 A 校的"70 后"教师的教师认同水平转折向上变化或者持续在较高水平的主要原因就是

---

[1] 尹弘飚、李子建等:《信任在课程改革中的作用:以教师认同感为例》,《当代教育与文化》2009 年第 11 期。

[2] 魏淑华:《教师职业认同与教师专业发展》,硕士学位论文,曲阜师范大学,2005 年。

[3] 杨中芳、彭泗清:《中国人人际信任的概念化:一个人际关系的观点》,《社会学研究》1999 年第 2 期。

受学校领导重视。

四 师生关系

(一) 师生关系与教师认同

教师是通过每日的工作来理解和感受教师职业的,而教师每日工作中的主要对象是学生群体,因此教师对学生的看法以及与学生之间的感情、与学生之间的关系建构等都会影响他们的教师认同水平。

在入职初期,教师如果能与学生之间建立起良好关系,教师的课堂教学则能更顺利地进行,可见师生关系对教师会有重要的影响[1]。戴和萨姆斯等认为教师在建构教师认同时受到他们对自己感受方式和对学生感知方式的共同影响,这些专业认同帮助他们确认在与学生相处时的态度,并对教师的实践与信念是否合适做出有效判断[2]。教师认同本就是在语言与互动中建构的,特别是教师与学生之间在课堂中的语言互动,对教师认同的建构具有重要意义。也有研究证实良好的师生关系不仅能促进学生的学习成就获得,而且有利于学生在学习中克服消极的情感体验[3]。

师生关系反映了教师与学生在教育教学过程中的角色地位,师生关系对教师认同的影响不仅体现在教师的教学过程中,还体现在学生毕业后带给教师的未来成就感上。教师与学生每日在教室里交往互动,并面对不同的学生面孔、体会不同的学生个性。事实上,在教学活动中的师

---

[1] Simon Rolls, Helle Plasborg, "Teachers' Career Trajectories: An Examination of Research", in Martin Bayer, Ulf Brinkkjer, Helle Plauborg, Simon Rolls, *Teachers' Career Trajectories and Work Lives*, Springer Science + Business Media B. V. 2009, pp. 9 - 28.

[2] Christopher Day, Pam Sammons, Qing Gu, et al., "Committed for Life? Variations in Teachers' Work, Lives and Effectiveness", in Martin Bayer, Ulf Brinkkjer, Helle Plauborg, Simon Rolls, *Teachers' Career Trajectories and Work Lives*, Springer Science + Business Media B. V. 2009, pp. 49 - 70.

[3] Kathleen McCartney, "Development of Teachers' Professional Identities: From Pre - service to Their First Year as Novice Teachers", *Harvard University American Educational Research Journal*, Vol. 44, No. 2, 2007.

第七章 教师认同发展轨迹的学校因素

生关系是一种双边参与互动的社会交往过程。在一项社会互动中，当某种关系对一方产生影响时，肯定也会对另一方产生影响。当师生关系对学生的学习成就产生影响时，也通过影响教师的成就感影响着教师的教师认同水平。

（二）师生关系的实质—权威型

法诺克指出，一旦教师感到自己的责任感有所下降、打扰了学生或者自己的同事时，会感到负罪和内疚①。甚至在学生绝望或受挫时，教师也有可能会产生一种负罪感。莱夫、温格将课堂上教师与学生之间的交往（课堂上、课堂后）称为是一种符号暴力形式的交往②。教师与学生来自不同的家庭，具有不同的社会背景，二者带着不同的社会资本，为了使各自的社会资本产生价值，二者之间似乎存在着某种博弈。但事实上两个出生组教师在与学生之间交往时还是更多地认为教师的权威应该要大于学生的权威，他们秉持着师生关系本不应平等建构而应是教师主导的师生关系观。就像古特克所认为的那样，"在学科课程模式下，教师是权威的象征。……就知识而言，学生被看成不成熟的人，他们来到学校是为了获得与掌握知识"③。

不管是"60后"教师还是"70后"教师，他们的师生关系观很少会着眼于过程取向，即他们很少根据学生的兴趣或基于学生的视角来看待师生关系。特别是"60后"教师的这种师生关系观体现得更加明显。史晓杰、周全喜认为传统的尊师重教思想对现在的师生关系影响还是很大④。本书的研究也证实这一点。中国传统文化中"传道、授业、解惑"

---

① Shaalan Farouk, "What Can the Self-conscious Emotion of Guilt Tell Us about Primary School Teachers Moral Purpose and the Relationships They Have with Their Pupils?", *Teachers and Teaching: Theory and Practice*, Vol. 18, No. 4, August 2012.

② [美] J. 莱夫、E. 温格：《情景学习：合法的边缘性参与》，王文静译，华东师范大学出版社2004年版，第32—38页。

③ [美] 杰拉尔德·古特克：《哲学与意识形态视野中的教育》，陈晓端译，北京师范大学出版社2008年版，第9页。

④ 史晓杰、周全喜：《从"平淡疏离"到"和谐融洽"师生关系的构建》，《学术交流》2007年第8期。

是教师职业的基本职能，其中隐含着对学生主体忽视的师生关系结构，但这种教师职能观依然还是根深蒂固地影响着现代社会中的师生关系建构。两个出生组的教师都认为，在师生关系中仅考虑到教师做了什么就可以了，这种单向度的、教师主导型的师生关系影响着教师对教师职业的看法，特别是在教育治理法制化以及教育质量保障专业化等进程中不断强调对学生权利的保护和彰显时，这种传统师生关系观在与现代师生关系观之间形成的鲜明对比中对教师认同发展水平的影响会更加明显。

（三）师生关系的特殊性——教师认同发展的重要精神报酬

城镇化背景下，在城市或城郊等地的大规模学校日益增多，像 B 校这样的名校和 E 校这样处于城郊的学校出现了班额过大的现象，每个班班额都在 60 人以上，表面上看起来只是师生之间的物理空间距离变小，但实质上却使得师生之间的心理距离越来越大，师生交往变得平淡疏离，这种平淡疏离的表现主要是教师上课时可能会顾及与学生之间的交流，下课后则对学生不闻不问。同时，由于一名教师总是会面对多名学生，教师对学生是否了解在师生之间的判断也不一致。教师认为只要自己对学生的学习负责了，就是好教师，而学生认为教师常常并不了解自己以及班上的其他学生。比如 A4M 教师所理解的师生关系良好就是自己很了解班上的学生："学生在课堂上一动，我就知道他要干什么。"

教师心目中的师生关系表现形式比较多元，首先是纯粹狭义层面的教师与学生交往和相处的方式；其次表现为教师在工作中教授的学生学习成绩好、考上理想的高中或大学等；最后还可能是在远离校园环境时，师生之间依然能维持良好的关系，比如在校园外碰到学生，学生主动热情地与教师打招呼，或者在学生毕业多年后，还能记住教师的名字等。郑华安、王慧娟认为，师生关系表现形式有教育关系、朋友关系以及服务关系等[①]。邵晓枫指出，时代精神的变化与师生关系之间的变化有着

---

① 郑华安、王慧娟：《关于师生人际关系的几点思考》，《中小学教师培训》2003 年第 8 期。

第七章 教师认同发展轨迹的学校因素

密切联系①。在"60后"教师的受教育经历中,师生关系受传统的师道尊严观影响,他们记忆中的师生关系更多的是一种权威式师生关系。比如在E5M教师看来,在学生层次比较复杂的E校上课能管得住学生就证明了教师与学生之间的关系比较好。同样,"70后"的A1M教师、A2F教师也秉持这样的师生关系观,他们刚参加工作时对A校比较失望的一个重要方面就是该校的学生层次复杂、不好管理。

C8M教师在从县城中学调到C中时,"县城中学的学生要单纯很多,你批评他,孩子和家长都会理解并认为教师管理严格。但在贵阳如果批评学生的方式不对,学生就可能要告你体罚。教师连管学生的权力与权威都没有了,当教师的成就感就比较差。"(C8M,p.81)

C8M教师认为管得住学生的师生关系能带给他权威感,因为一旦教师感到自己在学生心目中没有地位,他们在学生面前的权威感就会受到威胁,这似乎成为很多教师无法容忍的底线,且这种表现在男教师身上体现得更加的明显,比如C3M教师认为教师对学生应该出手时就出手(体罚学生),这才是真正体现作为一名教师在应然层面所具有的权威之处。来自教师实然的学生观与批判教育家们对师生关系实质的判断比较吻合,批判教育家们认为课堂中或学校中师生关系更多地表现为一种权力关系或者批判式关系,这种关系的建构是与权力博弈相关的过程。吉鲁认为教学就是一种文化政治过程,学生与教师之间会由于种族、阶级、性别和权力构成一种社会关系②。中国文化场域下的阶级、性别等差异表现得比较隐晦,但处于不同区域的学校由于生源的家庭背景、民族、文化等层次差异,学校里教师对学生的看法也不一样。对处于城市中心、又是省市名校的B校教师来说,往往会从功利主义取向的视角看待他们与学生之间的关系,学生良好的家庭背景或者社会阶层结构常会成为教师重要的社会资本来源,此时他们会更多地采用尊重学生主体的方式对

---

① 邵晓枫:《百年来时代精神与中国师生关系观的变迁及重建》,《当代教育科学》2007年第11期。

② [美]亨利·A.吉鲁:《教师作为知识分子》,朱红文译,教育科学出版社2008年版。

待学生。比如在贵阳,优质的医疗资源很少,而 B 校很多学生的父母是医生,通过这样的关系 B 校教师在看病中能获得很大的便利。那些偏远学校的学生来自农村,很难有良好的家庭背景或社会阶层位置,教师们往往会从权力主义的视角来看待他们与学生之间关系,即他们会更多采用权力"制服"学生的教育方式,一旦学生与家长被赋予更多的权力,教师就会认为自己的权威地位受到了威胁。"《义务教育法》和《未成年人保护法》让教师不能对学生有任何的粗暴式教育。我认为应改一下,改到让学生既有义务也有责任,这样教师才有自己的地位。"(E5M,p. 135)

与教师的同事(领导)关系相比,师生关系具有特殊性,这种特殊性体现在教师是未成年人顺利实现个体社会化以及实现阶层流动的重要引导者与见证者。学生在学校中不仅习得显性知识,还受到教师人格、个性与学校其他潜在课程的影响,即教师对学生会产生潜移默化的影响,同时教育发生的过程总是伴随一种资本再生产运动以及阶层社会位置结构的代际传递。尽管教育改革家们不断倡导学生与教师之间应建构一种民主、平等、和谐的理想关系,但教师与学生之间客观存在的年龄差距、身心发展水平差异、社会化程度差异等决定了二者之间的关系很难达到这种理想状态。

学校建筑"蜂窝状"间隔性的物理结构风格,让每位教师在走进教室的那个时刻起就成为教室里的主宰者,讲台与黑板之间的位置结构特征也彰显出教师就是那个始终站在学生前面的主导者。两个出生组的教师常认为自己本就处于学校金字塔的最底层,此时学生对他们的尊重是他们维持教师职业尊严的重要来源。一旦学生的学习积极性与对教师的"顺从性"发生改变,教师们就会认为他们的权威地位受到了冲击,这一点在"60 后"教师中体现得更为明显。当这些改变在学校教育系统蔓延时,教师们就开始感觉到自己的地位岌岌可危,那种与学生打交道时简单性、权威感逐渐消失,他们对教师职业的认可与接受也必然受到影响。在两个出生组教师对教师职业的认可与接受中,即在教师自主性地

第七章 教师认同发展轨迹的学校因素

建构教师认同时,学生扮演了非常重要甚至是关键性的角色。在访谈中也有教师认为,自己认可与接受教师职业的主要原因在于学生比较单纯和简单,和学生之间的人际关系不会复杂。当然,教师们的这种主体性认知必须限定在一定的应用范围内,一旦教师发现自己在和其他成人相处时表现出单纯的一面,他们又会把"罪魁祸首"推给教师职业,他们会认为就是由于工作中长期打交道的对象是学生,才使得他们变得如此单纯,因为过度的单纯也许还会被定义为"傻帽儿"。"和在教育系统外工作的同学相比,教师方方面面都有差距,感觉他们接触的人、事更客观和成熟。学校是个单纯的地方,在学校工作让人变得很'傻',最大的原因就是我们在学校接触到的学生比较单纯。"(C6F, p. 136)

B2F 教师也认为:"教师职业主要和学生打交道,使教师的心智成熟得较晚。现在都有学生说我比较幼稚,有时他们还会说,'×老师,你别被人骗了哈。'"(B2F, p. 16)B2F 教师在入职初期时,仅仅将教师职业作为一种生存的手段。随着教龄增加,有出息的学生越来越多,这时她发现原来教师职业最吸引人的地方在于学生都可能学有所成。"当你回顾自己人生发现你教的学生一直和你联系,甚至到外地去还给你打电话、发信件和卡片等,你就更能深刻地感受到这个职业最成功和最吸引人的地方是教过的学生对你的惦记。"(B2F, pp. 16-17)

由于城乡之间教育资源的分配不均衡,不同学校之间的教育质量差距也越来越大。在偏僻的农村中学中能真正学有所成的学生逐渐减少,他们通过义务教育就能明显改善自己以及家庭命运的机会受到明显的挤压,学习积极性明显下降,基于他们学习成绩带给教师的教师认同水平影响也越来越小。但在学生就业政策的分配制度改革以前,很多农村中学生可以通过从初中直接升入中师或者中专获得"铁饭碗",那时的农村中学教师的教师认同水平则容易因为学生"出路好"而发生向上的转折变化。比如在 D3M 教师工作 5—10 年时非常想离开教师职业,但学生学习态度好成为他未能离开后在工作中的一大慰藉,也是他教师认同水平并未出现明显下降变化的重要原因。

可见，师生关系对教师认同发展水平的影响主要通过带给教师权威感和职业成就感作为中介因子发生。丹·C. 劳蒂认为，教师职业的特殊性在于人们在关注其职业报酬时不仅是聚焦在平均收入上，非货币报酬在教师从职业中获得的报酬中占据了重要位置。大部分教师将教师职业的精神报酬（源于学生方面）看成他们职业满足感的主要来源。① 就像B2F教师认为的那样，在她感受到自己会影响学生一生的重要性时，教师认同水平自然维持在较高状态，教师的核心报酬与此是联系在一起的。

五　家校关系

家庭与学校是两个很普通且很容易理解的词汇。从社会组织系统来看，家庭与学校也是个体在社会化中必然经历的两个重要而基本的组织，且对每个个体有着不一样的含义。专业机构与作为公众的家长对教师的要求之间存在着不可跨越的鸿沟，教师的任务是要使这种鸿沟减少或者消失，教师处在这种一边是家长，另一边是学校的力量博弈中。② 因此，教师既要满足国家、市场、学校对他们的各种要求，还得满足来自不同家庭背景学生家长的各种诉求，在这个过程中表现出来的交互关系就是家校关系，家校关系实质是一种教师与家长之间资本与权力之间的博弈关系。

（一）理想的家校关系

家庭和学校两个社会组织的最终目的都是为了学生发展，即它们都是学生的社会化组织，所以比较理想的家校关系应是合作与对话式的。当学校成为正式的规模化组织系统时，家校关系也随之发生着变化，这种变化的根源可以追溯到工业经济时代刚开始时，父母们开始将大量时间投入工作中，以不断积累和再生产各种阶层资本，他们的孩子很小就

---

① ［美］丹·C. 劳蒂：《学校教师：社会学的研究》，饶从满、于兰等译，北京师范大学出版社2011年版。
② Andy Hargreaves, "Four Ages of Professionalism and Professional Learning", *Teachers and Teaching: History and Practice*, Vol. 6, No. 2, 2000.

第七章　教师认同发展轨迹的学校因素

被送进托儿所或幼儿园，家庭把本该属于家庭教育以及在其中应该付出的家庭责任与家庭承诺让渡给了学校教育系统。社会的进步、文明的发展越来越依赖学校教育系统的发展与进步，对教师职业角色出现了多元化的必然要求，要求教师从仅是教学者的单一性角色转向多重的角色，包括家庭教育中本应是父母承担的那些角色。

教育变革对两个出生组教师的家校关系观影响具有差异性。"60后"教师在学徒观察期习得的先入之见多停留在学生的学习要靠自觉、教师的管理要靠"黄金棍下出好人"的教育观上。他们期望父母要做的是配合教师采用"黄金棍"教育的方式。那些文化资本本就弱势的父母同样有这样的想法，他们认为教师的严管严教是使他们的子女端上"铁饭碗"继而实现阶层向上流动的重要助力。此时的"60后"教师与父母之间容易在学生观上具有一致性，家校关系具有共同的目标，容易建构良好的合作联盟，虽然这种家校关系观的实质是家长与学生都需配合教师的权威上。即使在"文化大革命"结束恢复正常教育秩序后的很长一段时间里，教师们依然还秉持着这样的教育观。众多"80后"的独生子女从20世纪90年代开始进入校园，从小娇生惯养的家庭教养方式以及成长环境的优越性使他们容易出现学习动机不够强烈、学习主动性不够积极等问题，这些都为众多"60后""70后"教师所诟病。他们常用"我们那个时候念书怎么样，而现在的学生又怎么样"等语言来表达对这种代际学习态度变化的不认同。同时，随着学生家长素质的提高，对学校教育也开始有自己的看法，这时家庭教育与学校教育之间、家长与学校教师之间就容易出现矛盾与不一致的地方，传统的家校关系模式受到前所未有的挑战。

（二）家校关系对教师认同发展轨迹的影响

本书中家校关系是指微观层面（家长与学校教师之间的交往与互动）的家校关系。家校关系经历了20世纪80年代初期到90年代的互不干扰型关系向20世纪90年代之后的服务型关系转变。互不干扰的家校关系是指家长一般只负责让学生能够读书就行，将教育管理权限全部让渡给学校，很少会干预或干涉学校的教育过程。这种家校关系产生的主要原因是中国社会在经历一个大变革时期之后，家长素质普遍不高、人们各方面意识也没有完全觉醒。在教师看来，家长的这种"放权"行为是教师受到家长尊重与信任的必然要求。比如 C3M 教师在县城中学工作时，也就是 20 世纪 80 年代中期到 90 年代初期的那几年，当时的家长非常尊重和信任教师。"管理学生时，对那些不听话、破坏课堂纪律的学生，难免批评甚至动手打一下，但家长们会认为教师是在认真地管学生。"（C3M，p.50）服务型家校关系产生在 20 世纪 90 年代后，中国社会进入充满活力与价值观多元并存的时代，与快速的社会变革相比，教育变革的滞后性特质越来越明显，教育体系越来越难以满足社会发展对人才培养规格的要求以及社会大众对优质教育的需求，人们越来越质疑教育的有用性与有效性。教育系统自身也开始进行各种改革，比如自 20 世纪 90 年代开始倡导的素质教育以及进入 21 世纪的新课程改革等。随着国家公共服务职能体系的日趋完善，教育、卫生等行业逐渐成为国家民生工程的重点项目，教育特别是对提高整个民族素养具有重要意义的义务教育开始成为各个国家的重要公共系统。教育系统的公共服务性使家校关系逐渐演变成一种公共契约式的服务关系，学校作为公共服务部门日益受到公众关注。对两个出生组教师来说，这种关注已让教师职业逐渐成为众矢之的。教师们开始觉知教师地位的日益下降，因为家长有权利、有渠道对学校进行"指手画脚"，不管家长对学校满意还是不满意，至少学校已成为家长甚至是全社会关注的公共性场域。

这时，那些素质越高的家长越有可能对学校教育表达质疑之声："现在有家长其实对教育有很多自己的想法，他们对教师是有怀疑的。"（B2F，p.9）而同时，只要学校稍有"疏忽"，那些素质较低的家长就很可能会找学校的麻烦。"现在家长和学生的素质都不好。这段时间有教师赔了 2 万多元。起因是老师上课时，学生径自去上厕所回教室老师才发现，打了这个学生一耳光，学生就和家长一起到学校和教育局'闹'。虽各项检查都正常，但学生就说头痛，最后教师自己赔钱了事。"

第七章 教师认同发展轨迹的学校因素

（E4F，p.130）

随着家长受教育水平的提高，他们的法律保护意识也日益增强，在社会舆论与媒介力量的介入下教师职业的传统社会地位与权威必然会进一步式微，教师在工作中的无权感、弱势感越来越明显。近年来，在日本出现的"怪兽家长"现象以及在美国出现的"直升机家长"现象（"怪兽""直升机"是学校对家长的称谓），皆因家长对学校的不信任或质疑而引发。在家长看来对学校或教师的质疑与不信任是他们应然的基本权利，但事实上教师并不欢迎家长走进学校，因为家长过度地干预学校，会打乱他们工作的独立性并影响他们在学生面前的权威感。"有时你对学生再好家长也不一定能够理解。有些家长说'没得事，他不听话你给我打'。如果教师把学生'手板'打红了，家长又要告你，要老师带到医院去做各项检查等。"（E4F，p.128）

第八章

教师认同发展轨迹的待遇因素

教师职业的待遇主要有两方面,一是教师的相对报酬,即教师的社会地位,主要是社会其他群体或人员对教师职业的看法;二是教师的绝对报酬,即教师的经济待遇,由相关部门定期付给教师的工资及其他经济报酬决定。教师的绝对报酬高低在很大程度上决定了教师职业的社会地位。在两个出生组教师的教师认同发展轨迹中,不管是教师的相对报酬还是绝对报酬都与社会背景变迁密切相关。

第一节 教师职业的社会地位

一 造原子弹的不如卖茶叶蛋的

基于社会分工需要,教师职业既是教师的谋生手段,也是教师作为成熟社会个体的身份象征。义务教育体系中的教师通常是国家教师队伍的主体,义务教育的公共性特质决定了社会公众有更多的机会观察并判断教师群体的职业形象,这种职业形象一般会通过相应的社会身份隐喻得以表达,他们的社会地位也潜藏于这种社会身份隐喻中。两个出生组教师的生命历程中经历过两个教师社会地位很低的时期,即"造原子弹的不如卖茶叶蛋的"时期,以及"教师麻将"时期。这两种关于教师职业社会身份的隐喻都由"脑体倒挂"所致。

"脑体倒挂"是指知识分子的收入低于或明显低于体力劳动者收入的现象。第一轮"脑体倒挂"现象始于20世纪80年代末,并一直持续

第八章　教师认同发展轨迹的待遇因素

到20世纪90年代末。尽管在十一届三中全会上中央政府明确提出了要"尊重知识、尊重人才"人才观,但由于我国长期以来希望通过工业来提升国力,因此,和企业工人相比,中国知识分子的工资待遇一直都是比较低的。薛吉涛,刘淑云指出,1986年时,教育、卫生部门专业技术人员的工资待遇分别比当时的工业企业、建筑行业低112元和407元[①]。比如B3F教师、E2F教师、C1F教师和C2F教师在刚入职时或工作初期时,都在军工或者建筑类企业子弟校工作过,他们同期的收入就比那些在其他公立学校工作的教师高不少。

教师的社会地位在20世纪90年代出现明显的下降。这与当时我国教师队伍建设管理中各级政府均面临较为紧张的财政压力有关,教师队伍基数庞大,教师待遇的财政拨付制度主要依靠县级政府和乡级政府,导致教师职业待遇低下甚至很多时候基本得不到保障。因此,当时的教师队伍管理政策常将教师假定为"道德人",在应然层面上假设教师职业从业人员要做到不计较名利与个人得失,赋予教师职业极高的道德地位,并用"蜡烛"来隐喻教师职业的职业形象,以"鼓励"教师燃烧自己照亮别人。在每年教师节,各级教育行政部门或相关教育单位,都会象征性地表扬部分优秀教师,但这类表扬在两个出生组教师看来,其实质是强化了教师职业社会地位低下的客观现实。"每年教师节,教师凭教师证购物都有优惠。但百货部门给教师优惠的都是价格低廉、品质不好的商品,意思是教师只能用这类商品。"(B2F, p.22)

李强认为"脑体倒挂"的产生有一种被表层政治制度掩盖着的更深层原因[②]。在20世纪80年代末期到90年代初期时,社会再分配制度中的双轨制是造成本轮"脑体倒挂"的制度性原因。当时在工业、企业、建筑业等内部已逐步开始实施市场经济制度,而在文教、政府等部门还

[①] 薛吉涛、刘淑云:《"脑体倒挂"引起的思考》,《北京师范学院学报》(社会科学版),1989年第2期。

[②] 李强:《"脑体倒挂"与我国市场经济发展的两个阶段》,《社会学研究》1996年第6期。

实行的是计划经济制度，前者的日趋开放与灵活提高了效益，并提升了单位职工的收入，而后者由于计划经济的限制职工收入依然还停留在原地。可见"造原子弹不如卖茶叶蛋的"是当时与教师职业一样还在实行计划经济体制性职业的必然现象，涉及很多种类别的知识分子，教师当然也在其中，但也充分证明教师职业当时的社会地位与其职业收入之间的密切相关性。

二 教师麻将

"教师麻将"并非是一种严格意义上的社会身份隐喻，但确是教师社会地位物化表征的最直接彰显，主要出现在 D 校和 E 校教师的自我叙述中，他们形容的"教师麻将"是指教师在一起打一种赌资少（比如一次打一两块）的麻将，以此来嘲笑或讽刺教师群体由于收入低下，打麻将也只能打小麻将的现象。教师工资水平从纵向维度看是在 2005 年之后才开始有明显上升，与 20 世纪 80 年代和 90 年代相比，进入 21 世纪之后教师的工资绝对值涨了很多倍。但在两个出生组教师看来，这种上涨幅度既不及物价上涨速度，也不及其他职业，比如，教师职业待遇总是不及政府部门的公务员、在医疗卫生行业的医护人员等，因此从不同职业间的横向维度比较看，教师职业经济待遇的绝对值是低下的。这种现象的产生与当时不同劳动力市场社会分配机制中出现的新一轮"脑体倒挂"有密切关系，即随着市场经济活力进一步的迸发以及高等教育普及率的提升，众多有着高学历的年轻人远离第一生产劳动力市场，体力劳动者的市场需求日趋强烈，技术型体力劳动者和普通脑力劳动者之间的平均收入差距逐步拉大，这一点对两个出生组教师的教师认同观均产生了较大影响，特别是对农村中小学教师群体中的影响较大。首先，随着大学生就业制度的市场化改革，农村家庭子女已不可能再通过初中直接升入中师或者中专就能进入传统的"铁饭碗"类职业，直接导致农村学生的学习积极性与学习动力均明显下降。其次，城镇化进程中的城乡发展不平衡以及资源分配不均衡，反而增加了农村学生的受教育成本，表

第八章 教师认同发展轨迹的待遇因素

面上看义务教育阶段的农村学生已不再交学费等,但因农村中小学学校规模的萎缩以及农村学校撤点并校布局政策的实施导致不少农村学生不得不到离家更远的学校寄宿上学,各类生活费、住宿费以及补习费反而在某种程度上进一步提高了农村学校学生的教育成本,使部分学生及家长对进一步的高中教育或者大学教育只能望而却步。这两个因素综合作用导致不少农村家庭的父母产生"读再多的书都找不到好工作"的"教育无用论",对子女的教育热情自然就降低并做出及时止损的决定,继而选择让其外出打工或学一门技术。

这样,很多农村家长,特别是那些在城市社会里通过体力劳动挣到不错收入的家长认为自己的孩子只要"混个初中毕业"即可,至于他们是否服从学校或教师规定的管理秩序、学习态度是否端正都是教师自己的事情与他们没有多大关系。有家长甚至直接让学生不再读书,如果非要完成义务教育,中考时让孩子到学校参加一下形式上的毕业考试,借此获得初中毕业证就可。长期以来,农民阶层处于社会最底端,随着城镇化进程的加快,鼓励农民进城务工、买房、接受教育等已逐渐成为不少地方政府城镇化建设的常态性制度。对不少农村青壮年来说,只要他们有技术或者勤劳肯干,就有机会在城市中买房、落户,其孩子也可享受城市学校的教育资源。但此时,曾经是很多农民羡慕或者崇拜的农村中小学教师还只能靠着"旱涝保收"的工资,每天与那些进不了城的农村家长和农村孩子打交道,教师们发现自己已经沦落到了社会最底层,因为就连以前他们看不上的农民阶层都可以不再尊重或崇拜他们了。

"教差班的话课都无法上,学生在教室里抽烟、喝酒、打架。家长也非常不重视,你要是跟家长反馈学生的学习情况,有家长直接回答'随便他学不学,反正他初中毕业就出去挣钱。'"(E4F, p. 131)"有个学生读完初二就不来了,去家访时他父亲说'他现在就可以到奶牛场去上班,一个月拿1200元。他去学校读书,还不是打瞌睡,一分钱都没有。要考试时我喊他去参加下就行了'。"(D4F, p. 166)

社会身份隐喻体现的是在受到国家政治、经济制度影响下不同社会阶层和社会群体进行阶层流动时各自经济资本与社会资本所决定的社会地位。有关教师职业形象的这两种社会身份隐喻也是教师群体在阶层流动时的社会地位体现，两个出生组教师的社会地位在社会各种背景变迁中并没有增强，反而是逐渐式微的。总体来说，如果是 20 世纪 60 年代初期出生的教师，则会在工作 5 年左右受到第一轮"脑体倒挂"社会现象对其教师认同发展水平与状态的影响；如果是 20 世纪 60 年代中期或末期出生的教师，在他们刚入职时就会受到第一轮"脑体倒挂"的影响。在时隔 10 来年后，对所有的"60 后"教师来说，都有可能会受到第二轮"脑体倒挂"对他们教师认同发展水平的影响。第二轮"脑体倒挂"对在乡村学校工作的"60 后"教师的教师认同发展水平影响更深刻。受这两轮"脑体倒挂"对教师职业社会地位产生的重要影响，大部分"60 后"教师认为教师职业的社会地位仍然还在继续下降，尽管他们的工资待遇确实比刚入职时高了很多，但对各类变革的明显不适应使他们的教师认同水平很难再达到比较高的状态，他们的教师认同发展轨迹呈现出明显持续向下的变化趋势，这一点变化特征在 D 校和 E 校的"60 后"教师生命历程中体现得特别明显。

"70 后"教师上高中或入职初期时会受到第一轮"脑体倒挂"的影响，教师职业的吸引力在当时明显下降，这也是当时师范院校难以成为"70 后"教师高考首选学校的重要原因。"尽管我当时比较喜欢教师职业，但高考时的第一志愿还是报了医学院校。"（D2F, p. 150）"当时的高考成绩不是太理想，我上的是专科线，能被录取就是一个意外。当时我自己想去读个财经类的专业，财经实际上属于比较热门的专业。"（B4F, p. 22）因此，"70 后"教师在高中阶段或入职初期的教师职业观容易受到当时教师职业社会地位低下的深刻影响，即使他们选择了师范类院校或已从事教师职业，他们的教师认同水平依然不是很高。这是大部分"70 后"教师在入职初期容易出现教师认同水平向下转折变化的重要原因。

第八章　教师认同发展轨迹的待遇因素

第二节　教师职业的工资待遇

教师职业形象的社会身份隐喻通过联结教师与他者群体对教师社会地位的判断，充分彰显出两个出生组教师的教师认同水平与国家经济制度变迁之间的潜隐性关系。与社会身份隐喻的非凸显性不同，教师职业的工资待遇则更为直接地昭示出教师职业社会地位与教师认同水平发生变化之间的密切关系。

一　20世纪80年代——收入低，横向差距小

教师工资待遇是国家在社会再分配中支付给教师群体的劳动报酬。陈赟指出，教师工资水平受到国家的政治制度、经济发展水平以及教育政策等方面因素的影响，既体现教师的社会地位高低，也体现国家对教育的重视程度高低[1]。20世纪80年代，教师的工资待遇比较低，1982年教育文化系统平均工资在全国十几个行业中处于倒数第三位，1983年处于倒数第四位。在教育工作者中收入最低的又是中、小学教师和其他类型的中青年教师[2]。但有部分"60后"教师还是非常满意当时的教师工资待遇，这与当时"60后"教师的家庭出身以及国家的经济制度有关，不少"60后"教师出身于干部家庭，家庭经济条件总体不错，且当时的计划型经济制度决定了个体能够拥有一份"正式"工作机会的有限性，尽管教师职业的经济待遇并不高，但也满足了劳动者想要获得一份"正式"职业的需求。所以，"60后"教师对20世纪80年代时教师工资待遇和教师的社会地位基本都是比较满意的。在"文化大革命"时期，不少出生于贫下中农家庭的"60后"教师比较认可与接受教师职业，教师职业依然是他们比较理想的职业，对当时的农民阶层来说选择教师是

---

[1] 陈赟：《20世纪90年代教师工资问题研究》，《清华大学教育研究》2003年第2期。
[2] 陈赟：《20世纪90年代教师工资问题研究》，《清华大学教育研究》2003年第2期。

一种比较容易实现的阶层上移路径。

1985年1月21日,第六届全国人大常委会第九次会议作出决议,将每年的9月10日定为教师节,这个教育事件对"60后"教师意义重大。教师职业开始在国家意志影响下,赢得了全社会前所未有的尊重,甚至还出现了不少专门讴歌教师职业的歌曲传唱。正是因为"教师节"的设立,很多教师认为当时教师职业的社会地位比较高,至少教师职业是受到"国家"重视的职业。教师的工资待遇尽管从绝对数字上比其他职业要低,但当时每种职业的收入都不高,整个国家的经济发展状态也不太活跃,教师收入和其他职业横向比较相差不大,他们容易获得心理平衡。

二 20世纪80年代末期到90年代——全国范围内的拖欠教师工资现象

20世纪80年代末期到90年代,全国范围内出现了非常普遍的拖欠教师工资现象,这个问题在地处西部且经济不发达的贵州显得更为严重。比如A4M教师生命历程中经历的"以酒抵薪"事件在贵州就比较普遍。"拖欠教师工资,严重影响教师生计,挫伤教师工作积极性,影响教师队伍的稳定,广大教师反映十分强烈,社会各界对此也极为关注。"① 尽管5所学校都地处省城贵阳,但那时也只有A、B、C三所学校的教师工资基本有保障,E校和D校的教师则经历过每月工资被延迟发放或一直被拖欠的生命事件。一直在E校工作的E5M教师对此记忆非常深刻,那时他正好工作10—15年,其教师认同水平出现了明显的转折向下变化。"那时其他同学已事业很成功了。但学校经常都延迟发工资,由于家里孩子开始读书,爱人没有工作,家庭开销非常大,所以那时对教师工作很失望。"(E5M,p.141)A4M教师调到A校以前在当地县城中学工作,经历"以酒抵薪"的生命事件后,虽然当时他已是学校的中层干部,也

---

① 陈赟:《20世纪90年代教师工资问题研究》,《清华大学教育研究》2003年第2期。

第八章 教师认同发展轨迹的待遇因素

比较受领导的重视，但为了给家人更好的生活，还是毅然选择了调动，而这也成为他工作15年时教师认同水平开始下降的主要生命事件。

拖欠教师工资与国家当时的经济政策和当时的教师管理体制分不开。贺春兰认为拖欠教师工资的根本原因是认识加上体制的问题[1]。认识是指当时全国各地都在大力推进改革开放，狠抓市场经济，而教育特别是基础教育是一项出成绩很缓慢的事业，因此，当地政府官员并未将教师发展问题、教育发展问题当成政绩考核的必要因素。体制层面上，当时的基础教育实行"地方负责、分级管理的办学体制"。教师的工资也主要由地方政府（县级政府）负责，甚至"有条件的地方可以下放到乡"[2]。但在具体执行时，很多地方不顾下属地方财力紧张、负担能力有限的客观现状，只管把教师工资这个皮球踢下去，直至到乡。因此，在那些经济基础薄弱的乡镇，中小学教师的工资自然就难以按月发放。

三 20世纪90年代末期以后——逐步提升，横向差距大

从20世纪90年代开始教师待遇保障的法制建设逐步健全，为切实解决教师工资被拖欠问题，相继在1993年和1995年颁布了《中华人民共和国教师法》《中华人民共和国教育法》以及《中国教育改革和发展纲要》等法规，并提出将"两基""三保（保工资、保运转、保安全）"工作开展情况作为考核当地政府官员的重要指标。20世纪90年代末期，"中央政府从完善教师工资保障制度入手，实行教师工资县级统筹，并加大转移支付力度，从根本上解决了拖欠教师工资的问题，确保了教师基本工资的按时足额发放。在此基础上，教师工资实现了较快增长。1998年，我国中小学教师的人均年收入为7377元，2003年，教师的年平均工资收入翻了一番，为13319元。到了2008年，全国中小学教职工

---

[1] 贺春兰：《拖欠教师工资 中国教育不能承受之重》，《人民政协报》2000年6月12日第1版。

[2] 贺春兰：《拖欠教师工资 中国教育不能承受之重》，《人民政协报》2000年6月12日第1版。

年平均工资达到28074元，年递增率约10%。……2008年，如果仅仅从工资单上看，在农村地区，中小学教师的位次已从各行业的末位上升到前几位。就全国而论，中小学教师在各行业中的位次亦有所上升。这样的增长速度不仅大大超过发达国家，而且超过绝大多数发展中国家"①。

统计数据显示，与20世纪80年代和90年代相比，进入21世纪之后教师的工资待遇已经有了很大改观。按照通常理解，在教师工资待遇得到绝对保障和实质性改观的前提下，两个出生组教师的教师认同水平应该会有明显的提高。但事实是他们的教师认同水平并没有因为教师工资待遇的绝对增长而出现相应的绝对提高。这是什么原因呢？"教师始终是生活在现实中的普通人，现在的年轻老师刚入职时的基本工资是2000元左右，比我们当时的收入确实高了很多倍，但一个月的工资却不够买一平方米的房子。"（A4M，p.5）"当教师的压力越来越大。工作5—10年时，社会各类职业之间差距不大，教师也比较受人尊重。"（B3F，p.32）"现在是多元的信息社会，教师这一行尽管待遇不高也不低，但'追求经济效益'这些观念还是在不断地影响着老师。有很多老师会给学生补课，特别是那些主科老师。"（C7M，p.58）

20世纪80年代到90年代初期，不同行业之间工资收入差距的绝对值不大。进入21世纪之后，市场经济活力进一步增强，各类新兴行业逐步兴起，劳动者就业渠道也日趋多元，在市场竞争中占据绝对优势的劳动者所获得报酬也明显高于其他行业劳动者。教师职业劳动报酬的"前载性"特征以及增长的缓慢性特征使其在横向层面比较上也明显低于那些在市场竞争中的优势行业，这是两个出生组教师的教师认同水平并没有随着教师工资待遇的绝对值提高而上升的根本原因。

四 2006年以后——绩效工资制度的全面实施

从2006年7月1日起，贵州省开始在全省范围内推行公务员与事业

---

① 燕学敏：《我国教师工资发展水平状况分析》，《中国教师》2010年第12期。

第八章 教师认同发展轨迹的待遇因素

单位绩效工资改革制度。并颁发了《贵州省事业单位工作人员收入分配制度改革实施意见》，该意见明确提出贵州省事业单位工作人员的分配制度实行绩效工资制度。绩效工资制度的出发点是为了提高和确保教师的待遇，但大部分"60后"和"70后"教师对绩效工资制度的主观感受却与政策初衷之间出现了较明显的偏差。

首先，教师职业待遇的府际性忽视导致教师法定待遇难以得到切实保障。关于教师工资水平不低于当地公务员平均工资水平的提法其实在1994年的《中华人民共和国教师法》中就已明确，但迟迟未能兑现，时隔近20年才实行。不少"60后"和"70后"教师认为绩效工资制度不过是国家把早就该做的事情现在才来做而已，而这却也恰恰证明了国家对教育、教师待遇的不重视。哈格里夫斯认为："一方面，我们对教师寄予厚望，希望他们教育儿童为跨入知识社会做好准备；另一方面，由于教师已成为一种公共职业，他们的工资应由政府支出，但许多政府限制或拒付这项开支，将资金用于支持他们认为更易见成效的事业。"[①] 这可能是绩效工资制度迟迟不能兑现的关键性原因。

其次，绩效工资政策制度集灵活性与基础性为一体的特征给地方政府克扣教师工资提供了寻租空间。绩效工资制度的实施一般是将教师的全年工资分为基础性绩效工资和奖励性绩效工资，基础性绩效工资部分占到教师全年绩效工资总量的70%，由县级以上政府的人事、教育部门共同确定，一般是按月发放。而奖励性绩效工资部分占教师全年绩效工资总量的30%，由学校按照规范的程序和办法自主分配，主要基于对教师的日常工作量和实际贡献等因素的量化考核，再确定每个教师的奖励性绩效工资分配等次，一般按学期或者学年发放。这样的分配方案可能会带来两个问题，一是教师们常认为所谓奖励性绩效不应是把他们工资的30%用来进行二次分配，而是真正在每位教师获得100%全额基本工

---

① ［美］安迪·哈格里夫斯：《知识社会中的教学》，熊建辉、陈德云等译，华东师范大学出版社2007年版，第11页。

资基础上由政府提供专门的资金奖励教师。二是绩效工资制度的量化考核方式与教师职业的劳动属性不相吻合。教师工作具有复杂性、隐蔽性特点，很多具体工作内容根本无法进行量化考核。"教师的工作方式也与其他社会职业不同。他不是像其他职业那样要使用什么工具，而是要用教师自己的知识、智慧、人格魅力在和学生的共同活动中去影响学生。"① 教师工作面对的是个性复杂、差异较大的学生群体，他们对学生的影响是在日复一日的教育教学中缓慢发生的，这种影响的结果怎么样，较短时间里也不能全然显现。而绩效工资制度作为工业化社会的产物，其基本前提是假设教师职业的工作性质、工作任务、工作结果等可以量化计算和标准化度量。因此，绩效工资制度与教师职业在现实世界中的职业特点之间其实存在矛盾，或者绩效工资制度在某种意义上可能会进一步将教师职业等同于"生产"性企业的工人，加剧教育产业化运动，而容易忽视教师职业的复杂性和对个体影响的深远性。"有很多事情需要做时，还要记录下每天的量化工作有哪些，只会增加教师的工作量。"（C7M，p.78）当然这种矛盾的存在也许是一种必然，因为实行绩效工资制度，量化专业性职业的工作内容可能是目前最公平的管理手段与方式之一。

  尽管绩效工资制度明确规定不能将学生的升学率作为绩效考核的指标，实质是学校在量化教师绩效时都会重点考虑学生的成绩，特别是对采取分层教育的 B 校和 E 校来说更是如此。这样，不管是从组织层面还是个人层面都会期望教生源好班级的老师的职业生涯一直"循环"在教好班级中，以保证学校的升学率。其他教师则认为教好班级的教师所取得的成绩是因为学生生源优秀，而非教师自身优秀，且还会认为这既是对教育规律的违背，也产生了新的教育不公平。"九年制义务教育要求学校不能分重点班，但学校为提高自己的竞争力都在分层教育。为了激励重点班的教师，绩效工资计算肯定就会向重点班倾斜，教重点班的教

---

① 顾明远：《教师的职业特点与教师专业化》，《教师教育研究》2004 年第 11 期。

第八章　教师认同发展轨迹的待遇因素

师一学期要比平行班的教师多拿2000元左右。"（E4F，p. 130）

学校领导在量化考核中的权限过大，领导与普通教师之间的考核标准不一致也是对两个出生组教师教师认同发展轨迹影响较大的原因。"绩效工资制度实施后，我不想当教师的想法非常强烈。比如，去年我们有8个英语教师都超课了，到学期期末时，每位老师只得了两三百块钱的超课费，但领导们加一次班都要算300块钱。"（E4F，p. 131）

绩效工资制度给不同学校教师的整体性影响也不一样。比如实施绩效工资制度之后，B校教师认为他们的收入出现了明显下降。在绩效工资制度实施以前，由于B校生源紧张，催生了各种"付费"方式的入学渠道，同时好学校本就容易获得教育行政部门经费拨付与资源支持的倾斜，那时B校教师的教师待遇比其他学校要好很多，所以，B3F教师认为绩效改革后，她的收入没有升反而降了。而D校和E校的教师也认为绩效工资制度并没有对他们的工作积极性起到实质性的激励作用。不管是否实行绩效工资制度，高职称教师的基础性工资水平都是比较高的，他们不太在乎这些量化考核是否能完成。其他大部分教师则认为用来做奖励性量化考核的30%部分本就属于他们的基本工资，但现在却拿出来让教师之间互相竞争，这不利于学校的人际关系和谐，也让教师们认为这是在变相的欺骗或者欺压教师。而与教师群体一样实行绩效工资制度的公务员却是在每个月拿到100%工资之后，年终还有各种目标考核奖，这让教师们感到非常不公平。

绩效工资制度在两个出生组教师中出现了政策初衷与实施质效之间的路径错位。容中逵认为教师绩效工资制度实施过程中潜藏着以下危机：导致教师职业及其声誉的失信失效；考核的行政化可能导致整个绩效考核操作的权力化与官本位化等[①]。这一点对两个出生组教师的教师认同发展轨迹均产生了影响，对教师们来说，绩效工资制度的实施除了具有上述危机外，还在某种程度上增加了他们的工作量，使他们的工作受到

---

① 容中逵：《教师绩效工资实施问题及其臻善》，《中国教育学刊》2012年第1期。

了更多的行政规制。

单从工资待遇上面与公务员类的职业相比，教师群体依然是弱势群体。教师职业的经济待遇变化历程显示，一旦工资水平满足了教师群体的基本生存需要，他们则会更加看重自己的社会地位，尽管绩效工资制度使教师的基本工资得到了保障，但与其他行业相比，他们却又感到教师职业社会地位的明显下降。这种现象在 E4F 教师的教师认同发展轨迹中体现得很明显，她在入职初期时对教师职业的认可与接受程度非常高，但一直不满意教师职业待遇，随着工作年限的增加，其教师认同水平一直呈向下发展趋势。

师者自古被誉为圣人，即使是到了现代社会在不少传统家庭的神龛上依然能看到"天地君亲师位"的中堂牌位。中国传统文化依然深深地影响着中国人对教师职业的看法，教师角色依然带有浓重的"道德人"色彩，即将教师看成不食人间烟火的、道德高尚的圣贤之人。B6F 教师去卫生间时碰见一学生，学生跟她打招呼说："老师，你也要来上卫生间啊？"（B6F，p.123）她心理咯噔一下，"学生的言下之意是，你是我的老师，怎么也和我一样来上卫生间呢"。（B6F，p.123）这样的道德桎梏使教师的社会身份即使在现代社会框架之下也不应成为"经济人"。一旦有教师因为补课或道德低下而成为众矢之时，整个教师群体就会遭到全社会的公共性谴责。

另外，教师工资待遇绝对值的纵向增长有可能带给教师的满意感与满足度却又被市场经济繁荣带来的利益至上、金钱至上的价值观消减。比如"70 后"出生组中的女性教师多认为男性教师不太好找对象，如果她们自己要找对象，很少会考虑同在教师行业的男性。两个出生组教师的教师认同发展轨迹事实上均受到教师经济待遇的影响，尽管教师管理者们在教师职业形象中总是极力地在塑造一种教师职业应与经济或利益等无涉的社会身份隐喻。"阿尔都塞认为在最终的意义上经济力量支配并控制着社会生活，但文化实践与文化制度竭力从经济基础中独立出来，

第八章 教师认同发展轨迹的待遇因素

获得相对的自治。"[①] 教师在社会中受到的道德桎梏就是一种文化制度对教师职业的影响,加上教师职业本就是与文化息息相关的职业,这使教师自知的教师社会地位对教师认同水平的影响显得更加重要。

第三节 教师职业的专业地位

两个出生组教师在工作初期的教师认同水平都会出现比较明显的波动变化,波动既可能是向下的转折变化,也可能是向上的转折变化。说明在入职初期,两个出生组教师对教师职业的情感体验比较强烈。但到了职业生涯后期,不少教师的教师认同水平会一直停留在一般甚至更低的水平,特别是即使在2000年以后教师工资待遇有明显的改善以后,"60后"教师中教师认同水平依然在低位状态上持续的比例较大。在已明确教师社会地位、经济待遇等对教师认同发展水平产生必然影响的前提下,对作为专业技术人员的教师来说,影响他们教师认同发展轨迹的因素还有教师职业的专业地位。当两个出生组教师感到专业发展前景不好,其教师认同水平会出现持续走低的现象,教师专业发展的最明显体现就是职称水平变化。职称晋升是教师在满足基本生存需要前提下的更高层次发展需要,比如自尊的需要、自我实现的需要等。教师职称的变化体现了教师作为一名专业技术人员专业能力的发展情况。

一 职称评定制度的逐步健全

教师职称评定制度是通过对教师专业能力的官方认可与评定,促使教师实现一名专业技术人员应具有的专业理念、专业知识以及专业能力等,即教师要像专业人员那样行动,并被赋予相应的专业性等级。作为激励教师专业发展的教师职称评定制度是教师获得正式专业身份的关键

[①] 张意:《文化与符号权力——布尔迪厄的文化社会学导论》,中国社会科学出版社2005年版,第130页。

路径。20 世纪 80 年代以前，对教师的职称评定还缺乏相应的政策以及相应的机制，只是在 1978 年 12 月教育部与国家计委联合颁发试行《关于评选特级教师的暂行规定》，这时教师职称制度还未建构起一套常态化的专业人员管理机制。一般来说，当时中小学教师的专业待遇是按国家干部即公务员的待遇执行。1985 年 8 月 30 日，国务院工资制度改革小组、劳动人事部颁布《关于高等学校、中等专业学校、中小学教职工工资制度改革问题的通知》，其中规定对教职工实行结构性工资制度，结构工资包括基本工资、职务工资、工龄津贴和奖励工资四个部分。其实质依然是按照公务员的标准来制定中小学教师的工资标准，没有体现教师工作的专业性特征。

（一）教师对职称评定制度的主观感知

20 世纪 80 年代到 90 年代初期，相关部门相应颁布了《中学教师职务试行条例》《小学教师职务试行条例》《教师和教育工作者奖励暂行规定》等法规。这些条例与法规的颁布实施，对促进教师队伍专业化建设和教师个体的专业发展具有积极的激励作用："对提高中小学教师的素质和地位、试行中小学教师职务制度、加强班主任工作和学校团队工作等多个方面，起到了较好的指引、规范和保障作用。"[①] 但由于贵州地理位置偏僻，教师队伍基数庞大，要对所有教师都开展这样的评聘工作无疑是一项非常大的工程，所以在 1988 年以后在贵州才开始逐步实行教师职务评定工作。尽管如此，教师们的职称评定其实是很难的，公务员队伍一般是工作到相应年限就可自然实现职务升迁，但教师职称等级评聘必须要向上级教育行政部门进行限额逐级申报，无法实现每名教师只要满足相应的工作年限就可成功评聘。同时，由于城乡教师队伍专业素质差异的客观性，但职称评聘的条件还不具有城乡之间的区域适应性，导致越是偏远地区的教师，所能获得的评聘机会就越少。"1999 年评高级

---

① 涂怀京：《新中国中小学教师法规研究 1949—2000》，博士学位论文，华东师范大学，2003 年，第 30 页。

第八章 教师认同发展轨迹的待遇因素

职称时,全县只有 8 个名额。从论文和专著来看,我可以破格评高级,材料送到地区时,说是可以破格,但最后要报省教育厅决定。半年后才等到批复,结果居然是同意该同志评为 1 级职称(1993 年,我已评 1 级)。"(C8M,pp.82—83)

不少教师认为,职称评定不是仅靠他们工作努力就能实现的。在绩效工资制度实施后,各级职称的评聘条件不但要求教师要有当班主任的工作经历,还要有年度评估考核优秀、学生成绩排名靠前以及相应的科研成绩等。显然,农村中学教师满足这些条件是比较困难的。而绩效工资制度中的基础性工资在很大程度上又都是按教师的职称等级来确定的,这又再次让农村中学的教师产生不公平感。"我现在工作已整 15 年,但基本工资只有 2100 元多点,因为我职称还是初级,比较郁闷。工作这么多年,大部分班级都带得好,但得到学校认可的地方少。评先进、评优秀我从来没有得到过,职称也就难以评上。"(E6F,p.170)

(二)职称评聘制度与教师主观感知存在差距

教师职称评聘制度的完善是为了提高教师队伍管理的高效性,并以此激励教师的主动性专业发展。事实证明无论哪个出生组的教师,其教师认同水平越高,其专业发展能动性越强。这种教师职称评定制度与教师工资收入挂钩的管理机制的确能在很大程度上提高教师的工作积极性。教师能够顺利地评上职称,就意味着自己的专业地位得到了同行或者管理者的正式认可,这也会进一步提升教师自己对教师职业的认可与接受水平。比如 B8F 教师工作 10—15 年时,其教师认同水平一直处于比较认可与接受的状态,这期间的关键生命事件之一就是她顺利地评聘上高级职称。同时,教师专业职称的评聘也可能会成为教师认同水平下降时教师自己的努力方向与奋斗目标,比如 E4F 教师和 E3M 教师。如果教师职称评审顺利,教师认同水平则可能不会发生变化。而一旦教师职称评审不顺利,教师认同水平就有可能受到影响,比如 E5M 教师、C7M 教师、C8M 教师。

另外,教师专业地位的提升也必然会涉及继续教育以及在职研修等路径，但两个出生组教师对教师继续教育的态度明显不一样。"60后"教师更倾向于认为在职教师继续教育制度是形式，并未能真正提高教师职业的专业地位，反而增加了教师本来已经繁重的工作量。

"现在针对农村教师的继续教育都是形式。我都已是快退休的人了，让我去重新学习新知识是非常困难的。很多培训都是被动地学习，比如师德学习，如教师的师德可通过学习能提高，那就不会有师德问题。还让我们每年写读书笔记、写论文等，这些都是在网上抄，浪费教师大量的时间，又没有真正地起到作用。"（D1M，p. 97）

但"70后"教师则认为要提高自己的专业地位，就应该多参加继续教育，因为只有教师的学习机会增多，发展机会才会增加。"现在我们这个校长非常好，他的管理很人文，并且尽最大努力让学校的年轻教师都出去学习，大家的干劲都比较足。"（A2F教师，p. 8）"现在学校的学习机会很多，对教师成长的帮助很大。学校的互助氛围非常好，比如我们的年级备课组，同一年级同一学科每周固定一个时间大家集体备课。"（A3M，p. 17）

二 对专业地位态度的组间差异

"70后"教师比"60后"教师更加看重教师职业的专业地位，这一方面与"70后"教师正是学校的中坚力量有关。"70年代的教师现在是学校的中坚力量。"（A1M，p. P5）另一方面，也与两个出生组教师生命历程中经历的职业社会化过程不一样有关。"60后"教师的学徒观察期受到政治因素影响的非正常学习、师范教育时期重视教师技能培训和经验"灌输"，他们并未在职前培养阶段养成终身学习意识与能力。而"70后"教师从学徒观察期经历了正常的学习模式，且师范教育阶段的教师培养模式也更为重视养成专业理念，获得专业知识与能力等，特别重视对教师终身教育意识与能力的培养。

哈格里夫斯将教师职业的专业化发展划分成四个阶段，即前专业阶

第八章 教师认同发展轨迹的待遇因素

段、自治专业阶段、合作专业阶段和第四阶段①。在前专业阶段，教师无须接受大学学习，其职业更为个人化，其职业学习也更多的是在经验中进行；在自治专业阶段，社会大众可透过各种渠道进入教师职业，其专业也依然是个人化的，但有更多的理论培训以及专业化发展的要求；在合作专业阶段，教师职业的准入依然是多渠道的，但其专业学习更注重探究以及实践基础，更强调合作和共同体建构，更注重伙伴式地促进教师专业发展，专业标准等概念也进入人们的视野。第四阶段会出现两种截然不同的发展方向，一种是将教师职业性质从准专业提升到完全专业，一种则是将教师职业从专业推向去专业化。"60后"教师非常看重教师职业的独立性特征以及注意教学经验的积累，即他们的教师认同观还停留在一种教师专业发展的前专业阶段，他们倾向于认为教师职业是个人主义的、经验主义的。"工作这么多年，感觉自己就像中医一样，靠经验对学生的拿捏也越来越准，后来就从一个眼神、一个动作、一个表情判断学生要干嘛。"（A4M，p.4）

"70后"教师的职业社会化过程受到20世纪80年代以来的教师专业化运动影响，他们的教师认同观处于自治专业阶段或者合作专业阶段。此时的教师队伍建设中更加重视理论培训，并致力于让教师在共同体中持续学习，所以"70后"教师的第一学历要普遍高于"60后"教师，并且进一步提升的学历意愿也强于"60后"教师，且"70后"教师在教师认同水平比较高时，会更倾向于采取与同事一起进行专业讨论或课题研究等方式提升自己的专业地位。

第四节 教师职业中各类待遇的关系

如前分析显示，从20世纪80年代到90年代以及进入21世纪之后，

---

① Andy Hargreaves, "Four Ages of Professionalism and Professional Learning", *Teachers and Teaching: History and Practice*, Vol.6, No.2, 2000.

教师的经济地位基本上以"10年"一轮作为一个变化周期。20世纪80年代时教师经济地位不高，但社会地位高，这与当时教师工资水平主要按照国家机关工作人员的身份定位来确定有关，这意味着教师的社会身份与国家机关工作人员一样。在中国文化场域下，这种身份带着莫大的神圣与光荣，这也是当时为什么有这么多人将教师职业看成"铁饭碗"的根本原因。比如C3M教师、B3F教师在当初进行教师职业选择时，都受到这种"铁饭碗"的诱惑，而E5M教师也是因为羡慕"文化人"的身份而选择教师职业。20世纪90年代，教师的经济地位与社会地位均处于低谷期，教师职业身份似乎又回到"臭老九"的年代，比如B4F教师、E6F教师等在选择教师职业时就受到这种影响而并没有首选师范类院校。2000年以后，教师的经济地位有了显著提升，但是社会地位依然低，并且教师的经济地位与其他职业相比横向差距反而拉大。此时，教师自觉的社会地位开始日益下降，但教师的绝对工资待遇确实是呈现向上发展的趋势，这就使教师的各类待遇从20世纪80年代以来呈现出一种剪刀差的发展模式（见图8—1）。随着经济全球化及信息化社会的到来，教师职业的这种经济待遇与社会地位之间的剪刀差有可能会越来越大。

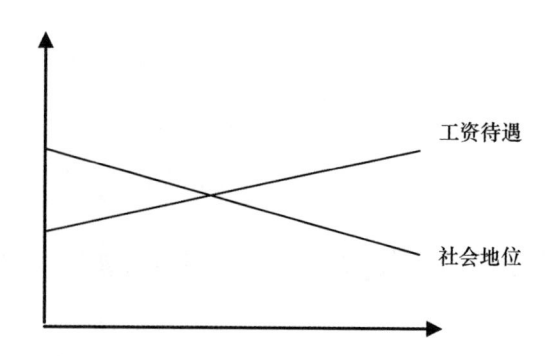

图8—1　20世纪80年代以来教师职业待遇中的剪刀差关系

但两个出生组教师并未因为社会地位低下而离开教师职业，这与教

第八章　教师认同发展轨迹的待遇因素

师职业生涯中的补偿机制有关，虽然教师职业的经济待遇并不高，但来自社会大众的普遍性尊重、学生的发展成就以及充裕的寒暑假时间等都是教师职业的重要精神报酬，这种精神报酬能在一定程度上消减教师职业的物质报酬不足。对"60后"教师来说，学生成绩好、有出息等是比较常见的精神补偿，而"70后"教师则更愿意提及教师职业的时间兼容性作为精神补偿。这可能是由于在20世纪80年代和90年代，教师工资是一种实质上的物质财富需求，但到了21世纪，随着各种教师管理政策的逐步完善以及教师待遇的立法保障，教师工作压力开始加大的同时教师收入也实质性地增加了很多，教师开始将基本的财富需求转向一种对自由时间的向往，因为科技越发达，社会越进步，自由的时间越有可能成为人们追求的重要财富。

教师认同发展轨迹中的待遇性因素包括教师社会地位、教师工资待遇以及教师专业地位三个子因素。教师社会地位体现的是外部职业价值观对教师认同发展轨迹的影响；教师工资待遇体现的是教师职业劳动报酬对教师认同发展轨迹的影响；教师专业地位体现的则是教师职业专业特性对教师认同发展轨迹的影响。这三类待遇性因素本身是不能截然分开的，哪怕是教师自己有时也很难剖析清楚自己的教师认同水平具体受到了哪种待遇性因素的影响。但至少教师作为行政管理对象时的工资性待遇以及专业性地位均展现出教师认同发展轨迹受到了一种科层制和指令式教师管理方式的影响。比如，教师绩效工资制度产生于工业主义的社会背景下，也是科层制管理模式的典型策略之一。当以某种职业形象表征教师社会地位时，实质是教师职业的公共性特征影响了教师的日常生活，并影响着教师对教师职业的看法，也许这种公共性特征中包含着教师自己或社会大众所看重的教师职业的精神待遇。当然，在这三类待遇性影响因素中，教师职业的工资性待遇发挥着至关重要的作用，甚至在某种程度上决定了教师职业的社会地位和专业地位。

教师教育系统主要复制了科层制管理模式，这种模式的效益至上性与教师职业的人文独特性之间未能有效契合，使绩效工资制度成为两个出生组教师的教师认同发展轨迹向下转折的重要影响因素。绩效工资制度在中国教育领域的运用是在学习美国教师管理政策基础上实施的。20世纪末期美国政府在美国中小学教师队伍管理中开始广泛实施绩效工资制度，在这个过程中，不少教师团体提出了反对意见。"通过把商业界的东西引入学校，同样的信任和忠诚受到了威胁。这是在善意、职业、个人关怀和承诺占中心的世界中一项危险实验。"① 唐志强认为："科层制特征显著的学校管理和外控式的教师专业化过程，总是营造出沉闷而压抑的封闭型组织文化，其特征是表现出过多的形式化、程式化与权力化的弊病。"② 教师绩效工资制度之所以对两个出生组教师均产生了负向影响，原因可能如下：首先，这种科层制管理中依然沿袭中国传统文化中对教师职业的社会身份假设，将教师看成"道德人"。这种制度性假设深刻地影响着教师管理中的制度设计，出现重教师"道德人"而轻教师"经济人"的管理路径；重视正式制度的"规制"而忽视非正式制度的"人文"；重视教师管理制度的约束功能而忽视激励功能等。③ 其次，在这种管理模式下，两个出生组教师反而产生职业压力越来越大的主观感知，因为教师不再仅仅是教学，同时要兼顾多种身份。加上相关的教育改革法规或者政策更多地重视了学生或家长的权利，强化了学生或家长的已有权力，并未赋予教师应有的权利或权力。所以不管是"60后"教师还是"70后"教师都认为自己并未成为各种教育改革的受益者。最后，绩效工资制度的考核方式与学生身心发展规律之间存在明显的偏差。教育的基本目的是促进学生身心发展，学生社会化过程中到底哪些身心变化是教育或教师引发的，现在还没有准确且客观的判断与评价标准。绩效工资制度采用的是学期或学年量化考核结果，表面上看起来的公平实质上容易掩盖教育作用显现的潜隐性与不可测性等特质。

---

① ［英］艾弗·F. 古德森：《专业知识与教师职业生涯》，刘丽丽译，北京师范大学出版社 2007 年版，第 80 页。
② 唐志强：《教师管理的新视角：关注教师专业自我》，《教育评论》2010 年第 3 期。
③ 郭凯：《制度经济学视野下的教师管理变革》，《教育发展研究》2009 年第 2 期。

◇◇◇　第八章　教师认同发展轨迹的待遇因素　◇◇◇

尽管对教育的经费投入在不断增加，教师工资的绝对值看上去也在持续增长，但教师依然认为教师待遇并没有发生实质性改善。这一方面与物价上涨以及可选择性的消费项目增加有关；另一方面，也与不同时代背景之下教师职业的被动性投入成本增加有关。工资体现的是个体劳动中付出与收益之间的比例，随着教师职业身份的多元化，教师需要在工作中付出更多的时间成本或其他成本。教育变革是产生这个现象的重要根源。郑燕祥指出亚太地区很多教育改革与教学改革对教师的环境以及教师的管理反而带来了负面影响，特别是这种教育变革过程普遍的给教师带来了压力①。"在改革的压力下，教师的精神问题、压力水平以及教师职业倦怠的现象都在增长，甚至在像日本那种教育改革起步较晚的国家也是如此。由于改革的影响，教师们体会到，工作更加繁重，工作规则更多，让他们分心的事更多，他们的核心工作（教学）也受到干扰，譬如官僚作风以及管理的地方分权化给他们带来的负担。"② 这种教育变革的压力对"60后"和"70后"两个出生组的教师均产生了重要影响，但"60后"教师明显要比"70后"教师面临更多、更大的压力。"60后"教师的生命历程中经历过自然灾害、"文化大革命"、改革开放、市场经济体制改革、教育系统全面改革等重大历史与教育事件。学生的学习方式、学习模式以及学生的个性特征发生了颠覆性的改变，对教师职业的素质要求也发生了重大变化。因此，不少"60后"教师的职业生涯后期已经表现出明显的不适应。"工作初期时上课方式很简单，教师把书本上的东西教给学生就行了，很少考虑学生兴趣。现在要求教师开展素质教育，关注学生学习兴趣。2008年重新上课我感觉很不适应，各种课程改革、课程标准解读很麻烦。县教育局的教研员说：'×老师，你以前上课蛮有名的，但现在你是穿新鞋走老路。'"（E5M，pp. 93—94）

---

①　郑燕祥：《教师管理：改革与国际范式转变》，载李进《教师教育与教育领导》，北京大学出版社2009年版，第122—140页。

②　[美]安迪·哈格里夫斯：《知识社会中的教学》，熊建辉、陈德云等译，华东师范大学出版社2007年版，第4页。

教师认同发展轨迹的代际研究

"因为今天的知识社会所进行的教学在技术上更加复杂,所包括的范围更加广泛,这种教学需要以对不断变化发展的有效教学研究作为基础和经验。所以,今天的教师需要努力并持续地从事自己的专业学习,不断提高自己的专业水平,并能对自己的专业学习进行自我监控和反思。"① 显然,这对"60后"教师来说已非常困难,他们比较固化的思维模式下建构的教育方式、教学方式已经让他们失去了这种自主学习能力。"教学被描绘成'没有专业内涵、工资低、薪水与价值无关的职业'。同时,教学也被看成'一个伟大的平原,'在那里'年复一年的教育循环把教师引入了一个不断重复自己的职业螺旋'。"② 在教师待遇的历史变迁中,即使教师绝对报酬在不断增加,如果教师没有自主学习的能力,各种教育变革并不会给他们带来便利或进步,更不会给教师带来礼物,带给他们更多的是一场灾难,这一点在"60后"教师的教师认同发展轨迹中表现得更加明显。

---

① [美]安迪·哈格里夫斯:《知识社会中的教学》,熊建辉、陈德云等译,华东师范大学出版社2007年版,第14页。

② [英]艾弗·F. 古德森:《专业知识与教师职业生涯》,刘丽丽译,北京师范大学出版社2007年版,第60页。

第九章

教师认同发展轨迹的文化因素

影响教师认同发展轨迹的生命事件具有直接性、可见性、多元性，但为什么两个出生组教师的教师认同发展轨迹并没有因为不同的生命事件而出现中断呢？不管是"60后"教师还是"70后"教师，尽管他们对教师职业有诸多不满，甚至他们的教师认同水平在职业生涯中一度降至不太认可与接受的状态，但事实上他们最终并没有离开教师职业。原因何在？两个出生组教师在提及那些影响其教师认同水平转折变化的直接因素时总是隐含地表达着某些相似的决策态度。是什么样的力量让两个出生组教师即使在非常不认可与接受教师职业时都没有离开教师职业呢？这种力量具有内隐性，但又是强大的。这种力量显示两个出生组教师的教师认同发展轨迹除了受到生命事件的直接影响之外，还受到某些其他潜隐性要素的影响，且这种影响更加深刻。综合影响人们抉择的各类可能要素看，也许只有文化与亚文化具有这样的社会功能，"文化是依赖象征体系和个人的记忆而维护着的社会共同经验"①。两个出生组教师都在潜隐地维护着任何时候都没有轻易中断职业生涯的社会共同经验。文化与经济、政治等其他社会结构要素构成了一个整体的社会系统，文化作为语言和文字的总和在某种程度上影响人们的决策态度或促使人们做出某种相似的表达方式与社会行为。皮埃尔·布尔迪厄认为传统社会学将一切问题的决定力量化约为物质基础或者经济因素，忽视了文化的

---

① 费孝通：《乡土中国》，北京大学出版社2012年版，第27页。

相对自主性。他在回答为什么触目皆是的社会不平等并没有引起应有的关注时认为文化掩盖了阶级区隔，文化被统治者作为一种符号暴力强加给了被统治者①。文化使被统治者对自己由被奴役的处境所产生的义愤和不满，转化为对自己无法掌握文化代码、缺乏天赋能力这种不幸命运的认同，这样也有效地扑灭了其颠覆欲望。"一切符号产品的潜在功能都在加固着社会区隔，并将社会不平等自然化、常识化。"② 教师职业文化本身也潜在地强化着某种社会区隔，并将教师感受到的不平等、不满意等自然化和常识化。

第一节　社会文化

广义上，所有社会的方方面面都可称为文化，但本书只关注那些与教师认同发展轨迹之间能够建立起联系的文化，一是避免以泛文化现象分析具体问题；二是防止出现虚无主义范式分析。文化对一个人的影响分为长期影响与短期影响两种③。长期影响是在一种较长周期中耳濡目染所产生的影响，比如原生家庭的家庭教养文化对个体各类价值观的影响；短期影响指某种文化让个体形成短暂的或者短期的具体价值观影响，比如电视媒体文化中广告对观众的影响。

中国传统文化不仅源远流长，而且博大精深，至今影响着每一位中国人。传统文化对两个出生组教师的教师认同发展轨迹影响主要体现在长期的价值观影响与人际关系影响上。

一　崇尚伦理道德的人际关系

梁漱溟认为，在中国传统文化中，重视伦理是最基本的特征，也是

---

① 朱国华：《权力的文化逻辑》，上海三联书店2004年版，第33页。
② 朱国华：《权力的文化逻辑》，上海三联书店2004年版，第33页。
③ 袁岳：《我们需要以文化为核心的营销研究》，载北京大学社会学系《21世纪与中国社会学》，北京大学出版社2004年版。

第九章　教师认同发展轨迹的文化因素

中国文化中的基本社会结构表现[①]。朱国华认为伦理是道德，伦理道德长期以来被看作调和人际关系的准绳和维系整个社会秩序的精神支柱[②]。可见，伦理在社会文化中主要通过人与人之间的关系得以体现。在日常生活中伦理主要体现为长幼有别、尊卑有分等道德规范。两个出生组教师的教师认同发展轨迹中，伦理道德常表现为：领导的吩咐必须听、上面交代的事情照办，评职称中论资排辈等。这种传统伦理道德对教师认同发展轨迹的影响在"60后"出生组中更明显。

"到A中后，评奖评优我们老同志都没什么希望，要把这种荣誉让给年轻教师。领导和同事也会认为对老同志能不打扰就尽量不打扰。"（A4M, p.3）"在职培训时，有时为了'照顾'我们老同志，就规定年龄超过45岁的人不用参加考试。"（C7M, p.56）

"老同志"在学校常会受到"特殊"照顾，一旦周围的人都认为"你老了"时，似乎就意味着"你"不应该在工作中再有什么热情或激情。能在退休时拿到全额退休金成为"60后"教师的最大愿望，这种传统文化的影响使"60后"教师成为学校的"老人"，也让他们成为学校的边缘人和弱势群体。当询问"70后"教师对"60后"教师的看法时，他们会直言不讳地说"60后"教师保守、跟不上时代。但即使这样，学校对"60后"教师依然要本着尊重（老）的原则差别对待。哈格里夫斯认为学校中的这种文化特征能够掩盖那些庸碌无能之人，导致产生更多的问题教师和问题校长，并使他们能游走于系统之中，但系统却不能与他们及其联盟抗争[③]。这恐怕就是一部分"60后"教师已失去专业发展动力，教师认同水平并不高却依然没有离开教师职业的根本原因。

[①] 梁漱溟：《中国文化要义》，上海人民出版社2011年版。
[②] 朱国华：《权力的文化逻辑》，上海三联书店2004年版。
[③] ［美］安迪·哈格里夫斯：《知识社会中的教学》，熊建辉、陈德云等译，华东师范大学出版社2007年版。

二 重视政务的价值取向

中国传统的文化也是一种政治型文化，这种文化倡导读书的目的是为了做官，即"学而优则仕"，其核心思想就是读书做官论。"在旧体制的中国，能够成为官僚阶层的，原则上只限于修习学问者。大部分人修学的目的首先是为了成为官僚。"①

这种传统的读书做官论思想在"60后"教师中体现得比较明显。个人的职业价值观必然会受其教育经历的影响，"60后"教师的中小学教育阶段经历了"文化大革命"及其结束后的"百废待兴"时期，此时的外来文化与思想较为匮乏，使他们在个人社会化过程中接受的思想或从小耳濡目染的价值观体系基本上都是比较重视政务取向的传统文化，因此"60后"教师认为自己作为"读书人"，最高的目标应是从政。比如C8M教师、D3M教师等都对1985年时从教师岗可转为公务员岗位的政策记忆非常深刻。另由于中华人民共和国是"枪杆子里打出的政权"，军人同样是具有特权的阶层之一。这样的发展史容易使官僚阶层（包括军人）手里握着大量的权力，占有大量的资本，这是其他阶层特别向往且希望拥有的，所以从政和从戎是"60后"男教师的两个最常见参照性职业。

"当时我最大的梦想是去当兵，拿到师专通知书时还想重读再考军校，但家里不允许这么做。专科毕业时，自己跑到军分区去问招不招兵，人家说不招才回学校参加教师工作分配。"（A4M，p.2）"毕业时是8月，正好赶上征兵，我参加了应征，体检都通过了，但没有通过县常委会。"（E3M，p.125）"填了两个高考志愿，首先是军校，然后才是师范院校。那时军人比较受人欢迎和尊敬。我自己内心是更想当军人的。"（C3M，p.45）

---

① ［日］佐藤慎一：《近代中国的知识分子与文明》，刘岳兵译，江苏人民出版社2006年版，第8页。

第九章　教师认同发展轨迹的文化因素

去部队和政府部门工作是大部分"60后"男性教师心目中的理想，这可能也与当时能让他们实现抱负的可选择性职业过少有关，其中也许潜隐着男性教师对"权力"的向往，这种职业选择的性别差异性在"60后"出生组教师中体现较为明显，说明特殊的社会背景下男性教师的职业选择更容易受到传统文化影响。即使在可选择性职业较少的客观现实面前，教师职业也非"60后"男性教师的首选职业，这一点也证明教师职业与公务员、军人这些职业相比具有"权力"弱势性特征。此时，如果"60后"男性教师从政或者从戎的想法非常强烈，则很有可能会影响他们在入职初期时的教师认同发展水平，这也是D3M教师和A4M教师在入职初期时教师认同水平较低的根本原因。

"70后"教师主要经历了改革开放时代背景之下的市场经济体制改革、教育系统全面改革等重大历史事件，这些重大历史事件促使中国依赖快速工业化进程取得令人瞩目的经济腾飞、教育进步成就。赵志裕，康萤仪认为在急速的工业化进程中，则有可能会明显伴随着世俗理性权威的提升和传统权威的下降[①]。"70后"教师在选择教师职业时受到传统文化权威的影响就比较小，但更多地受到世俗理性权威的影响。所以，很大一部分"70后"教师选择教师职业时首先是判断自己是否适合当教师，其次再理性分析自己当时的高中成绩是否能考上其他理想专业。斯托·约翰逊认为"无名"一代的教师对行政权力带着某些鄙视的成分，除非这种行政权力是让他们花更多的时间在学生面前[②]。所谓"无名"一代教师就是指按照比较常规的社会化程序选择教师职业的那一组教师。"70后"教师在选择教师职业时，社会结构体系已恢复正常秩序，他们按照常规的社会化程序来选择与从事教师职业。所以"70后"教师，特别是"70后"女性教师对行政权力的向往明显不及"60后"教师。在

---

① 赵志裕、康萤仪：《文化社会心理学》，中国人民大学出版社2011年版。
② Corrie Stone-Johnson, "Regenerating Generations", in Martin Bayer, Ulf Brinkkjer, Helle Plauborg, Simon Rolls, *Teachers' Career Trajectories and Work Lives*, Springer Science + Business Media B. V. 2009, pp. 179 – 202.

一项关于主要文化维度中得分最高的国家或地区的表格中,沙洛姆·施瓦茨分析了 56 种价值观对 31 个国家(地区)被试的相对重要性,在这些价值观中,中国在等级制、掌控、世俗理性权威三个价值观方面的得分最高①。在两个出生组中,"60 后"教师更多地受到等级制、掌控价值观方面影响,而"70 后"教师则更多地受到世俗理性权威影响。

三 百善孝为先的价值取向

中国传统文化中,个人如何做人关键在于他与家人、朋友这些个人之间是如何发生关系的。此时,一个人的人格是否完美,其着眼点不是看这个人是否是一个合格市民或者公民(这一点在西方传统文化中得以更明显体现,比如在城市国家——古希腊的个人之间建立的是一种团体关系),而是着眼于其为家庭中的一员,当然在这种关系中,父子关系是最主要的,一个完满的人格,要表现为孝子或者慈父②。

两个出生组教师选择教师职业时,均发生过听从父母或者长辈建议的生命事件,比如 B8F 教师、C4M 教师、B5F 教师等。但"60 后"出生组中的农村教师并未发生类似生命事件,就像 E3M 教师和 A4M 教师所认为的那样:"父母都是大字不识的农民,根本不知道怎么来选择。"当家庭成员中的长辈(最常见的是父母)无法或实在没有能力做出抉择时,他们(特别是"60 后"教师)可能会随"大流"做出职业选择,这时并不一定表示他们内心深处就非常认可与接受教师职业,他们有可能仅是将教师职业当成一种基本的谋生手段,在满足基本的生存需要之后,其教师认同也就很难达到持续、高水平的状态。中国人孝悌为先的文化性格使两个出生组教师即使在想要辞职时,也会考虑到父母的看法与感受。"我动了很多次辞职的念头,最后没有成行的原因是父母年龄大了,他们不想看到我没有一个固定和稳定的工作。"(E3M,p. 124)

---

① 赵志裕、康萤仪:《文化社会心理学》,中国人民大学出版社 2011 年版。
② 梁漱溟:《中国文化要义》,上海人民出版社 2011 年版,第 139 页。

第九章　教师认同发展轨迹的文化因素

"那时教师每月工资只有190多元，和同学相比差距非常大。想'下海'没有成功，主要担心父母无法接受，他们认为端一个'铁饭碗'是最重要的。"（E7M，p. 173）

四　知足常乐的文化性格

"文化既体现在社会制度中，也体现在人性中。"① 人在社会实践行动中体现出的性格受到不同国家、地区文化的深刻影响，这是人类学研究的空间与视域，比如《菊与刀》《巴厘岛的斗鸡故事》等研究中就有这样的思想体现，源了圆在《日本文化与日本人性格的形成》中也明确指出日本人的性格深刻地受到日本文化的影响②。人们常言"性格决定命运"，但很少思考是什么影响了一个人的性格。如果命运可以用个体的生活方式与行为习惯来表征，那么这里的性格则可以被理解为一种文化性格，即文化主要通过造就人的文化性格影响个体的不同生活方式和行为习惯，当一类人有相似的生活方式和行为习惯时，则表示这类人中的每个个体可能都受到了某种特定文化的影响。两个出生组教师的教师认同发展轨迹中除渐进向上类外均出现过转折向下变化，不少教师的这种教师认同状态甚至还持续了较长时间，除了来自"父母之命不敢违"的传统文化影响之外，教师群体容易知足常乐的文化性格也许是更为重要的原因。在两个出生组教师叙述他们有多么不认可与接受教师职业时，他们常有的表现却是话锋一转："自己也知足了，也许各行各业都是这样。"

"很多教师对这个职业的共同感受是能满足基本生存需要，这点对我来说已经够了。"（E3M，p. 120）"我内心并不是很喜欢教师这个职业。教师职业比较辛苦，要真正得到别人的认可也非常难。只有调整自己的

---

① ［美］鲁思·华莱士、［英］艾莉森·沃尔夫：《当代社会学理论：对古典理论的扩展》，刘少杰等译，中国人民大学出版社2008年版，第47页。
② ［日］源了圆：《日本文化与日本人性格的形成》，郭连友、漆红译，北京出版社1992年版。

心态，别人吃'大鱼大肉'是一天，教师吃'酸菜'也是一天，心态平稳后，想离开的感觉就不会那么强烈。"（D1M，p.96）"在我工作10年左右，对教师职业的各种看法就比较平淡了，日子过得去就行。"（D4F，p.168）

中国人的知足常乐性格与忍耐力密切地联系在一起。曾经在农村偏僻中学工作的"60后"教师在20世纪90年代初期时都经历过被拖欠工资的生命事件，比如A4M教师和E3M教师，但那时真正离开教师职业的教师人数远低于被拖欠工资的教师人数。教师的这种忍耐力还体现在与同事特别是与领导的关系处理上。"只有上面怎么说你就怎么做，要不然你没有办法生存。"（B3F，p.32）当然，这种忍耐力有可能产生两种后果：一是教师会积极采取各种应对策略以调整自己状态，比如可能会调换学校，通过换环境或调整心态但依然表现出积极的工作面貌；二是教师逐渐陷入一种麻木、淡漠的工作状态，比如有部分教师在职业生涯后期已对自己的教师认同水平高低无所谓，认为就"混着"退休即可。

中国人知足常乐的文化特点在很大程度上源自中国人习惯囿于自己家庭范围内活动有关，他们很多时候会认为除自己家庭成员外的人员都是外人。中国人在传统文化中缺乏集团生活，难以产生对公共社会负责的价值观。梁漱溟认为中国人自从受到周孔教化之后，大体过的是一种散漫而和平的生活，这使中国人之间很少会产生剑拔弩张式的争斗[①]。具体到教师职业上教师们会选择避免或拒绝任何会带给他们内心痛苦或外在关系紧张的事情，比如，这种知足常乐的文化性格可能使教师拒绝各种教育变革，因为这种变革有可能会打破他们的散漫与和平生活惯习，会突破他们的舒适区。如果有教师基于竞争或进取性的价值观行事，可能会很难在学校生活中收获良好的同事关系。这在农村学校教师的教师认同发展轨迹中体现的较为明显，这也是为什么不少调动到省会城市学

[①] 梁漱溟：《中国文化要义》，上海人民出版社2011年版，第68页。

第九章 教师认同发展轨迹的文化因素

校工作的农村教师认为省会学校中同事关系不及农村学校和谐的重要原因。

五 当地吃酒文化

酒文化在中国具有悠久历史，也蕴含在丰富的各类民族习俗中。中国人的现实生活中，小到朋友聚会，大到红白喜事都少不了酒的存在。在贵州有种习俗叫"吃酒"，其实就是邻里街坊有红白喜事等重大事件发生时，请亲朋好友聚在一起的意思。这本是联系友谊、加深感情的好事，但随着社会的变迁，"吃酒"习俗性质却逐渐演变成当地不少人赤裸裸的赚钱手段，甚至成为影响两个出生组教师教师认同发展轨迹的生命事件，特别是对工作于 D 校和 E 校的教师影响程度更深，在他们工作 10 年左右的生命时间里，当地各种千奇百怪的"吃酒"习俗加重了他们对教师职业待遇低下的不满。"吃酒"习俗逐渐异化，人们开始找各种理由"办酒"，比如孩子周岁生日等都会成为"吃酒"原因，一年下来一名教师月均工资有三分之一都要拿来送礼。当两个出生组教师有限的职业待遇因为"吃酒"显得捉襟见肘时，教师职业收入的"有限性"则不断被强化，进而影响教师的教师认同水平。C3M 教师在工作 10—15 年时，其教师认同水平出现明显的向下转折变化，他所提及的生命事件之一就是他接受不了当地的"吃酒"风气。D3M 教师同样也对当地的"吃酒"风气颇有微词。此外，当地的饮酒文化对教师的教师认同发展轨迹也产生了一定影响。"每天喝点小酒，赛似神仙生活"，对不少贵州人来说，"酒"是每天的必备"饮料"。贵州既有规模化的现代白酒酿造企业，比如著名的茅台集团；更有随处可见的酿酒家庭作坊，酿制各种粮食酒，比如米酒、高粱酒等。这样的饮酒文化无疑也会影响两个出生组教师，A4M 教师在工作 25—30 年时，就发生了因为"喝点小酒"而影响工作的生命事件。

"吃酒"习俗与饮酒文化主要对"60 后"教师的教师认同发展轨迹产生了影响，但"70 后"教师却未曾提及对这种酒文化的不满。这是什么原因呢？

首先，可能与两个出生组教师中的性别比例差异有关。在"60后"出生组的14名教师中男性有9名，而"70后"出生组的15名教师中只有5名男性。众所周知，对酒的喜好程度女性一般不及男性。因此，在女性教师占多数的"70后"出生组中，不太容易出现因为喝酒而影响工作的生命事件。受到社会角色的分工差异影响，与女性教师相比，男性教师往往需承担更多的家庭责任和社会责任，他们比女性教师对经济压力更敏感，"吃酒"习俗送礼带来的经济拮据感更有可能在男性教师中体现得更加明显。

其次，可能与两个出生组教师的职业生涯背景差异有关。"60后"教师在20世纪80年代已入职，那时的农村社会结构受到改革开放和市场经济的冲击还比较小，民风更为淳朴。随着社会经济的发展，人们的思想开始逐渐活跃，农民阶层的"经济"意识也日益增强，贵州这种"吃酒"习俗在2000年前后才逐渐兴起。社会风气在传统与"现代"变化之间的落差容易在"60后"教师的生命历程中留下深刻烙印，在研究者访谈时更容易谈及这些变化带给他们的影响。而"70后"教师多是在20世纪90年代中期甚至末期入职，也许他们已习惯这种习俗的存在。

最后，可能与两个出生组教师的家庭背景差异有关。"60后"男性教师中，主要是家庭收入有限的男性教师抱怨这种"吃酒"习俗，比如他们的爱人有可能没有工作或家里的其他经济负担比较重，这类教师在教师群体中的社会位置结构本就较低，不容易在教师职业中收获成就感，也更容易对教师职业的收入产生不满。而"70后"出生组中男性教师的爱人一般是来自同校或其他学校的教师，其家庭结构相对来说普遍要优于"60后"男性教师。21世纪后，随着教师工资待遇的大幅度提升，"70后"男性教师的家庭收入已有明显改观。且由于在D校和E校随机抽取的教师样本中，男性"70后"教师只有1名，并未在是否因当地特有的"吃酒"习俗影响教师认同发展轨迹方面有明显体现。总之，"吃酒"习俗与饮酒文化对男性教师特别是"60后"男性教师的教师认同发

第九章 教师认同发展轨迹的文化因素

展轨迹影响较大,这一点更多地与对男女的社会角色期待差异有关,同时"60"后男性教师的自身家庭背景以及家庭成员结构情况也起着共同的影响作用。

第二节 教师文化

教师教育变革和教师队伍专业化建设的可能空间与限制因素,在很大程度上蕴含于教师文化之中。哈格里夫斯认为教师文化的形成是教师不断再生产与再界定的过程,内容上的教师文化指教师成员间共享的态度、价值、信念以及处事方式等方面;形式上的教师文化指教师与同事之间或教师与学生之间(具有典型意义的社会关系)的特定联系方式①。教师文化为教师认同的发展提供了总体的参考框架和深厚的力量支撑,如果没有教师文化的深层次支撑,任何教师队伍建设政策和教育革新都将是表面和临时的②。教师文化对教师认同发展轨迹的影响是无时无刻的,贯穿在教师生命历程的整个时空维度中。

一 个体主义

在教师眼中,教师文化中的个体主义特征体现了教师职业作为专业性职业的优点,比如一旦教师感到自己被行政力量"监管"就会认为自己的专业地位受到了威胁。有"60后"教师将这种个体主义文化较为简单地理解为教师职业只是"教书即可",但在"70后"教师看来,这种个体主义文化则更多地表现为教师对行政性事务的不喜欢或者不参与。丹·C.劳蒂也认为教师文化最具独特的是个体主义,这种文化的产生原因是教师在独立的、具有细胞状结构组织特征的教室工作以及教师同僚

---

① [美]安迪·哈格里夫斯:《知识社会中的教学》,熊建辉、陈德云等译,华东师范大学出版社2007年版。
② 冯生尧、李子建:《教师文化的表现、成因与意义》,《教育导刊》2002年第4期。

之间的不愿意互相评价①。在教师自己看来，教师工作具有个体主义文化的独立性恰是吸引他们选择和认可教师职业时所看重的优点之一。两个出生组教师中，这种优点更为"60后"教师所看重，从他们学徒观察期非正常的受教经历到职业生涯初期都认为教师职业的核心工作是教学，教师的职业价值是育人，他们不喜欢有人干预自己的教学工作，这也导致"60后"教师比较难以适应教师职业随着社会变迁和教育改革发生的各种变化，比如教育系统不可逆的公共性特征和教师作为公共知识分子的多元角色特点。

教师职业的这种个体主义特点使不少教师认为教师职业不应该过多地受到家庭或者学校外力量的影响。哈格里弗斯指出让家长过多参与到学校的教学过程中（尽管家校关系具有合作的应然性）更多的是对学校起了监督作用②。教师特别倾向于将家长排除在核心的教学之外，以减少或避免家长过多地参与到学校教学或其他工作中所带来的威胁或困境。行动者之间只有通过共同的交往和互动才能巩固发展并更新他们在社会群体中的成员关系和他们自身的身份③。但教师文化中的个体主义特点和教师自己所倾向的个体主义工作方式使教师同事关系之间的交往行动日益减少，与家长之间的交往关系也流于形式，这一点对教师职业社会身份的巩固难以起到正向的强化作用。教师期望自身的核心教学工作能在一种独立的情境世界中开展，尽管这样在表面上能让教师收获更多的成就感，但却容易使教师群体的社会身份无法得到更好地巩固、发展和更新，这也许是两个出生组教师的教师认同水平容易受到他们生命历程中各种生命事件影响的原因之一。

教师职业文化中的个体主义特征在中国教师群体中可能会表现得更

---

① ［美］丹·C. 劳蒂：《学校教师：社会学的研究》，饶从满、于兰等译，北京师范大学出版社2011年版。

② Andy Hargreaves, "Four Ages of Professionalism and Professional Learning", *Teachers and Teaching: History and Practice*, Vol. 6, No. 2, 2000.

③ ［美］鲁思·华莱士、［英］艾莉森·沃尔夫：《当代社会学理论：对古典理论的扩展》，刘少杰等译，中国人民大学出版社2008年版。

第九章 教师认同发展轨迹的文化因素

加明显。梁漱溟认为中国人本就缺乏集团生活,集团生活中的个体会形成契约精神或者公德精神,特别是公德精神是人类"为营造团体生活所必须的那些品德"[1]。受到数千年中国传统文化的影响,个人也逐渐形成了基于"慎独"精神的个体主义工作文化,并被中国人演绎得非常独特,所以在中国文化场域下,教师往往通过一种"良心活"的自我监督方式来诠释教师职业的这种个体主义特征。总体来说,教师职业的个体主义核心工作方式一方面既成为两个出生组教师们选择教师职业时所看重的独特职业文化,另一方面也与中国传统文化中的"慎独"精神糅合并深刻地影响着教师们的教师认同发展轨迹。

二 女性职业

性别差异一度被纳入"具有宇宙学或者人类学意义的对立系统的认知框架中"[2]。在这个框架中,男性与女性指涉在一连串相对立的概念范畴中,比如高低、上下、尊卑、强大与弱小等。男性与女性性格上所具有的气质差异成为产生这种差异认知的根源之一。女性特有的母性与耐心等性别特征被认为是适合从事教师职业的最大天赋,教师职业曾经一度被看成专门适合女性从事的职业。教师自己也认为初中的课堂教学更适合女性性格,或适合那些耐心好、脾气好的教师,比如C4M教师和C8M教师在从高中部调到初中部时,就认为初中教师"太婆婆妈妈",是一种适合女性性格干的职业。

"高中教育和初中教育截然不同,教高中可以用讲授法,但初中学生的特点是自律性不强,老师上课时需很有耐心,要不停唠叨课堂纪律。"(C8M,p.77)

不同职业中的性别分布差异并不是某个国家或文化的独特现象,而是一种全球现象。教师职业在西方社会发展历程中同样一直被看成女性

---

[1] 梁漱溟:《中国文化要义》,上海人民出版社2011年版,第78页。
[2] 朱国华:《权力的文化逻辑》,上海三联书店2004年版,第111页。

占大多数的职业，因为该职业的地位低下，且越来越具有明显的女性倾向。如果男性选择教师职业有可能被看成非正常的，比如被看成多疑的、潜在危险的、有可能具有恋童癖或者同性恋倾向的①。男性选择教师职业多是因在其他理想性职业难以实现时的表现②。也有研究指出，男性一旦选择了教师职业就更容易获得成功甚至与女性一样容易长期地待在教师职业生涯中③。关于教师职业的性别差异观同样适用于中国文化场域下的教师群体，比如"60后"男性教师多是因为可选择性职业以及理想型职业的机会少才选择教师职业；比如"70后"男性教师在入职后成为学校中层领导干部的机会明显要多于女性教师，参与本书调研的"70后"男性教师基本都曾经或已经是学校的中层干部，尽管"70后"出生组中女性教师比例已远超男性教师。

教师职业中蕴含的女性气质，包括耐心品格、注重细节等文化特点更为"70后"女性教师看重，她们天生的女性禀赋让她们并不需在性格上有额外的调整就能很好地适应教师职业。甚至有男教师认为女教师在语言禀赋能力上强于男性也是她们适合教师职业的重要原因。这也是为什么在"70后"出生组中女性教师占绝大部分的原因。

"我父母也觉得女生当教师比较适合，稳定、有时间照顾家。我比较乖，很听父母的话。"（A2F，p.6）"教师工作比较琐碎，但对男教师来说教师职业无法实现他们的抱负，因为社会对成功与否是用金钱与地位来衡量的。在职业适应上男教师在普通话方面把握不好，相反女教师在这方面就比较强。"（C4M，p.122）

---

① Mary Thornton and Patricia Bricheno, "Teacher Gender and Career Patterns", in Martin Bayer, Ulf Brinkkjer, Helle Plauborg, Simon Rolls, *Teachers' Career Trajectories and Work Lives*, Springer Science + Business Media B. V. 2009, pp. 159 – 178.

② Mary Thornton and Patricia Bricheno, *Missing Men in Education*, Stoke – on – Trent: Trentham, 2006.

③ Martin Bayer, Ulf Brinkkjer, Helle Plauborg, Simon Rolls, "Introduction to Teachers' Career Trajectories", in Martin Bayer, Ulf Brinkkjer, Helle Plauborg, Simon Rolls, *Teachers' Career Trajectories and Work Lives*, Springer Science + Business Media B. V. 2009, pp. 1 – 9.

第九章　教师认同发展轨迹的文化因素

"70后"教师做出职业选择时的社会时间基本在20世纪80年代末期，改革开放政策已实行10年左右，社会产业结构已逐步多元化，个体在社会中的各种就业机会逐渐增加。男性教师的首选职业可能会是那些与他们先天禀赋中男性性格特征较为相似的职业。但当个体对社会职业的可选择机会增加时，个人职业生涯中的风险率也会增加，为避免失业他们可能会在工作中投入更多的时间成本和精力成本。女性承担着照顾家庭幼小的社会角色责任和性别期待，为减少这种风险的发生女性倾向于选择更加稳定和适合她们性格的教师职业作为首选性职业。"60后"女性教师进行职业选择时，社会产业结构比较单一，个人职业选择范围较为有限，但因有男性群体受社会就业机会挤压被动参与教师职业选择，即使教师职业的女性主义特质适合她们，也并未发现有"60后"女性教师因女性主义特质而选择教师职业，可见，教师职业的女性主义特质并未对"60后"出生组教师的教师认同发展轨迹产生明显影响。

教师们还会提到教师职业的单纯性特点，这一特点与教师职业的女性主义气质高度相似，成为吸引大部分"70后"女教师选择并从事教师职业的重要诱因。社会结构变迁过程中，人际关系日益复杂而多元，教师的工作对象始终是身心发展水平未成熟的学生，这一点让"70后"女教师认为在教师职业中不用花更多时间与精力来考虑她们服务对象——学生的想法，与学生之间相处时的简单快乐等单纯性品质成为多元复杂社会结构中少有的教师职业文化特点。尽管学生特质也在随着社会结构变迁发生着相应的变化，师生关系在"60后"教师看来也已变得更加复杂，但"70后"教师心中的教师职业依然是单纯的职业。"高中毕业时，老师都会建议文静单纯的女生报师范院校。"（A2F，p.6）"我从小就认为自己适合当教师，教师比较单纯。"（C5F，p.127）

受经济全球化和中国市场经济活力日益增强的影响，女性在劳动力市场中的就业机会受到明显挤压，不少女性从劳动力市场开始逐步回归家庭，具有明显女性主义气质的教师职业逐渐成为那些想要在劳动力市场获得一席之地女性的首选职业，她们既可有一份收入稳定的职业，也可照顾好家庭。教师职业的女性主义文化特点对"70后"教师的教师认同发展轨迹影响大于"60后"教师。

三 时间兼容性

教师职业的工作时间相对来说比较自由,且有较多的休息时间,比如寒暑假。教师在投入教师工作的同时,可同时兼顾到其他事务甚至其他职业,这是教师职业时间兼容性文化特点的直接表现。这种时间兼容性也指涉教师职业的无边界性,即教师职业与教师其他个人事务之间并无明显的边界,有时甚至泛化于本该属于教师的生活时间里,比如工作于"好"学校的教师在工作上的投入时间可能会远超学校实际要求。"备课时,某个知识点就会激发起我的探索兴趣,有时会备到夜里两三点。教师职业最糟糕的是八小时之外有很多工作要做,比如我的同事曾半夜去替家长找孩子。"(B5F, pp. 45—46)尽管如此,教师职业的时间兼容性还是越来越被很多年轻人所看重,时间兼容性中的灵活性和便利性正成为教师职业吸引人们的另一大优点之一。教师职业成为个体满足多重社会角色追求的理想选择,比如两个假期可以使教师们有更多的时间和家人待在一起,或平时也会有更多的时间与资源照看自己孩子的学习及照顾家庭。

教师职业的时间兼容性特点对"70后"教师的教师认同发展轨迹影响更加明显,原因可能是"70后"女性教师更倾向于在自己拥有教师职业的同时,能对家庭与孩子有更多的照顾。这一点与美国"×一代"教师类似,"×一代"教师在30岁以后,也就是正处于中年期的社会时间序列时会很享受教学,这时他们认为自己能比较好地塑造教师角色,没有想过要离开教师职业,而更多地希望在从事教师工作的同时能够更好地照顾好家里面的孩子[①]。

[①] Corrie Stone—Johnson, "Regenerating Generations", in Martin Bayer, Ulf Brinkkjer, Helle Plauborg, Simon Rolls, *Teachers' Career Trajectories and Work Lives*, Springer Science + Business Media B. V. 2009, pp. 179 - 202.

第九章　教师认同发展轨迹的文化因素

"平时上课虽然很累,但假期可以缓冲一下。教学也对自己小孩的培养有诸多好处。女性一般都以家庭为主,有时间照顾家庭、指导孩子就是最大的幸福。"(C1F,p.84)

在"60后"教师中,父母是教师或夫妻都是教师的家庭所占比例较少,但在"70后"教师中,这种家庭结构情况占比较大。对特别是父母双方或一方是教师的"70后"教师来说,他们的父母在教师工作中收获的时间资本优越性成为他们接受与认可教师职业的重要促进因子。"我父母都是教师,放假时一家全放假,大家同进同出,我觉得就非常好。父母和小孩生活节奏一样,一起陪伴孩子就比那些孩子放假父母要上班的家庭好太多。"(C2F,p.95)

教师职业的个体主义文化其实降低了教师个体之间的合作意愿,教师之间不容易形成强有力的专业共同体或共同联盟。教师工作的两个假期也使得他们与工作对象之间的联系会出现暂时性中断,教师无法与自己的工作对象之间建立长期、连续、稳定的人际交往关系。而教师文化中的时间兼容性以及单纯性等特点又使教师职业容易成为女性职业。当社会结构变迁中适应男性的工作机会越来越多时,女性会在逐渐回归到家庭的同时选择更适合她们生理与心理特征的教师职业,这也可能会导致教师性别准入时就不断地强化教师文化中的女性主义特质。

教师职业的如上文化特点使教师在职业生涯中容易出现"平行职业生涯"现象,即教师们通常会在学校有一份正式工作,还兼有其他技术或责任的行为(也许有报酬,也许无报酬),比如:家庭主妇、自由撰稿人和图书馆工作或其他。两个出生组教师也有这样的情况,女性教师的平行职业多是家庭主妇。"70后"教师则会更多地选择业余时间补课或做生意作为他们的平行职业。也有部分教师并不选择平行的职业生涯,而是通过在业余时间打麻将等娱乐活动来调节和平衡教师在日常工作中每天与小孩打交道的"幼稚"社会化。这种"平行职业生涯"的职业模式并不意味着会给教师带来多大的实质性好处,但能够给教师自己创造一种校外"放松",以对抗或调节教师职业生涯的"平坦式"轨迹。

不管是个体主义、女性主义还是时间兼容性都潜隐地表达出教师职业文化的弱势性。在进行职业选择时，这种弱势性特征促使两个出生组教师更容易进入教师职业，所以教师们通常都只是将师范类院校作为自己高考时候的保底或备选性选项。但这种较为轻松的准入门槛也使教师职业不容易吸引更加优秀的年轻人来夯实教师队伍建设以达到提高教师队伍整体素质的政策治理目的。教师职业文化的弱势性特征既可能会提高两个出生组教师的教师认同水平，也可能会降低他们的教师认同水平，这需结合教师在不同社会时间序列中对这种弱势性职业文化的看法进行分析。比如 A2F 教师、C5F 教师、D2F 教师等在结婚生子后认为教师职业的时间兼容性很适合他们当时的需要，他们的教师认同水平就容易持续在比较高的状态。C2F 教师尽管小时候认为教师职业的弱势性吸引了自己选择教师职业，但随着工作年限延长，这种弱势文化容易导致的不受重视、社会地位低下的自我感觉越来越明显，其教师认同发展轨迹在此时反而出现下降的转折变化。在 C6F 教师职业生涯的初期，教师职业的单纯性和人际交往的简单性，使她感觉自己与社会外界的快速变迁脱节明显，常在同学聚会时觉得自己比较"傻"，这也导致她当时的教师认同水平出现向下的转折变化。

"教师职业不好，一是收入低，二是权力太小，家里的亲戚或朋友有什么事情，你根本解决不了也帮不上忙。"（E3M, p. 126）

第十章

综合讨论

　　由前分析可知：第一，教师认同发展轨迹在不同出生组教师之间的代际差异明显，这种差异与两个出生组教师生命历程中的社会时间序列差异有关；第二，生命事件是影响两个出生组教师教师认同发展轨迹的直接因素，但不同或者相同的生命事件镶嵌于不同出生组教师的家庭背景、学校场域、职业待遇、文化与亚文化等因素中发挥作用；第三，即使是相同的生命事件对两个出生组教师的个体意义仍具有差异性，原因可能在于教师个体的主观能动性差异。伴随如上答案的逐步明晰，也出现了如下研究困惑值得进一步讨论。第一，教师认同发展轨迹中的影响因素之间是否存在某种交叉互动性影响机制？如果存在，可能是什么样的？比如，文化与亚文化因素可能发挥了最深层次、最无形、最强大的影响作用，它既可能影响其他因素，也可能影响两个出生组教师的主观能动性，这种影响是如何发生的？第二，两个出生组教师生命历程中经历的生命事件纷繁复杂，什么样的生命事件是真正影响两个出生组教师的教师认同发展轨迹的？生命事件与教师认同发展轨迹之间有什么样的关系？第三，主观能动性作为关键性影响因素是如何建构两个出生组教师的教师认同发展轨迹的？本章将进一步讨论这几个问题，以分析社会宏观历史事件与个体微观生命历程关系的发生机制，即社会变迁、文化与教师认同发展轨迹形塑之间的关系发生机制。

第一节　植根于历史、社会背景的教师生命事件

教师认同发展轨迹中的各影响要素并非孤立地在发生作用，不同出生组教师的教师认同发展轨迹受到众多环境与背景的影响，教师自身与这些因素之间通过教师生命事件建构或重建他们的教师认同。影响因素各层面之间存在明显的交互关系，即各影响因素之间既可能相互消解、也可能相互加强，比如教师的社会地位高可能会消减教师职业的经济收入少；教师的精神报酬丰富和教师职业的时间兼容性可能也会消减教师的经济待遇较差等。甚至在某种条件满足时，教师认同本身也和这些要素互相交织在一起互相加强或者削弱，即教师认同既可能成为影响教师认同发展轨迹变化的自变量，也可能成为教师认同发展轨迹变化的因变量。两个出生组教师教师认同发展轨迹的各影响因素之间的关系可用另一个洋葱头模型来表示（见图10—1）。首先，文化与亚文化是影响教师认同水平变化的最深层因素，也是最不容易发现的因素。其次，影响教师认同发展轨迹的家庭因素、学校因素、教师待遇因素以及教师个体的主观能动性，都深刻地受到教师所处的文化与亚文化因素影响。再次，对教师认同发展轨迹产生直接影响的因素是教师个体的主观能动性，这种来自教师个体内部的主观能动性对外部各种影响因素起到筛选作用，即无论是家庭因素、学校因素、教师待遇因素还是文化与亚文化因素均需基于教师个体的主观能动性筛选才可能发生作用。最后，家庭因素、学校因素、教师待遇因素、文化与亚文化因素等都可被看成影响教师认同发展轨迹的外部因素，它们主要通过教师自己形塑不同出生组教师的教师认同发展轨迹，其中特别是文化与亚文化因素对教师自己的文化性格塑造起到了潜移默化但又较为深远的影响。

一　教师认同发展轨迹的影响因素
（一）家庭因素

家庭在中国人的生活关系中占据着重要地位。梁漱溟在讨论中国文

第十章 综合讨论

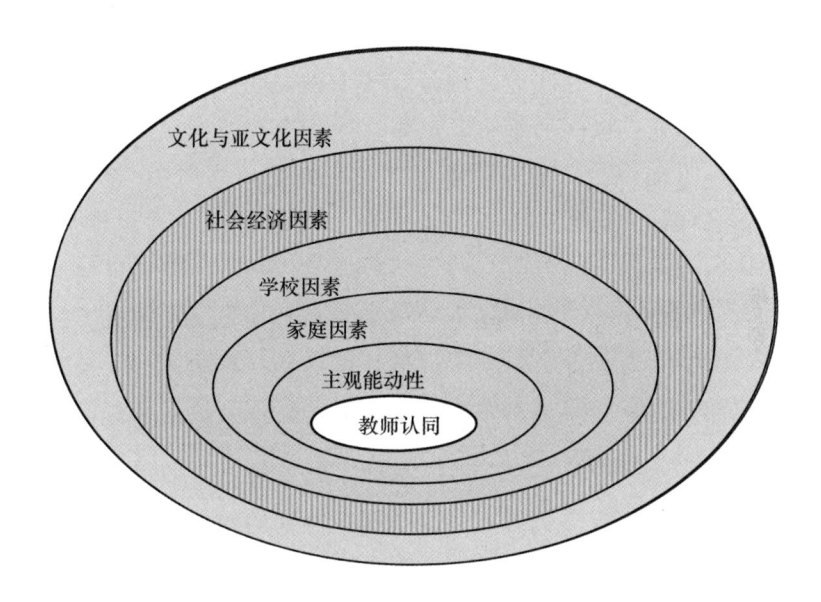

图 10—1 教师认同发展轨迹的影响因素模型

化时明确提出中国人与西洋人的家庭观点之间存在明显差异,这也是中国文化与西方文化差异的根本前提,因为中国人首先是以家为本位的①。中国人从小就"生长在倚重家庭生活之社会"②。家庭也容易成为两个出生组教师选择教师职业时的首要考虑要素,而家庭的变故也就成为教师认同水平发生转折时的影响因素。两个出生组教师的性别比例分布不一致,"60后"出生组中男性教师占较大比重;"70后"出生组中女性教师占较大比重,且"70后"女性选择教师职业的自主性要明显大于男性。在全世界范围内男女性别之间都存在着不同的职业生涯轨迹,有许

---

① 梁漱溟:《中国文化要义》,上海人民出版社2011年版,第37页。
② 梁漱溟:《中国文化要义》,上海人民出版社2011年版,第82页。

教师认同发展轨迹的代际研究

多研究都证实男女性在职业分类中占据着不同的领域和地位[1]。汉可姆指出性别之间的差异可分为横向的水平隔离和纵向的垂直隔离，横向的水平隔离指男性常占据的职业领域是那些工程类职业，而女性常占据的是那些护士类职业；纵向的垂直隔离指在同一个职业领域内，男性常占据那些地位较高的部门，而女性常处于地位较低的部门[2]。教师职业的这两种隔离在性别差异中均存在，在"70后"教师中体现得更加明显，而"60后"教师中并无明显体现，比如受访的"70后"男性教师中几乎都是学校的中层干部，但"60后"男性教师则多是普通教师。

家庭因素不仅可直接影响两个出生组教师在学徒观察期的教师认同水平，家庭收入情况与家庭成员的身体状况也会通过影响教师工作满意度触发教师认同水平变化。"60后"教师家庭的经济与政治地位对其选择与从事教师职业具有较大影响，但学徒观察期的受教经历并未对此产生明显影响，说明在重大社会历史事件发生时，学徒观察期的家庭因素对教师认同发展水平的影响有可能会被削弱或被掩盖。两个出生组教师在教师职业选择上的代际遗传差异也在一定程度上体现出他们的教师认同发展状态差异。"60后"教师的父母中少有从事教师职业者，但"70后"出生组中，除来自农村家庭外，有相当一部分教师来自教师世家。教师职业的家庭连续性特征在"70后"出生组教师样本中体现得比较明显，因此"70后"教师的教师认同水平要普遍高于"60后"教师也就不难理解。

在中国文化场域下，两个出生组教师的教师职业生涯中断的可能性非常小，有更多的时间和更便利的条件抚育子女会成为大部分"70后"教师教师认同水平持续在较高状态的重要原因。这一点与已有相关研究

---

[1] Mary Thornton, Patricia Bricheno, "Teacher Gender and Career Patterns", in Martin Bayer, Ulf Brinkkjer, Helle Plauborg, Simon Rolls, *Teachers' Career Trajectories and Work Lives*, Springer Science + Business Media B. V. 2009, pp. 159 – 178.

[2] Hakim, C., Research Paper No. 9, London: Department of Employment, 1979. "*Occupational Segregation: A Comprehensive Study of the Degree and Pattern of the Differentiation Between Men and Women's Work in Britain, The United States and Other Countries.*"

第十章 综合讨论

既有相似之处,也有相异之处①。相似之处在于不管是西方教师还是本书中的两个出生组教师都不会因抚养子女而离开教师职业;相异之处在于西方教师更有可能因为身体素质不好或生病等离开教师职业,但本书中的两个出生组教师反而会因为身体素质不好或生病等选择或继续从事教师职业,这一点在"60后"教师中体现得更加明显。参照性职业是教师职业在家庭代际赓续时的重要变量,"60后"教师在生命历程中更倾向于改行或调到更好的学校,他们在家庭代际赓续的参照性职业常是公务员或军人;而"70后"教师改行的愿望不太强烈,调动学校的频率与机会也明显少于"60后"教师,他们在家庭代际赓续的参照性职业常是大学教师。

(二) 学校因素

学校因素主要是教师在学校社会组织中的各种人际关系,包括教师与同事之间的关系、教师与学校领导之间的关系、教师与学生之间的关系以及家校关系等。

两个出生组教师在生命历程中经历了相同或相似的社会变迁过程,但这种变迁过程在不同出生组教师中表现出来的分化程度具有差异性。"70后"教师生命历程中经历的中国社会变迁分化程度要比"60后"教师高,社会整体结构的各方面发展也更完善。一个社会的分化程度越高,社会个体出生时的家庭经济或政治资本和受教育经历就越容易对个体的生命历程产生重要影响。因此,"70后"教师比"60后"教师更加重视自己的教育资历和社会关系。越是在高度分化的社会里,一个人若想在社会场域里获得更多的利益,就必须凭借一定程度的教育资历(文化资本)和社会关系(社会资本)②。"70后"教师的教师认同发展轨迹更容

---

① Geoff Troman, Peter Woods, "Careers Under Stress: Teacher Adaptations at a Time of Intensive Reform", in Martin Bayer, Ulf Brinkkjer, Helle Plauborg, Simon Rolls, *Teachers' Career Trajectories and Work Lives*, Springer Science + Business Media B. V. 2009, pp. 117 – 135.

② 张意:《文化与符号权力——布尔迪厄的文化社会学导论》,中国社会科学出版社2005年版。

易受到同事关系的影响,这一点在"60后"教师中体现不明显。尽管"60后"教师有可能调任更多的学校,但与"70后"教师相比,他们容易弱化同事关系对自己教师认同发展状态的影响。权威型的师生关系是两个出生组教师师生交往的主要模式,"60后"教师更容易受到这种师生互动模式的影响,但源自学生的成就感是引发两个出生组教师教师认同水平发生变化的重要精神报酬。在学校组织场域下,家校关系与师生关系对教师认同发展轨迹的转折点与发展方向的影响具有一致性。在两个出生组教师的生命历程中,家校关系经历了从相互信任到不信任的变化路径,相较之下依然是"60后"教师的教师认同水平更容易受到这种家校关系变化的影响。

(三)教师待遇因素

随着社会结构的进一步变迁,城镇化规模的持续壮大以及社会生产力的发展逐步瓦解了中国人世代赖以生存的家庭结构和生活惯习,大部分个体在这种社会结构变迁中的生命历程越来越依靠社会各系统要素的逐步完善,特别依赖社会分配制度的改革与完善。此时,政治地位、经济报酬以及专业地位等教师职业地位的构成要素成为影响两个出生组教师教师认同发展轨迹的重要原因。

不管是"60后"教师还是"70后"教师,教师待遇因素对教师认同发展轨迹都产生了重要影响。20世纪80年代以后,教师职业的社会地位变化与经济待遇变化之间呈现"剪刀差"的发展趋势。在经济全球化背景下,各种新兴职业逐渐增多,如果不真正从教师队伍建设的现代化治理层面出发提高并保障教师职业的经济待遇,教师地位中的这种"剪刀差"可能会日趋加大。教师职业的经济待遇对两个出生组教师的教师认同发展轨迹都有非常明显的影响。相较之下,"60后"教师比"70后"教师在入职初期时更看重教师职业的社会地位;而"70后"教师入职后比"60后"教师更看重教师职业的专业地位。教师待遇的变化过程关涉各种教育改革、教育政策完善等重要环节,"60后"教师对各种教育变革的适应力要明显地弱于"70后"教师,即使从教师待遇问题

第十章 综合讨论

出发的教育变革对"60后"出生组教师的教师认同发展轨迹影响仍然要大于"70后"出生组教师,即"60后"教师的教师认同发展水平更容易受到教育变革因素的影响,在他们的职业生涯后期比较明显地表现出对教育变革的不适应与主体性反感,"60后"教师容易将教育治理中的各种检查性事务工作与特殊的政治运动建立联系,但这种现象在"70后"教师中并无明显体现,"70后"教师对各种教育变革总体来说比较适应,甚至积极接受各种教育变革。教育变革对"70后"教师的教师认同发展水平有积极的提升作用。

(四)文化与亚文化因素

"60后"教师的教师认同发展轨迹更容易受到中国传统文化的影响,这可能与"60后"教师在成长的关键时期很少受到外来文化或异质文化影响有关。而"70后"教师在经历较为正常的教师职业社会化过程后,对各种教育变革、社会变迁的应对能力明显要强于"60后"教师,这也使"70后"教师的教师认同发展轨迹更容易受到教师职业自身的文化特点影响。涂尔干曾经提出两种社会失范的类型,一是社会的剧烈变化引发的急性失范(比如经济危机、战争等),二是工业社会特有的持续性变迁状态引起的慢性失范。"60后"教师的生命历程既经历了我国社会结构的急性失范(比如"文化大革命"),又经历了慢性失范的持续变迁,加上他们的入职时间都已25年以上,他们的教师认同发展轨迹也许更重要的已不再是水平高低与否,而是在经历两种社会失范之后他们的教师职业生涯仍在持续的根源到底是什么?当前,"60后"后教师对教师职业的认可与接受水平基本处于比较平稳的持续期,明显的转折变化已很少发生。

教师文化是一种弱势文化,不管是"60后"教师还是"70后"教师都认为自己是弱势群体。"60后"教师倾向于认为教师群体的弱势性体现在权威或者权力的缺失上,因此,他们的参照性职业多是公务员和军人。而"70后"教师则倾向于认为教师职业的弱势性体现在专业地位缺失上,因此,他们的参照性职业多是大学教师。两个出生组教师的参照性职业观差异在他们所期望的职业选择代际赓续上体现得非常明显,因为在教师现有的资本上,代际赓续流动是每一种职业实现资本最大化、最优化再生产的关键途径。当然,两个出生组中都有教师提到,如果自己的孩子学习不好或者性格适合,且愿意选择当初中教师他们也可接受。这也再次印证了教师职业文化的弱势性,这种弱势性让两个出生组教师的教师认同发展轨迹体现出脆弱性的特点,即他们的教师认同发展水平变化容易受到细小、琐碎的生命事件影响,因此影响教师认同发展轨迹中的生命事件序列显得无序、杂乱而且烦琐。

佐藤学认为教师职业具有非常明显的"无边界性"特点[①],这种"无边界性"特点在影响教师认同发展轨迹的各因素中均有相应体现。家庭方面的"无边界性"可能会无限地扩大两个出生组教师的工作范畴,并增加他们的家庭责任,教师一方面忙于应付工作中的各项事务,另一方面又不得不承担起家庭里的各种责任,最常见的就是带孩子和照顾老人。一个家庭中孩子的学习照管基本是由从事教师职业的家庭成员完成;学校方面的"无边界性"使教师在工作中的身份越来越多元、事务越来越烦琐,且让他们容易产生身心俱疲感。同时,社会经济以及文化因素上的"无边界性"又在不断强化教师职业的弱专业性或者准专业性,比如他们的待遇总是"旱涝保收"、他们所具有的保守性价值观以及他们的言行有可能随时受到社会公众监督等。

二 教师认同发展轨迹中的教师生命事件

两个出生组教师的教师认同发展轨迹是根据教师自己生命历程中所发生的生命事件对教师认同水平是否产生影响来划分与判断的,生命事件是教师认同发展轨迹形成的直接动因。表面上每名教师生命历程中的生命事件发生是一系列偶然事件的组合,事实上在这种偶然性的背后,隐藏着两个出生组教师的教师认同发展轨迹受到社会、历史、时空背景

---

① [日]佐藤学:《课程与教师》,钟启泉译,教育科学出版社2003年版,第267页。

第十章 综合讨论

等结构性变迁的后台操纵规则。就像皮埃尔·布尔迪厄在讨论一个人的习性与其标签的形成一样，不同出生组教师在个人社会时间序列中的教师认同水平代表了教师在不同文化、历史、时空背景下的有关教师职业看法的习性与标签。

在生命历程理论视域下，只有那些真正对个体生命轨迹发生影响或者对教师认同发展轨迹产生影响的事件才能称为生命事件，这些生命事件包括历史事件、教育事件与个人事件三类。历史事件是一种全社会型事件，是指对社会上所有个体都会产生影响的那些重大事件；教育事件顾名思义则是发生在教育领域内的事件，主要会影响教育领域内的相关群体或者个体，比如对教师、学生产生影响等；个人事件主要指发生在教师个体生活中的生命事件，比如结婚生子、职称晋升、家庭变故等。

影响两个出生组教师教师认同发展轨迹的生命事件中，教师自己提得最多的往往是个人事件，但他们同时也会提到这些个人事件发生的历史与社会背景。这里就会产生这样一个问题，即尽管两个出生组教师的出生年代不一样、各自所面临的教师专业发展机会也有差异，但影响他们教师认同发展轨迹的生命事件是否有相同之处呢？答案是肯定的，两个出生组教师共同提到的个体生命事件多是家庭背景、结婚生子等，但存在时间节点差异，比如"60后"教师在入职后15—20年时开始提到自己的身体情况，"70后"教师，特别是"70后"女性教师在入职初期（工作1年或工作2—5年时）更容易提到自己的性格情况。学校方面的影响因素中，两个出生组教师最容易提到的生命事件是学生、同事、学校领导、两基检查、教师待遇、义务教育法的实施、教师职称的评审等。学生、同事、学校领导反映了教师在学校中的人际关系情况；而两基检查、教师待遇、义务教育法的实施、教师职称评审等均与两个出生组教师入职后所经历的各种教育政策完善以及教育体系变革有关。如上这些生命事件都直接地对两个出生组教师的教师认同发展轨迹产生了影响作用，属于微观层面的个人事件。如果把这些事件放置在一个更加宏观的社会历史场域中会发现，个人事件的发生与历史事件、教育事件之间的发生有着密切的关系,教师个人事件均植根于相应的社会历史背景中,比如,师生关系的生命事件就与社会对未成年人的相关政策与态度密切相关。在宏观层面上,两个出生组教师经历了如下历史事件和教育事件。

(一)历史事件

1. "文化大革命"

时隔近半个世纪,20世纪60年代(特别是初期)出生的教师对"文化大革命"仍然记忆犹新。"文化大革命"全称是"无产阶级文化大革命",指1966年5月—1976年10月被林彪和江青两个反革命集团利用、给中华民族带来严重灾难的政治运动。这场政治运动给当时各项建设刚走上正轨的中国带来了严重不良影响,因为发端于当时的文化领域,故对教育、科学、文化的破坏尤其严重,很多知识分子受到迫害,科研机构被撤销,造成文化、科技、人才等领域建设均出现严重断层。20世纪80年代初期的人口普查显示,全国文盲和半文盲有二亿三千多万人,占全国总人口数的近四分之一,严重影响到全民族文化素质的提高和现代化事业的发展。一个人在青少年时期的成长经历肯定会对其人格、个性的形成产生重大影响,"60后"教师所经历的"文化大革命"这个重大历史事件对他们的教师认同发展轨迹肯定也会产生影响。"非正常的学习"几乎是所有出生在20世纪60年代早期和中期的教师都会提到的受教育经历。

2. 高考恢复

"60后"教师之所以得以有机会选择并从事教师职业,关键还在于结束后"高考恢复"历史事件的发生。1977年10月12日,中华人民共和国国务院正式批转教育部《关于1977年高等学校招生工作意见》,这意味着因"文化大革命"中断10年的高考制度的正式恢复。"对于'文化大革命'中大批被置身于农村广阔天地的知青,乃至20世纪60年代出生的众多人而言,谁也不曾想到,恢复高考改变了他们的人生轨迹。因为恢复高考后,'分数面前人人平等'的刚性选择准则逐渐取代了以政治身份、个人权力和人脉资源所左右的特殊主义分层标准。依靠个人

第十章 综合讨论

的努力和天赋改变命运,不再仅仅是一种梦想,而是一种现实的人生追求。"① 高考的恢复也成为当时中国教育秩序恢复与重建的关键性突破口,"在当时特定的社会环境中,它与其说是一个指挥棒,不如说是一个力挑千钧的杠杆,顷刻之间撬动了整个教育乃至社会其他领域的观念、制度变革和更新进程"②。

3. 改革开放

改革开放是 20 世纪 70 年代末期开始实行的一项基本国策,改革开放政策的确立,不但拯救了当时处于崩溃边缘的中国经济文化教育事业,更是让各行各业都逐步得到了恢复和发展。教育系统中的入学人口在改革开放之后也实现了大幅度增加,当然伴随着正常教育秩序的恢复以及多元社会思潮对学生价值观的影响,教师工作的复杂性也日益增加,同时也给"60 后"教师和"70 后"教师带来了更多的发展机会。正是在改革开放之后,教师(特别是"60 后"教师)才有机会实现工作的调动或通过招考的方式进入其他更好的学校。另外,1992 年开始进一步实施与深化市场经济体制改革,以及随后的医疗、住房市场化改革的实施等历史事件对两个出生组教师的教师认同发展轨迹影响也较大,比如教师们所提及的学生就业制度变化实质就是市场经济改革的必然产物之一。

(二)教育事件

1. 教育"大跃进"运动

20 世纪 50 年代末期中国与苏联关系决裂,教育领域与其他领域同步开展"大跃进"运动。最典型做法就是从 1958 年(或 1959 年)开始对学制进行压缩,以缩短人才培养时间。"如小学 3 年一贯制,中学 5 年一贯制,中小学 342 制、中小学 92 制、中小学 9 年一贯制、7 年一贯制、十年一贯制,初中二年制,中学四年制,中学四二制、三二制、二

---

① 阎光才:《恢复高考——教育秩序重建与拨乱反正的突破口》,载顾明远、刘复兴《改革开放 30 年中国教育纪实》,人民出版社 2008 年版,第 34 页。

② 阎光才:《恢复高考——教育秩序重建与拨乱反正的突破口》,载顾明远、刘复兴《改革开放 30 年中国教育纪实》,人民出版社 2008 年版,第 35 页。

二制等；农村中有不同年限的耕读小学、牧读小学等，试验类型相当分散，学制改革的目标也不集中。"① 这种压缩学制的做法在"文化大革命"期间达到了极致，本书中的"60 后"教师中小学阶段多是实行 54 学制。压缩学制的做法使得"文化大革命"期间的教育"无视教育发展规律和青少年身心发展规律。频繁改动课程设置，随意变更教材，无法完成教学任务，学生经常参加劳动，浪费了宝贵的学习时间"②。在调查中，出生于 20 世纪 60 年代早期和中期的教师都提到了自己中小学阶段的非正常学习经历。

2. 三级师范教育体系的恢复

20 世纪 80 年代时各行各业人员的学历都普遍偏低，教师队伍亦是如此。随着高考制度的恢复，国家也恢复并创建了一批师范院校，"1978 年恢复和增设 169 所普通高等学校，其中师范院校 77 所，占恢复和增设学校的 45.56%，到 1980 年又增加了 15 所，师范院校总数达到 172 所，相当于 1977 年 59 所的 3 倍。"③ 但要在短期内培养一批合格教师还是困难的，"小学毕业教小学，中学毕业教中学的现象相当普遍，教师队伍（建设）'青黄不接'的现象十分突出"④。到 1979 年年底，全国中小学教师队伍的状况还是很令人担忧，整个教师队伍不合格的比例占 1/3 以上。即便是当时的先进地区这种现状依然存在，且初中阶段教师队伍建设是基础教育阶段中教师学历不合格比例最高的⑤。1978 年后开始逐步恢复和建立起三级师范教育体系，即由四年制的本科师范学院、师范大学为本省、市、自治区培养和培训高中、中师和师专教师；由师

---

① 黄书光：《文化差异与价值整合——百年中国基础教育改革进程中的思想激荡》，教育科学出版社 2011 年版，第 291 页。
② 黄书光：《文化差异与价值整合——百年中国基础教育改革进程中的思想激荡》，教育科学出版社 2011 年版，第 291 页。
③ 张斌贤、李子江：《教师教育改革和发展》，载顾明远、刘复兴《改革开放 30 年中国教育纪实》，人民出版社 2008 年版，第 559 页。
④ 金长泽、张贵新：《师范教育史》，海南出版社 2002 年版，第 152—153 页。
⑤ 何东昌：《中华人民共和国重要教育文献（1976—1990）》，海南出版社 1998 年版。

第十章 综合讨论

范专科学校为本地区培养和培训初中教师;由中等师范学校为本地区培养小学教师的三级师范教育体系①。本书中的"60后"教师基本都是在这个社会历史时间进入准教师学习阶段或初任教师职业生涯阶段,此时他们的生命时间正好在15—20岁。

3. 中学教师在职培训体系的完善

伴随三级师范教育体系的建立,师范教育学位制度也在逐步完善,同时地方性教师继续教育培训制度也逐步建立健全,在两个出生组教师教师认同发展轨迹的社会时间序列里,此时开始比较频繁地出现学历提升等有关教师继续教育的生命事件。1980年教育部印发《关于进一步加强中小学在职教师培训工作的意见》,该意见提出:"从实际出发,把长远的文化、专业知识的系统学习和搞好当前教学工作的教材教法学习结合起来。"② 比如,C7M教师就对曾经参加的教材教法考试印象很深刻;D1M教师在中师毕业后不久就参加了英语专科的进一步学习与进修等。刘捷、谢维和指出,我国中学教师在职培训大体经历了四个既相互区别又相互联系的发展阶段。

第一,1983年以前,根据"教什么,学什么""缺什么,补什么"的原则,开展以教材教法过关考试为重点的中小学教师培训工作。

第二,1983—1989年,为帮助各级学校教师达到应有的合格学历标准,在教材教法过关培训的同时,举办各种系统的或短期的文化进修班,实行《专业合格证书》制度,开展以中学教师学历补偿教育为重点的培训,即对不具备中师学历的小学教师、不具备大专学历的初中教师进行学历提升培训。

第三,1990—1998年,我国师资培训进入第三个发展阶段,即学历培训和继续教育交叉培训时期,开启中小学教师继续教育与教师学历补

---

① 于兴国:《转型期中国教师教育政策》,博士学位论文,东北师范大学,2005年,第23页。
② 何东昌:《中华人民共和国重要教育文献(1976—1990)》,海南出版社1998年版,第1832页。

偿教育同时并存、并行发展的培训格局,并逐步由学历补偿教育转移到继续教育。

第四,1999年"跨世纪园丁工程"与"中小学教师继续教育工程"的实施标志着教师继续教育培训进入了攻坚阶段①。

4. 教育法制体系的完善

第一,《义务教育法》的颁布与实施。

《义务教育法》是规范义务教育中各方权利义务的法律规范总称。我国在1986年7月1日起执行《中华人民共和国义务教育法》,2006年6月29日,全国人大常委会审议通过了新《义务教育法》,于2006年9月1日正式实施。《义务教育法》尽管从20世纪80年代中期就颁布并实施,但由于该法的实施细则还不够具体,特别是教育经费、受教育权力如何保障等规定不够详细,因此在贵州这样相对贫困且偏远的地方仍有不少学龄儿童出现失学、辍学问题,教师个人难以感受到《义务教育法》对工作带来什么影响。而真正让教师们感到《义务教育法》对他们的教师认同水平会产生影响是在20世纪90年代以后,其中可能的一个原因是市场经济体制改革后很多当地的农民逐渐外出务工,农村学校学生群体不管是家庭教育方式还是学习积极性都发生较大改变;另一个可能原因是1992年3月14日颁布实施《中华人民共和国义务教育法实施细则》增加了对义务教育阶段教师的各种从业要求。

2006年9月1日起开始实施的新《义务教育法》对两个出生组教师的教师认同水平有明显影响。与1986年的《义务教育法》相比,新《义务教育法》的实施细则更为详尽、问责制度更加完善,特别是义务教育经费更有保障。但两个出生组教师认为新《义务教育法》只是极大地保障了学生与家长的权益,而教师权益却没有得到应有的保护或保障。

第二,《中华人民共和国教师法》的颁布与实施。

---

① 刘捷、谢维和:《栅栏内外:中国高等师范教育百年省思》,北京师范大学出版社2002年版。

第十章 综合讨论

1993年10月31日第八届全国人民代表大会常务委员会第四次会议通过《中华人民共和国教师法》，并规定自1994年1月1日起正式实施。《教师法》对"教师的重要地位，对教师的权利、义务、任用、考核、培训和待遇等方面做出了全面的规定。它是我国教师队伍建设走向规范化、法制化的根本保障"①。教育法制建设的逐步完善，一方面是教育规模逐步扩大、教育管理活动逐渐复杂和多元化的必然结果；另一方面，也是教师队伍专业化建设的必然进程。20世纪80年代时教师队伍专业化建设还主要是从数量维度满足现实需要，进入90年代中期后，教师队伍专业化建设的政府治理已开始重在从质量维度满足教育发展需要。比如在具体的策略中要求教师定期完成基本学时的继续教育和内涵式的专业素养提升等。从两个出生组教师的自我感知来看，他们开始逐步意识到教师职业的工作范畴已不再仅限于准备教学、实施教学这么简单了，伴随而来的是他们需要花更多的时间成本来实现持续性专业发展、需要以更为专业的身份与策略去了解学生和助力学生成长等。

5. "两基"攻坚

贵州属于西部欠发达地区，义务教育普及程度以及普及水平都慢于或低于全国平均水平。进入21世纪，为取得义务教育普及的全国性胜利，在义务教育薄弱地区（包括贵州在内）开展了"两基"验收工作。所谓"两基"就是"基本扫除青壮年文盲和基本普及九年制义务教育"的简称。贵州的"两基"验收工作主要开始于2000年前后，"2000年，在全国已基本实现'两基'目标的情况下，贵州'两基'目标实现情况却不容乐观。当时，全省88个县中仍有55个未实现'两基'，'两基'人口覆盖率只有35%。在此背景下，贵州省委、省政府提出了'两基'攻坚战略"②。贵州省的"两基"工作一直到2009年才基本结束。"2009年，在国家的大力支持下，贵州省经过5年攻坚和近3年的提高巩固，

---

① 劳凯声：《我国教育法制建设的回顾与展望》，《中小学管理》2000年第1期。
② 新华网：《贵州"两基"目标基本实现》（http://news.xinhuanet.com/politics/2010-01/21/content_12851972.html）。

通过了国家教育督导团检查组的检验,全面实现贵州省委、省政府确定的'两基'攻坚目标,成为西部地区第二批全面实现'两基'的省份。"① 从 2000 至 2009 年,贵州省的"两基"工作整整开展了将近 10 年时间,在"两基"工作中,不仅涉及校舍的建设、实验室器材配备等硬性条件的准备与完善,更重要的是需要各学校准备各种各样的文字材料,比如义务教育阶段学生的动态入学情况等,而每个学校并没有专门的人员负责这些材料的整理,这项烦琐而艰巨的工作最后都要落到教师身上。两个出生组教师都认为"两基"工作的开展与实施也是影响他们教师认同发展轨迹的重要教育事件之一。不管是"60 后"教师还是"70 后"教师的生命事件中都曾提及学校"两基"工作对自己教师认同水平的影响,特别是对地处偏远的 D 校教师和 E 校教师的影响比较明显。

6. 学生就业制度变迁

不管是教师还是学生都涉及就业问题。"大学生就业制度是教育制度的重要组成部分,是社会制度转型的重要领域,其制度转型与变迁是一种重要的社会安排。因此,这种安排并不是简单的市场化或权力再分配,而是一种适应式的变迁过程。"② 20 世纪 80 年代以来,大学生就业制度的变迁经历了从"统包统配"到"自主择业"的变迁过程。十一届三中全会之后,改革开放成为基本的国策,中国经济体制实现了由计划经济向市场经济体制的转变,特别是 1992 年确立深化社会主义市场经济体制改革之后,大学生的就业制度作为教育制度领域的重要组成部分也开始适应市场经济体制改革,即逐步形成大学生与用人单位之间的"双向选择"就业制度。因西部地区人才队伍数量的匮乏,对大学生就业制度的现实回应晚于发达地区,但传统就业制度中农村义务教育阶段学生通过读中师或中专的就业路径依然明显受到挤压。1998 年之后就业制度的

---

① 新华网:《贵州"两基"目标基本实现》(http://news.xinhuanet.com/politics/2010-01/21/content_12851972.html)。

② 金久仁:《大学生就业制度变迁三十年的回顾与反思》,《福建教育研究》2011 年第 2 期。

第十章　综合讨论

变化对农村学生特别是初中学生的影响日益明显，此时大学生就业的市场化改革进入实质性阶段。学生就业制度变迁主要对"70后"出生组教师的职业生涯准入过程产生了一定影响。受当地经济条件限制，以及"两基"攻坚工作中对偏远地区教师缺编的补给需要，这期间即使是专科毕业的"70后"教师，也能比较顺利地进入农村学校实现就业。但这种就业制度的根本变化，对学生（特别是农村学生）的学习积极性以及家长对学生学习的支持等方面带来了比较明显的影响，此时两个出生组教师均难以收获来自学生方面的成就感，教师认同水平自然受到影响。

7. 教师绩效工资制度

2006年6月，人事部、财政部下发了《关于印发事业单位工作人员收入分配制度改革方案的通知》。2008年12月31日，教育部颁布了《教育部关于做好义务教育学校教师绩效考核工作的指导意见》，为义务教育学校教师绩效工资考核和具体实施部署了指导意见。与其他省份一样，贵州省从2006年开始逐步实施义务教育阶段学校教师绩效工资制度。任何一个职业的待遇分配制度必然会影响从业人员的工作积极性，"60后"教师与"70后"教师都经历了贵州省义务教育阶段教师绩效工资制度改革的教育事件，他们的教师认同水平都受到了影响。

从20世纪60年代开始，发生在"60后"教师或"70后"教师生命历程中的生命事件很多，但两个出生组教师因为出生年代的差异，加上中国社会结构的不断变迁，真正对他们教师认同发展轨迹产生影响的生命事件具有差异性。表10—1显示在这些历史事件和教育事件中，有些是"60后"教师经历的，有些是"70后"教师经历的，有些是"60后"教师和"70后"教师共同经历的。两个出生组教师的生命历程具有不一样的时空背景，特别是"60后"教师生命历程中所经历的负面历史事件与教育事件明显多于"70后"教师。

表10—1　　两个出生组教师生命历程中的历史与教育事件表

事件		出生组	
		"60后"教师	"70后"教师
历史事件	"文化大革命"	√	×
	高考制度恢复	√	×
	1992年的市场经济体制改革	√	√
教育事件	教育"大跃进"运动	√	×
	三级师范教育制度	√	×
	中学教师在职培训制度	√	√
	教育法制体系建设	√	√
	"两基"攻坚	√	√
	学生就业制度变迁	√	√
	教师绩效工资制度	√	√

第二节　教师认同发展轨迹中的生命事件

"生命事件没有固定不变的排列。"① 即教师个体生命历程中的生命事件对教师认同发展轨迹的影响程度大小排列没有固定的顺序，同样的生命事件对这个人影响大，可能对那个人影响却会非常小，所以也无法得知这些生命事件中是否有主次、预期与不可预期、可控与不可控、急性与慢性等之分。但两个出生组教师教师认同发展轨迹的走势特征、发展方向等确实又是由一系列教师生命事件的不断发生所决定的，这是教师认同发展轨迹与生命事件之间的最直接关系，轨迹是教师生命个体中纵向社会时间序列与横向空间维度生命事件之间相互交错的必然结果。随着两个出生组教师生命时间的不断向前推移，处于教师认同发展轨迹中时空维度中的生命事件之间存在什么样的关系呢？两个出生组教师的

---

① Settersten, Richard A., K. U. Mayer, "The Measurement of Age, Age Structuring, and the Life Course", *Annual Review of Sociology*, No. 23, 1997.

第十章 综合讨论

生命事件按照发生源可以分为家庭事件、学校事件、社会事件等,这些事件通常是会相互影响的,"有些事件是发生在家庭、单位或小群体内部的,有些事件则是'全社会型事件',当然,两种事件也是会相互影响的"①。因为生命事件没有固定顺序,导致影响教师认同发展轨迹的生命事件看起来是琐碎的、也是多元的,但如果将这些生命事件置于每个教师纵向的生命历程中分析,则会发现这些关键性的生命事件在两个出生组教师的教师认同发展轨迹中表现出以下集中关系效应:弱势累积效应、持久效应、相互强化效应、相互削弱效应。

一 教师认同发展轨迹中的生命事件关系效应

(一)弱势累积效应

这种弱势累积效应在"60后"教师身上体现得更明显,比如出生于"黑五类"家庭的D3M教师的弱势一直持续到他入职之后,他一直有考公务员的想法,然而因为家庭成分而失去报考资格,这种弱势效应也使他工作多年都找不到对象。D1M教师因家庭贫困只能选择读中师,中师毕业后尽管分到了其父亲当校长所在的学校,由于其爱人与教育局领导吵架事件,继而受到不公平待遇,一家人在边远山区工作将近10年,不仅其女儿的学习受到影响,他自己到职业生涯后期也明显表现出对教育教学的各种不适应。E5M教师也和前两位教师相似,小时候因为自然灾害缺少粮食导致身体营养不良,在高考时不得不选择有可能工作会轻松一些的师范专业。到其职业生涯后期,其爱人与他一样均患终身慢性疾病,不能过度劳累,所以只能选择将有限的体力用于照顾家庭,在学校不上课,偶尔做点杂事。这3位"60后"男教师的教师认同发展轨迹中均有明显的弱势累积效应,他们的弱势性首先出现在青少年阶段的生命时间,但随着他们生命历程中社会时间序列的推进,这种弱势性并未消

---

① 李强:《生命历程:重大社会事件与中国人的生命轨迹》,浙江人民出版社1999年版,第1页。

失,反而又与其他生命事件一起产生了累积效应,进而影响了他们教师认同发展轨迹的最终方向。

(二)持久效应

教师个人的生命事件序列代表着教师的教师认同发展轨迹随着生命时间变化的角色转换或者对教师职业态度的转换,考察的是教师在生命时间序列中的"具体内容、时间的选择以及构成个人发展路径的阶段或事件的先后顺序"[①]。在个体生命历程的每一个生命阶段中,如果偏离了标准社会时间表,就可能产生严重的社会后果,并受到社会的"惩罚和制裁"。教师生命事件对教师认同发展轨迹产生的持久效应影响就有可能是教师偏离这种标准社会时间表的后果,这种后果持续的时间越长,对教师认同水平的影响也越持久。比如,自从1988年根据教师的职称评聘等级来设定教师工资待遇起,很多教师都是直接根据学历以及任教的教龄参与等级评聘,一般被评聘为中学3级或者中学2级。随着他们教龄的延长,隔5年或10年左右就有机会继续往上一级职称晋升,一旦有教师没有机会继续参与评聘,就会一直停留在中学3级或中学2级,甚至也有教师已到快退休的社会时间,其职称还是中学2级。未能顺利评上职称的生命事件既可能影响教师当时的教师认同水平,也可能影响教师职业生涯后期社会时间序列中的教师认同水平。

"60后"教师一般的结婚年龄较早,但也有教师的结婚年龄偏离这个标准的社会时间表,比如D3M教师31岁才结婚,在他教龄满30年时,他的孩子还在上高中,这让他不可能像其他"60后"教师那样教龄满了30年就可申请退休而只能选择继续工作,尽管到职业生涯后期,他认为自己已是身心俱疲。另外,"60后"教师一旦在其教师职业生涯中遇到检查过多、要求过细等行政管理要求时,就会让他们想起"文化大革命"时期的政治运动。比如E5M教师就认为在中小学开展"两基"

[①] 李强:《生命历程:重大社会事件与中国人的生命轨迹》,浙江人民出版社1999年版,第4页。

第十章 综合讨论

检查是一种变相的政治运动,而C8M教师也认为,一旦用什么行政手段让学校大张旗鼓地搞什么活动也是一种政治运动。这都是典型的社会历史重大事件对教师的教师认同发展轨迹产生影响的持久效应,无论时光如何流逝,在教师个体心理上的痕迹总是难以消弭。

(三)相互增强效应

通常影响两个出生组教师教师认同发展轨迹的生命事件并非是单一的或者偶发的。一件生命事件往往会与其他生命事件一起共同影响某个社会时间序列时的教师认同水平,这种共同影响作用既可能表现为增强效应,也可能表现为削弱效应。比如E4F教师工作第6年时,发生了学生家长交学费时的"假钞事件",这件事情是引起她当时教师认同水平变化的主要原因。但在接下来的工作时间里,如果不发生学生出走、家长到学校吵闹等事件,其教师认同水平也许不会出现持续下降的变化。E4F教师和D4F教师的教师认同发展轨迹都呈现相似的渐变向下变化趋势,均是在某一生命事件引起他们教师认同水平发生转折后紧接着又发生其他能导致教师认同水平降低的生命事件,这些事件之间的效应相互强化对他们的教师认同发展水平产生负向影响。

C8M教师工作25年左右(2008年),由于在监考中让一名不遵守纪律的学生站了起来,被校领导判断为是对学生的变相体罚。同时,由于他与学校领导在诸多场合意见不合,虽然他也是学校的中层干部,却已有1年多的时间没获领导批准参加学校的办公会。这些生命事件的发生不但相互强化引起了C8M教师的教师认同水平出现明显向下的转折变化,并且还影响了其女儿当时的职业选择。当时正值其女儿大学毕业准备就业,尽管C8M教师曾认为女孩子从事教师职业是不错的选择,但在那一年C8M教师转变了看法,没有让女儿当教师。

(四)相互削弱效应

两个出生组教师中,也有教师的生命事件之间对教师认同水平呈现出明显的相互削弱效应。根据生命事件与教师认同发展轨迹的关系,当某一不良生命事件发生导致教师认同发展轨迹可能会出现向下转折变化时，如果同时伴随另一件能提高教师认同水平的生命事件发生，此时教师的教师认同水平出现明显转折变化的可能性就会减小，比如 D1M 教师从专科进修回到县教育局，被分到更加偏僻的另一学校，表面上看他的教师认同水平此时应出现向下的转折变化，但由于该校学生更加单纯好教，其教学效果反而更好，所以这次看起来"消极"的分配事件对当时 D1M 教师的教师认同水平并未产生明显影响。同样，E5M 教师刚入职时，县教育局分配他到离家近的学校，3 年后，该校要拆掉初中部，不得已 E5M 教师调到现在的 E 校，尽管他更希望留在以前的学校。E 校学生层次非常复杂不好管理，但这些并没有影响到其教师认同水平的变化，因为到 E 校后，他认为自己比在先前的学校更受领导重视。相反，E2F 教师在调到 E 校后，既教差班的语文，也教好班的语文。在差班中，不但学生不认真学习，甚至有学生到了初三连自己的名字都不会写，且班上类似这种水平的学生还比较多。尽管她对安排自己教差班有诸多不满，但由于好班的学生成绩比较好，又在一定程度上消减了她的这些不满，其教师认同水平还是持续在比较认可与接受的状态。

  以上这几种效应是单从生命事件分析它们与教师认同发展轨迹中的关系，也正是因为在两个出生组教师的生命历程中有这些生命事件之间的相互效应，才使他们的教师认同发展轨迹能表现出不一样的走势和方向。任何生命事件都镶嵌于不同个体的生活结构或者社会结构中，即镶嵌于教师个体生活的各种社会背景中。虽然教师认同发展轨迹中的生命事件丰富且多元，但同样植根于各种背景中，每位教师的教师认同发展轨迹是各种社会关系和社会结构变迁的产物。因为"生命历程研究不仅要求在一个共同的概念和经验性研究的框架内对个体生命事件和生命轨迹的社会形式作出解释，并且注重考察影响这些事件和轨迹的社会进程"[①]。教师个体的生命事件序列中，既有个人生活（家庭）中的事件，

[①] 李强：《生命历程：重大社会事件与中国人的生命轨迹》，浙江人民出版社 1999 年版，第 3 页。

第十章 综合讨论

也有学校组织中的事件,既可能涉及社会的变迁(比如"文化大革命"、高考恢复、改革开放)背景,又可能涉及教育改革(比如教师职称评聘、教师工资待遇、课程改革等)背景。那么这些生命事件与两个出生组教师的教师认同发展轨迹之间的关系又是什么样的呢?

二 生命事件与教师认同发展轨迹的关系脉络

在两个出生组教师的生命历程中为什么是这些生命事件对教师认同发展轨迹产生影响,事实上教师自己在叙述中就已经有所筛选,这个筛选过程体现了教师在建构教师认同发展轨迹时的主观能动性。教师认同发展轨迹是在时间序列与事件序列共同作用下基于不同教师的主观能动性形塑的,三者关系如下:首先,教师生命事件发生在一定时空背景中;其次,教师生命事件之间相互联系;最后,教师生命事件蕴含着教师在建构教师认同发展轨迹时的主观能动性。

(一)时空背景下的教师生命事件

经济对教育具有制约作用,处于欠发达水平的贵州经济状况决定了其整体教育水平也不高的实然现状。当两个出生组教师的生命历程与各种历史事件、社会事件交织在一起影响他们的教师认同发展轨迹时,地处贵州省中部且在省会的5所中学构成了两个出生组教师生命事件发生的空间背景。两个出生组教师从学徒观察期到入职初期、入职中期以及后期所经历的各种社会变迁、教育变革等是两个出生组教师生命事件发生的时间背景。这样的时空背景是29名教师教师认同发展轨迹中生命事件的发生基础。如果没有"文化大革命","60后"教师也可像"70后"教师那样有正常的学徒观察期;如果没有改革开放,"70后"教师也可能像"60后"教师那样经历非正常的学徒观察期,这就是两个出生组教师生命事件发生的不同时空背景差异。一方面,不同出生组教师生命事件发生的时空背景有时间节点差异,并由此产生了教师们在教师认同发展轨迹上的差异。另一方面,即使在相似的时空背景下,影响不同个体教师的教师认同发展轨迹的生命事件也可能存在差异。"60后"教师尽管都出生在20世纪60年代，经历了相似的社会事件、教育事件，但他们的教师认同发展轨迹依然呈现出多样性，比如同是出生在20世纪60年代初期的A4M教师和E5F教师，其教师认同发展轨迹的方向性与水平性上都表现出明显的个体性特征。产生这种差异的原因既与两位教师出生的家庭结构背景以及工作学校场域背景不同等有关，更与两名教师在职业生涯中发生的生命事件不同有关。即使是同一个出生组内的教师、即使教师生命事件发生的时空背景相似，但教师个体的主观能动性差异决定了出生组内教师认同发展轨迹的差异依然存在。

虽然影响两个出生组教师教师认同发展轨迹的直接触发因素都是教师们的生命事件，但社会变迁、教育变革对教师认同发展轨迹样态的形成具有较强的解释力和揭示力。正因不同教师个体经历了相同或不同的生命事件，其教师认同发展轨迹也出现相似或相异的发展样态。但同时这些生命事件又具有复杂性、多元性、多样态性甚至是琐碎性形式，使教师认同发展轨迹呈现流变性样态特质，也彰显出教师生命历程所在的社会时空背景与教师个体主观能动性之间的关系复杂性。教师的生命事件序列与教师随教龄增长的社会时间序列的交互显示社会变迁、教育变革等因素既为两个出生组教师的专业发展提供了更多机遇，同时也为教师专业发展状态的自主性带来了更多"风险"。教师是被动地受时空维度中各类变迁牵引还是积极主动建构，关键在于他自己如何判断或规避这样的"风险"，即教师是通过主观能动性判断什么样的生命事件真正对他们的教师认同发展轨迹产生影响作用。教师认同发展轨迹的主体建构中深深地烙上了社会变迁、教育变革的时代印记。

（二）相互联系的教师生命事件

教师生命事件的相互联系性指教师生命事件之间的相互影响。在教师生命历程中有些生命事件表现出持久的生命力，有些生命事件犹如过眼云烟，而多数情况则是生命事件之间有可能会相互强化，这种强化方向可能会表现为增强或削弱。教师生命事件的相互联系性还表现在生命事件与周围环境的相互联系上，包括那些与教师密切接触的空间或人文

第十章 综合讨论

环境，比如学校的物质环境、教师之间的人际氛围等。这种相互联系性一方面体现出教师在日常生活中的归属感需要，另一方面也昭示着教师文化的弱势性特点。学校领导对教师工作的显性支持、对教师心理的隐性理解均影响着教师的教师认同发展轨迹变化，比如 B2F 教师从县级子弟中学调到 B 中以后，学校领导非常重视并支持她的各项工作，其在工作上投入也非常大，但这期间她的教师认同水平依然维持在较高状态。E4F 教师认为学校领导在教师被家长当作弱势群体"欺负"时并未对教师慰藉或支持是她教师认同维持较低水平的重要原因，因为学校是教师的组织，设置有教师工会等部门，在教师利益受到侵犯时，学校应该尽到保护教师的责任。

教师在教师职业生活与周围环境的相互联系性中获得集体归属感和职业归属感。受易以私交代替契约的中国传统文化影响，两个出生组教师通常认为在职业生涯中要找到集体归属感和职业归属感的重要标志是同事之间不仅在工作中配合默契，还要有比较好的私人关系，比如男教师之间可一起喝喝小酒、下下象棋，女教师之间会一起逛逛街、聊聊天，教师们一起打"教师麻将"等。教师在学校组织中的归属感需延伸到教师的生活事务中，教师职业的"边界模糊性"在同事关系上体现明显。一旦教师因为调动改变了他们的既有工作与生活方式，他们的教师认同水平就可能受到影响，这种影响既可能是积极的，也可能是消极的。

（三）蕴含主观能动性的教师生命事件

同一个出生组教师由于出生年代的相似性，他们生命历程中极有可能会经历相似的社会事件、历史事件以及教育事件等。但每个教师经历的生命事件序列中影响同一个出生组教师教师认同发展轨迹的生命事件依然有差异，导致同一个出生组之内教师的教师认同发展轨迹也具差异性特点。

"60 后"教师一旦有机会继续学习，他们都会积极主动地抓住机会，以期通过学习改变自己命运。不管"60 后"教师基于什么原因主动或被动地选择了教师职业，他们生命历程中都曾为改变自己当时的工作状态做过积极努力。比如 E4F 教师入职初期开始的教师认同发展轨迹一直呈逐渐下降的变化趋势，但在入职后 10 年左右，她依然对教师工作有极大的热情与激情，并通过积极参与学历提升、职称评审等促进自身的专业发展或改变自己的生存状态。在 B2F 教师的生命历程中也能看到这种相似的坚持与努力，最初教师职业并非她的最佳选择，因为父亲过早离世使她不得不选择保底的师范专科学校，毕业时被分配到一个事业单位的子弟校，但她工作没几年就通过自己的努力调到 B 校，且后来成长为省市级教学名师。虽然教师职业给大部分"70 后"教师学徒观察期时造成了待遇不好的刻板印象，但为顺利就业他们还是选择了师范院校，所以入职初期"70 后"教师的教师认同水平明显低于"60 后"教师。但"70 后"教师也会在较短时间里选择继续进修、转变自己的行动策略等方式来调整他们的教师认同水平。比如 B5F 教师在进修时，带着自己入职 3 年来的专业成长困惑积极反思，并不断总结经验，在进修结束回到学校后，教学成效明显改观，教师认同水平也出现明显向上的转折变化。

  两个出生组教师的生命事件序列充分体现出教师在社会变迁、教育变革背景下抓住机遇、改变命运的主观能动性，这是为什么即使经历相似的社会时空背景变迁，两个出生组教师组内教师认同发展轨迹依然具有差异性的根本原因。生命个体在"面对巨变的社会，延循'习惯''传统'一成不变的生活模式被动摇，个体能动性对于生命发展轨迹的创造性型塑的重要价值更加凸显"①。两个出生组教师生命历程的社会历史时间处于从计划经济年代严格的行政控制过渡到自由灵活的市场经济改革进程中，个体在自身生活轨迹形塑上具有更多的选择性，不同的主体性选择策略铸就了多元的轨迹建构过程，并形成了各异的教师认同发展轨迹。

  教师认同发展轨迹中的生命事件序列与社会时间序列交互构成了探寻教师认同在教师生命历程中的"契合点"，教师认同水平是由教师的

---

  ① 徐静、徐永德：《生命历程理论视域下的老年贫困》，《社会科学研究》2009 年第 6 期。

第十章 综合讨论

生命事件序列与社会时间序列相互"契合"所产生的必然结果。两个出生组教师的生命事件、社会时间序列与教师认同水平的发展变化之间并不能简单地归结为一种因果逻辑关系(这是化约主义范式下量化分析中的常见结论)。教师生命事件与教师认同发展轨迹之间的关系具有纷繁复杂性,却也在一种丰富性、多元性中体现了教师认同发展轨迹的个性化、人本化以及立体化特征。

第三节 文化、变迁与教师认同

教师认同发展轨迹的形塑过程映射出文化、变迁与教师认同之间存在千丝万缕的联系,不同出生组教师建构教师认同发展轨迹的机制是什么呢?既然文化既可直接影响教师认同发展水平,也可能在其他影响因素与轨迹之间发挥作用,那文化因素与教师认同发展轨迹的关系又是怎么样的呢?

一 文化作为满足教师"意欲"的一种生活方式

文化存在于人类社会的点滴生活与生存方式中,它包罗万象却又隐晦不明,我们时常感觉它好像就在身边,但又有一种说不出、道不明的感觉,比如当一个普通瓷器在中国人手里只是某种器物时,也许到了国外就变成了中国的瓷器文化。文化镶嵌在中国人所使用的各类器物中,但往往是在与其他的周遭物或参照物之间具有明显差异时,才能明显地感觉到它的存在。梁漱溟认为文化并非是虚无缥缈的,文化是极其实在的东西,是"吾人生活所依靠之一切"[①]。尽管文化依托于实质性的器物,但并非某一具体的东西就能代表文化。在说到文化时,明显地不是指我们身边的书桌、椅子等某一实物,也不可能指自然界中的某种动物或植物,抑或自然界中的某种物理现象,比如电闪雷鸣。在同质性的意

[①] 梁漱溟:《中国文化要义》,上海人民出版社2011年版,绪论。

义上是不存在任何文化的①。源了圆认为文化具有难以捕捉的实在性,并通过生活于其中的人而显现出其难以捕捉的形象②。即文化存在于个人生活的方方面面中,具有渗透性、无处不在性。"文化不仅是社会的某个部分或某一层面、某一领域的现象,文化从根本上说是一种普遍的社会现象,它存在于社会生活的各个领域、各个层面和各个部分之中。可以这样说,文化在社会生活中是无处不在的,它渗透到各个角落。"③

每个个体都有权利决定自己的生活是怎么样的,但如果将每个个体的想法进行"类"归纳会发现某"类"人因为受到特定文化影响而在思想、感受、生活方式等方面具有相似性。教师职业文化也会受到教师自己所生活的文化背景影响,有研究证实不同文化背景下的教师经验对教师认同的发展有重要影响④。文化的这种影响是如何产生的呢?梁漱溟认为,人类的文化就是人类生活方式的一种缩影,这种缩影是通过人类的意欲作为中介所产生的,意欲不同,人类的生活方式就会产生相应的差异⑤。即人类的文化最终会受到"意欲"的影响,教师文化同样会受到教师群体自身"意欲"的影响。教师认同是教师自己对教师职业看法的认可与接受状态,是教师对教师职业的一种情感态度价值观,它深深植根于教师的各种日常生活方式中,教师在这种生活方式中所表现出的"意欲"就是教师文化,所以教师文化蕴含在教师的生活方式中。两个出生组教师的教师认同发展轨迹一方面受不同出生背景的影响;另一方面又由教师个体的"意欲"所决定。"意欲"的实质是一种个人的需求意向,在某种意义上可以说"意欲"就等于主观能动性,因为教师自己是这种主体性"意欲"满足获得的关键性行动者,这正好与教师认同发

---

① [美]亨利·A.吉鲁:《教师作为知识分子》,朱红文译,教育科学出版社2008年版。
② [日]源了圆:《日本文化与日本人性格的形成》,郭连友、漆红译,北京出版社1992年版。
③ 陈先达:《哲学与文化》,中国人民大学出版社2006年版,第149页。
④ Hen-Hui Lu, "Stories of Teacher Identity: A Narrative Inquiry Into East Asian Teachers' Lives", The Faculty of the Graduate School of the University of Maryland, College Park, 2005.
⑤ 梁漱溟:《中国文化要义》,上海学林出版社1987年版,第77—95页。

第十章 综合讨论

展轨迹在组内或组间的差异根源在于个体主观能动性的相契合。文化在教师职业群体中或在教师认同发展轨迹形塑中会通过"意欲"为中介发挥作用，即文化对教师认同水平的影响由教师的不同"意欲"所决定，由教师各种需要的满足情况所决定。

二 作为中介因子的教师主观能动性

在文化成为满足教师"意欲"生活方式的同时，文化发挥了一种教师主体性的作用，甚至可以说文化本身就具有主体性。源了圆指出，尽管文化具有强大且看似无踪迹的特点，但"文化不纯粹是精神的东西，不能将它局限于意识的范围，文化也具有客观现实性。但是这种现实性不同于自然界的现实性，它的特点是还具有主体性"[①]。这种主体性特征体现在文化承载了个体各种"意欲"的生活方式中，文化中渗透着人们对各种需要的追求，个体追求满足自己"意欲"的过程就是一种主体性的体现，也是文化本质的体现，因为文化的本质就在于通过个人主体性的实践性活动以创造或者改变历史。"文化的本质就在于通过实践活动对环境的改造提升，人作为历史主体的价值是人作为主体的扩大再生产。"[②]

文化的本质体现在一种社会历史活动中，在这种社会历史活动中人通过实践性活动进行扩大再生产，并形成、发展文化。因此文化在形成、发展过程中具有一种超越单个个体的历史主体性，但是这个过程又不可能脱离个体的社会历史活动。"但文化的形成和发展又不是在诸个体之外，而是在诸个体之中，通过诸个体的活动而实现的。人们的历史始终是他们个体的历史。当社会在无数个体的相互作用中形成的文化，又反过来实际成

---

① ［日］源了圆：《日本文化与日本人性格的形成》，郭连友、漆红译，北京出版社1992年版，第149页。

② ［日］源了圆：《日本文化与日本人性格的形成》，郭连友、漆红译，北京出版社1992年版，第64页。

为个体活动的要素时，文化的社会化形式就转化为个性化形式。"① 从这一点来说，文化既具备一种超越个体的宏观性特点，也具有一种作用于个体甚至需要个体行动的微观性特点。

影响教师认同发展轨迹的文化包括中国传统文化与教师职业亚文化两个层面。不管是中国的传统文化，还是在连续地与各种外来文化交流融合的中国社会现代文化以及教师职业文化等都要通过教师的主体性活动才能产生对教师认同发展轨迹的影响。所以，不管教师个体的生命历程如何受到各种社会变迁、环境变化的影响，个体的主观能动性始终是教师个体建构教师认同发展轨迹的内在关键因子。但文化作为教师认同发展轨迹的深层次影响因素，也可能会使不同出生组教师的教师认同发展轨迹展现出差异性，因为文化本身通过可以对不同阶层个体的观念意识、生活方式的影响继而产生社会阶层之间的差距与不平等。源了圆和梁漱溟都曾提出过文化差异导致阶层差异的观点，源了圆认为不同阶层的这种差异与不平等是因为"在同一文化圈的共同社会中，出生各异的不同代的人来承担文化时，不仅仅因为生理成熟程度所产生的心理差异，也因为社会经验的差距，使他们对同一文化的态度也会有所不同。……特定阶级和出身的人会产生出与其相应的特有文化，所以生活在那种文化中的人便会形成特有的社会性格。……这种社会层次上的文化与人的交流过程，多数时候是在无意识中进行的。同时，也有相当多的时候是通过父母、邻人或同一职业集团的同僚的'教化'而实现的"②。梁漱溟认为文化的形成过程并不是一元的，也不是机械的，各个社会与职业的文化有其阶级性、时代性。③ 这一观点能很好地解释为什么不同年代出生的人所表现出的文化标签或者文化符号差异、为什么两个不同出生组教师的教师认同发展轨迹中有组间差异

---

① ［日］源了圆：《日本文化与日本人性格的形成》，郭连友、漆红译，北京出版社1992年版，第72页。
② ［日］源了圆：《日本文化与日本人性格的形成》，郭连友、漆红译，北京出版社1992年版，第11—12页。
③ 梁漱溟：《中国文化要义》，上海人民出版社2011年版，第47页。

第十章 综合讨论

性,同时也验证选择和关注不同出生组教师的逻辑合理性。

两个出生组教师出生年代的差异决定了他们具有不同的社会生活基础和社会化(或者教化)过程,这个过程中虽然两个出生组教师对文化的不同承担性不可避免地隐含着某种非连续性的契机,但这种契机既可能促进文化的进一步发展,也可能会使文化走向衰败,这一点对不同国家或地域的文化来说也会有差异,某些传统文化借着这种契机进一步得以强化,也有不少文化在非连续性中走向断裂。从古代延续至今的传统文化中,中国文化依然还保持了这种连续性。同西方文化相比较,中国文化在发展过程中,出现这种非连续性契机的可能性比较小,所以中国传统文化得以一种较为强大生命力的形式存在,继而对中国人的价值观更容易产生渗透性影响。经历几千年的朝代更替、历史兴衰,中国文化始终保持着历史的连续性,对中国人价值观的影响已深深地渗透在每一个中国人的血液里。这是历史留给我们的财富,但是也容易受其所累,"中国之不易亡在此,中国之不易兴亦在此"[1]。

在两个出生组教师的生命历程中,文化是一种无处不在的存在。在教师职业社会化的学徒观察期,两个出生组教师就深深地受到自己所处中国文化的渗透性影响。不同出生组教师的教师认同是生长于文化,也消逝于文化中的。受到文化与亚文化渗透的教师个体一边在努力的形成教师自我,一边又反过来改变自己所从属的职业文化性格,这就是教师认同过程中教师主观能动性的表现。主观能动性是个体社会化中各种行为的主要动机,就像韦伯在解释社会学中认为的,行动中主要动因总是个体的人,因为人"具有主观可理解行为定位意义的行动,只能作为一个或多个个体人类生命的行为而存在"[2]。主观能动性代表了教师认同发展过程中不同教师的发展"意欲",这是文化与教师认同发展轨迹之间的关键中介因子。那么教师在建构各自的教师认同发展轨迹时,这种主观能动性是如何发挥作

---

[1] 梁漱溟:《中国文化要义》,上海人民出版社2011年版,绪论。
[2] [德]迪尔克·克斯勒:《马克斯·韦伯的生平、著述及影响》,郭锋译,法律出版社2000年版,第184页。

用的呢？

三 理性选择——教师主观能动性的体现

主观能动性具有内隐性，是教师个体在教师认同发展轨迹中的内在动力，不同出生组教师的教师认同发展轨迹体现了教师个体的教师认同是如何受到生命历程中各种不同动力系统的影响过程，但这种影响必须经过教师个体的主观能动性才能发挥作用。每位教师在发生各种生命事件时，总会伴随自己内在的判断与选择，这些判断与选择常表现为"我要离开吗？""尽管有……但是……"等等，教师们在回忆各种生命事件对其教师认同发展轨迹产生影响时，这种影响不是在冲动、无意识的状态下发生的，而是教师在面对各种生命事件时经过有意识的、理性的判断之后产生的，即是通过教师自己内在的一种理性选择发挥作用的。教师的主观能动性本质就是教师在其职业生涯中不同的生命时间、社会时间以及历史时间序列里面临各种各样生命事件时做出的理性选择而得以实现的。"发展的个体是一个动力性的整体，既不是简单受制于社会路线的被动承受者，也不是情感、认知、动机等元素的集合。时空的影响力只有通过个体的选择决策才能渗透到生命历程的框架中去；表现在方法论上，即我们在关注社会属性的同时，还需要关注个人属性，整合多学科的力量共同分析嵌套在不同水平动力系统中的群体和个人。"[①] 教师的选择决策有时可能并不是外界能轻易捕捉的，但在生命历程框架下发生的生命事件中、在教师有意识地进行有关教师认同水平发展变化的生活史回忆与自我叙事中，随时渗透着两个出生组教师个体的选择与决策，此时教师不是时空影响力的被动承受者，而是教师认同发展轨迹的主动建构者。

两个出生组教师为什么要不断通过理性选择而建构各自的教师认同发展轨迹呢？根本原因还在于教师职业是一个充满矛盾的职业，教师们生命

[①] 包蕾萍、桑标：《习俗还是发生？——生命历程理论视角下的毕生发展》，《华东师范大学学报》（教育科学版），2006年第3期。

第十章 综合讨论

历程中常会面临徘徊不定的情境。安迪·哈格里夫斯指出:"教学是一个矛盾的专业。在所有的已经是或即将成为专业的工作中,只有教学被寄予这样的厚望:培养和创造人的技能和能力,使个体和团体能够在当今的知识社会中生存下去并获得成功。和其他人相比,教师也更多地被寄予这样的厚望:建立学习共同体,创建知识社会,培养创新能力,发展灵活性,承担变革的责任,因为这些都是经济繁荣的基础。同时,教师还被期望能够疏解知识社会所产生的一些重大问题的压力,减少这些问题所带来的危害。例如,过度的消费主义、集体感缺乏、贫富差距拉大。无论怎样,教师们都必须同时设法达到这些看似矛盾的目标,这就是教师专业的矛盾。另外,按照知识经济的要求,公共开支、教育以及福利一直是首先需要削减的项目。教师工资和工作环境又居于有待减少的公共开支的首位。"[1] 教师职业的矛盾性集中体现为:一方面社会对教师从业人员的要求越来越高,另一方面教师职业的各种待遇并没有明显增加。由于教师职业所处阶层的位置特殊性,它从来就没有成为真正实在意义上的高收入性职业。要维持教师认同发展轨迹的稳定不管是在制度性要求还是自主性建构层面只能更多地依赖教师自己的内在道德力量,这种道德力量让教师对教师职业产生一种理性判断,当然这种内在的道德力量(当教师把教师职业看成一种"良心活"时,其实就是教师主体通过"良心活"建构教师认同观时的理性选择)能够使教师在面临各种矛盾(特别是教师的职业付出与职业回报之间并无实在的高相关关系)时建构教师认同中获得一种内在自我的心理均衡。

为什么两个出生组教师在两难的矛盾情境下做出的选择是理性的?理性是什么?理性首先由亚当·斯密提出,他认为理性主要指人们的思考能力、计算能力、趋利避害能力。马克斯·韦伯进一步将理性分为工具理性、价值理性、形式理性和实质理性,其中工具理性就是对亚当·斯密所

---

[1] [美]安迪·哈格里夫斯:《知识社会中的教学》,熊建辉、陈德云等译,华东师范大学出版社2007年版,第11页。

提理性的进一步延展。在这之后,西蒙进一步对理性概念进行了补充和修正,他认为理性是人们用来评价行为后果的一种价值体系,人们依据这个价值理性在备选行动方案中去选择令人满意的行为①。理性是与个体在社会行动中的选择性行为联系在一起的。根据西蒙的观点,个体在行为选择时的主要考虑要素是行为产生的后果。两个出生组教师面对生命历程中持续出现的各种生命事件做出什么样的理性抉择、产生什么样的理性行为,也主要由他们对这些生命事件后果的评价来决定。

一般情况下,教师理性抉择过程是比较内隐的,只有在他们刻意地再次追溯其产生过程时,可能才会意识到个人做出这种行为选择而没有做出其他行为选择背后所蕴含的理性。当教师们在回忆影响其教师认同发展水平的生命事件时,才会注意到自己当时的这种理性选择过程,在本书的调研中甚至有教师通过自言自语的方式展现自己在面临各种生命事件时的各种理性选择行为。理性选择概念来源于理性选择理论,理性选择理论是在充分运用博弈论数学模式基础之上发展起来的,该理论的基本观点认为人的理性选择目标是追求"效用的最大化",因此,该理论重点关注人们如何用最理性的手段达到行动的目的。吴贺宁认为,个人的理性选择能力与个人的身份认同之间有着密切的关系②。在个人的各种社会行为中,理性选择能够在个体的各种理性行动差异中确定身份,并从文化、经济等层面进行身份建构,避免个人在身份认同上与其所属群体或团队之间发生偏差,以便个人找到群体归属感。中国人深受儒家文化的影响,理性一直占据着重要的地位。梁漱溟认为"人类的特征在理性"③。并且人类的理性建构必须经由理智的发展,理智与人类的感情无关,但是理智能满足个人的本能需要,在这个过程中逐渐生发出了"无所私的感情",这就是理性。所以,理性和理智是心思作用的两面,知的一面是理智,而情的一面是理性。梁漱溟还认为中国民族之精神、文化之精髓就在于中国人的理性早

---

① 周利敏、谢小平:《论理性选择理论的逻辑起点》,《兰州学刊》2005年第4期。
② 吴贺宁:《理性选择与认同》,《西部皮革》2016年第2期。
③ 梁漱溟:《中国文化要义》,上海人民出版社2011年版,第110页。

第十章 综合讨论

启，理性使得中国文化能够绵延流长①。杨玉婷认为，理性是人的生命精神之所在②。两个出生组教师进行理性选择时，深刻地受到他们所处中国文化场域的影响。这个文化场域是每个教师都在经历和体验的，尽管最后抉择是教师自己做出的，但实质上体现了他们所"在"的特定国家文化与职业文化。"有明确的证据表明，当人们要表达对一个文化群体的认同、要产生归属感时，坚持文化传统是他们广泛采用的一种方式。有助于增强社会联结的文化观念可能被选择和保留，并成为文化传统的一部分。……文化对个体来说有多重功能，包括提供认知安全感、归属感和克服存在性恐惧的缓冲器。"③

不同文化场域对教师认同发展轨迹产生的影响还通过刻板印象方式发挥作用，即教师在教师认同发展轨迹中的生命事件、教师地位变迁、教师角色转换等方面的变化，使教师的教师认同受到一种刻板印象威胁，一旦社会外界认为教师职业是一种地位低下的职业，教师自己也会有这样的看法，"刻板印象威胁是由个体所属群体的负面名声所引起的一般性威胁"④。影响两个出生组教师教师认同发展轨迹的生命事件有不少是因为教师职业群体的负面名声引起的，但多数教师对这种"刻板印象威胁"采取"维持现状"的态度进行自我回应或者慰藉。当大部分教师对源自社会的负面评价都采取相同或相似的方式进行回应时，就产生了一种群体认同，"群体认同和自我怀疑应该是'刻板印象威胁'及其影响之间的中介因素"⑤。比如两个出生组教师通过"良心活"方式对教师职业进行主体性认同就是教师自己对教师职业"刻板印象威胁"的一种理性回应。

教师的理性选择与其生命事件密切相关，而每一生命事件都是教师

---

① 梁漱溟：《中国文化要义》，上海人民出版社 2011 年版，第 110—111 页。
② 杨玉婷：《理性，人的精神生命之所在》，《思想政治课教学》2015 年第 1 期。
③ 赵志裕、康茔仪：《文化社会心理学》，中国人民大学出版社 2011 年版，第 100—103 页。
④ 张意：《文化与符号权力——布尔迪厄的文化社会学导论》，中国社会科学出版社 2005 年版，第 291 页。
⑤ 赵志裕、康茔仪：《文化社会心理学》，中国人民大学出版社 2011 年版，第 295 页。

实践行动的具体表现，实质就是教师对自己实践活动中在手段与目标之间的一种理性权衡。"理性选择理论假设人们是理性的，他们将自己的行为建立在这样的基础之上：哪种手段对于实现他们目标而言是最有效的。在资源相对稀缺的社会环境下，这意味着要不断权衡手段与目标之间的关系并从中进行选择，这就是所谓的理性选择。"① 教师在教师认同发展轨迹中的理性选择是教师主体在身处文化与社会变迁张力中进行的实践活动，这种实践活动在教师这种职业群体中表现出某些共同的"习性"，成为教师社会身份建构的基础，并集中体现了教师职业群体的社会地位、生存状况以及教师个体的思想方式、认知结构和行为模式等。因为"习性"的内涵可以理解为："寄寓着个人通过教育的社会化过程，浓缩着个体外部社会地位、生存状况、集体的历史、文化传统，同时习性下意识地形成人的社会实践，因此，什么样的习性结构就代表着什么样的思想方式、认知结构和行为模式。"② 可见，教师作为主观能动性的个体在建构教师认同发展轨迹时是有意识的、是积极的。在这个过程中，他们解释、评价、界定、设计他们自己的教师认同发展轨迹，教师个体并不是简单地被外部力量影响的消极接受者。

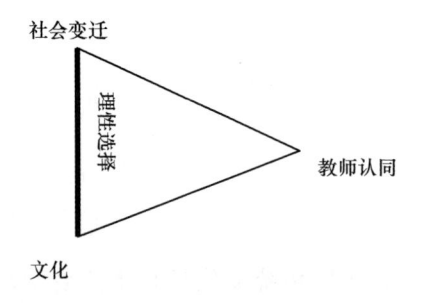

图 10—2 教师认同、文化、社会变迁之间的三角关系

---

① [美]鲁思·华莱士、[英]艾莉森·沃尔夫：《当代社会学理论：对古典理论的扩展》，刘少杰等译，中国人民大学出版社 2008 年版，第 270 页。
② 张意：《文化与符号权力——布尔迪厄的文化社会学导论》，中国社会科学出版社 2005 年版，第 60 页。

第十章 综合讨论

文化本身就蕴含着教师在理性选择时的主观能动性，同时也渗透在其他各种因素中发挥作用，比如学校的组织文化、教师的职业文化和教师的家庭文化等，文化无处不在的特征使文化成为教师认同发展轨迹的最深层影响因素。教师生命事件与教师认同发展轨迹的关系显示教师的生命事件发生在一定的时空背景中，在教师生命历程的社会时间序列中，不管是学徒观察期还是专业教育时期，影响教师认同水平的生命事件总离不开相应的时空背景。在纵向维度上，教师生命事件的这些时空背景同样也在不断地发生着相应的变化，这就是为什么不同出生组教师会经历差异性生命事件的原因所在。在考虑教师是如何在教师认同中进行理性选择时，教师生命事件植根的社会时空背景特征，即社会变迁是另一重要因素。文化、变迁与教师在生命历程中通过理性选择建构教师认同发展轨迹之间的关系如图10—2所示。教师主要通过理性选择建构自己的教师认同，这种理性选择体现了教师作为认同主体在文化与社会变迁的相互渗透与牵拉中表现出的一种主观能动性。文化与社会变迁既相互渗透，又互相牵拉。第一，中国传统文化绵延数千年，高潮与低谷此起彼伏，但从没有真正从人类历史上消失过。不管社会如何变迁、朝代如何更替，中国传统文化始终持续存在着强大生命力。这种文化的连续性潜移默化地影响着遗传学意义上的不同代际，更影响着社会学意义中的不同代际，比如本书中的两个出生组教师。第二，中国传统文化之所以能保有这份连续性，说明文化具有能在不同社会结构中的调节性与对社会变迁的较强适应性，也许在这个过程中，社会变迁与文化之间早已相互融合与渗透。第三，中国传统文化具有比社会变迁更趋稳定性、更具无形性的特点，一方面使文化在社会变迁、朝代更迭中能保持自身的某些传统特点，另一方面也使社会变迁速度不致过快、过多或过于剧烈，二者在社会历史进程中不可避免地会产生相互牵拉的关系，这种关系也许正是各种职业在社会变迁中保持相对稳定性的根源所在。影响教师职业的社会变迁包括各种教育改革与变革以及各种社会风气的变化，比如教师职业的待遇变化、有关教师与学生的各种法律法规完善、教师家庭结构的变化（离异、再婚等）、学生学习态度的变化、家校关系的变化、学校中的各种行政规章制度变化等。

"60后"教师与"70后"教师在理性选择时体现出的特征也不一样。"60后"教师更倾向于一种保守型的理性选择，这种保守性明显地体现在他们特殊的受教育经历后对正常学习的积极渴求却又不敢"奢望"上；体现于他们在高考恢复后对师范专业的保底选择上；体现在他们身上具备更多的传统文化性格上；体现在他们对教师职业的看法还停留在一种仕途文化上；体现在他们的职业生涯后期对各种教育改革的不适应等方面。而"70后"教师则更倾向于在教师认同发展轨迹建构中表现出一种适应性的理性选择，与"60后"出生组教师不一样，他们从学徒观察期开始所经历的都是比较正常和标准的教师职业社会化过程，他们成长过程中所经历的是一种慢性失范性的社会变迁，因此他们选择和从事教师职业更多的是从自己的性格与性别等是否适合上来考虑，他们能够适应、包容并积极接纳教育中的各种改革。教师群体的弱势性决定了他们很多时候并不能发挥引领社会变迁或教育变革等作用，所以，两个出生组教师的理性选择最多只能处于一种保守与适应的连续统上，"60后"教师更有可能处在该连续统的保守型一端，而"70后"教师则更有可能处在连续统的适应型一端（见图10—3）。

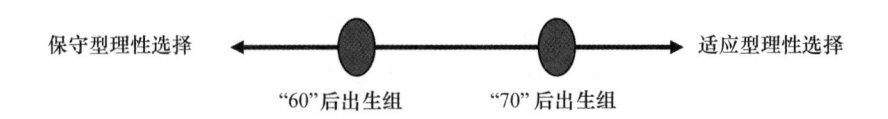

保守型理性选择 ←————●————————●————→ 适应型理性选择
　　　　　　　　　"60"后出生组　　"70"后出生组

图10—3　两个出生组教师的理性选择类型

在两个出生组教师的生命历程中，文化与亚文化因素是教师在不同生命时间里对不同生命事件做出这样而非那样理性选择的根本原因。首先，文化影响着教师主体对教师认同观的建构。教师在通过"满意"与否建构主体性的教师认同观时，提及的各种条件中蕴含着文化与亚文化

第十章 综合讨论

的影响;在通过"良心活"建构对教师职业的责任感、道德观时,也深刻地受到中国传统文化的影响。尽管在很多时候教师自己并没有意识到这点,就像梁漱溟所认为的"自己力量源自无边,而自己却不能发现"[1]。实质上这种无边就来自一种文化的影响力,因为文化本身也具备一种无边的特征,特别是文化只有我们刻意地去意识才能感受到的这种隐形性的无边力量特征。其次,文化与教师认同之间的反应介质就是教师的主观能动性。这种主观能动性使教师在各种生命事件面前会有意识地进行理性抉择与判断,并表现出相应的态度与行为。最后,不管是影响教师认同发展轨迹的各类因素,还是作为教师生命事件发生的时空背景下的社会变迁,两个出生组教师的教师认同发展轨迹特征都要通过教师的理性选择得以体现,这种理性选择特别体现在教师主体在面对文化与社会变迁相互博弈或牵拉之间的一种主观能动性。

---

[1] 梁漱溟:《中国文化要义》,上海人民出版社2011年版,第116页。

第十一章

结论与建议

教师认同是教师自己如何看待教师职业的相关态度中所表现出的某种职业价值观，是教师在追问"我是谁?""我要成为什么样的教师?"过程中表现出的认可与接受教师职业的心理过程。基于生命历程理论的"60后"和"70后"两个出生组教师的教师认同发展轨迹研究，强调的是基于一种宏观与微观结合的分析视角，在共时态与历时态结合的分析框架下，在中国文化场域下动态地看待教师个体生命历程中的教师认同发展变化情况。教师认同发展轨迹中，教师主体是建构者和表达者，而教师生命历程中经历的生命事件是构成教师认同发展轨迹中水平转折或水平持续等的直接影响因素。这些直接影响因素从微观视角到宏观视角分别蕴含在教师日常生活中的家庭、学校、人际关系（家校关系、同事关系、师生关系等）、教育变革、文化与亚文化等要素中。

第一节 结论

一 "满意"与"良心活"——教师认同发展轨迹的主体间性特征

教师自己是怎么看待教师职业的，在教师们讲述他们的教师认同水平变化时，他们也建构了自己心目中的教师认同观。通过深描两个出生组教师常提及的词汇可观照教师在生命历程的自我叙事中蕴含的教师认同观。

教师在谈论他们的教师认同水平时，"满意""良心活"出现比较频

第十一章　结论与建议

繁,通过进一步的文本分析发现,教师在日常生活中常用"满意与否"来代表或者表达自己的教师认同观,当教师们比较"满意"时,他们的教师认同水平就会比较高,当他们不太"满意"时,他们的教师认同水平就会比较低。"满意"是教师认同在教师日常生活中的一种情感体验,其类属关系表现为:"满意"的理想状态是教师工作的"各方面都顺利";"来自学生的成就感"是教师"满意"的最重要源泉;"领导重视"是教师"满意"的必要条件;而教师工资的"旱涝保收"是教师"满意"的基本前提。

教师们会用"良心活"来表达他们的教师职业认知,"良心活"是他们在教学工作中的道德底线,特别是即使在他们对教师职业不"满意"时,他们依然依靠"良心活"的这种道德力量作为持续教师职业生涯的重要精神支柱。"良心活"的类属关系表现为:"对得起学生"是教师职业作为"良心活"的行为准则;而教师在工作中表现出的"责任感"则是"良心活"的基本表现形式。这种"良心活"的职业认知是教师群体所处社会位置结构的特殊性所决定的,这种特殊性并未给教师群体带来实质性的优越之处,反而让教师容易陷入一种"位置性痛苦"中,这种痛苦体现了教师自己在教师认同中的矛盾与冲突。

"满意"与"良心活"都是教师在自主叙事中表达出的主体性教师认同观,受到教师主体所处文化场域的深刻影响。两个出生组教师表达"满意"时提到的各方面都顺利,特别是家庭生活的顺利这一点体现了教师职业与教师家庭之间的"无边界性",家庭是中国人生命历程中建构的第一种也是最重要的一种伦理关系。两个出生组教师通过"良心活"来表达教师认同中伴随的内在道德监督过程。这一点与中国传统文化中对道德的重视、对法律的忽视有着密切关系,比如"礼俗示人以理想所尚,人因而知所自勉,以企及于那样"[①]。这一点也与学校的组织特性有关,即老师们认为在学校组织的各类人际关系实质应是情义关系,

---

① 梁漱溟:《中国文化要义》,上海人民出版社2011年版,第140页。

而非契约关系。这可能也与学校及教师群体中的法制体系不完善或者法律法规条款不够详尽有关。

二 连续与转折点的共同作用——教师认同发展轨迹中的生命历程特质

两个出生组教师的教师认同发展轨迹体现了教师认同在教师生命历程中的个人生命时间、教师认同发展方向与社会历史时间序列之间的三维关系。教师认同发展轨迹是教师在生命历程的时空维度中对各种生命事件进行理性选择的必然结果。以两个出生组教师入职第1年的社会时间开始计算，根据轨迹的整体走势方向（水平、向上、向下）以及轨迹变化的强度（渐进或渐变、波折）可将29名教师的教师认同发展轨迹分为波折水平型、渐进向上型、波折向上型、渐变向下型和波折向下型，但不同出生组教师在轨迹类型分布数量上存在比较明显的差异，"60后"出生组教师大部分分布在波折水平型、渐变向下型和波折向下型中；"70后"出生组教师大部分分布在波折水平型、渐进向上型和波折向上型中。教师认同发展轨迹代表了教师认同在教师整个生命历程中的连续性，不同类型的教师认同发展轨迹是很多个"点"的集合，在这些点中，对整条轨迹的发展方向、发展程度影响最大的是转折点，正是转折点使教师认同发展轨迹不是呈现出直线式的连续性特点，而是呈现出与教师生命历程中的各类生命事件及它们所植根的时空背景联系起来的起伏性和波动性特点。教师认同发展轨迹的每个转折点发生前后，总会有一段或长或短的连续时期，即教师认同发展轨迹或会持续向下、或会持续向上、或会呈现直线式平稳的发展，不管这种连续性呈现什么样的发展特征，都代表着教师并没有轻易中断自己的教师职业生涯。教师认同发展轨迹是在连续与转折点的共同作用下而形成的。

三 共性与差异并存——教师认同发展轨迹中的出生组特质

大部分"60后"教师的教师认同发展轨迹总发展方向呈向下发展趋势，而大部分"70后"教师的教师认同发展轨迹总发展方向呈向上发展

第十一章 结论与建议

趋势。"60后"教师的教师认同发展轨迹中,垂直向上型的教师要明显少于"70后"教师。两个出生组教师的教师认同水平在不同职业生涯阶段的平均值显示,"60后"教师的教师认同水平在职业生涯的入职初期有明显上升趋势,随着教龄延长,教师认同水平逐渐转折向下发展,并在工作20年之后基本持续在一般认可与接受状态。"70后"教师的教师认同水平在职业生涯初期(5年内)有小幅下降,但随着教龄延长逐渐呈现向上转折的发展趋势,在工作15—20年时他们的教师认同状态仍然高于比较认可与接受的水平。

两个出生组教师在教师认同发展轨迹中的转折点也有差异,"60后"教师的学徒观察期持续时间明显少于并短于"70后"教师,这个标准社会时间的偏离导致"60后"教师在后续的入职、结婚、生子等生命事件发生的生理年龄均相应地小于"70后"教师。大部分"60后"教师在工作初期的教师认同发展轨迹容易出现向上转折的变化,"现实性休克"在"60后"教师中体现不明显。大部分"70后"教师在工作初期的教师认同水平容易出现向下转折的变化,"现实性休克"在"70后"教师中体现得比较明显。入职5—10年时"60后"教师比"70后"教师的教师认同发展轨迹更容易出现向下转折的变化;入职10—15年时"70后"教师比"60后"教师的教师认同发展轨迹更容易出现向上转折的变化;"60后"教师在教师职业生涯中的退出现象出现时间要明显地早于"70后"教师。

学徒观察期时"60后"出生组教师的转折点更容易出现在高中阶段和准教师阶段(师范本科或专科阶段),而"70后"出生组教师的转折点更容易出现在初中阶段和准教师阶段(师范本科或专科阶段)。"60后"教师的教师认同发展轨迹中转折点最容易出现的社会时间依次是入职后的10—15年→入职1年→入职15—20年→入职5—10年→入职20—25年→入职2—5年;"70后"教师的教师认同发展轨迹中转折点最容易出现的社会时间依次是入职后的5—10年→入职2—5年→入职1年→入职10—15年→入职15—20年。在社会历史时间处于20世纪90

年代初期到21世纪初期时，两个出生组教师的生命时间处于30—40岁时教师认同发展轨迹最容易出现方向转折变化。"文化大革命"、恢复高考等重大历史事件深刻地影响了"60后"教师的职业选择和工作多年后的工作满意度，而改革开放、市场经济改革等社会变迁对两个出生组教师都产生了深刻的影响。"70后"教师的教师认同发展轨迹转折点最容易发生的生命时间要早于"60后"教师，"70后"教师有可能比"60后"教师更早产生教师职业的相关认知与判断。

"60后"教师入职第1年时，教师认同水平向上转折和向下转折的人数相当，随着教龄延长，向下转折的人数要明显地多于向上转折的人数；"70后"教师入职第1年时，绝大部分教师的教师认同水平都会发生明显向下的转折变化，但随着教龄延长，绝大部分教师的教师认同水平呈现向上转折变化。说明"70后"教师的教师认同水平会随着工作年限的延长逐步提高，而"60后"教师的教师认同水平则逐步下降。

影响两个出生组教师教师认同发展轨迹的因素有家庭因素、学校因素、教师待遇因素以及文化与亚文化因素等。"60后"教师中，家庭因素包括家庭的政治成分、个人的身体状况、伴侣的工作情况、家庭与工作之间的协调等；"70后"教师中，家庭因素包括性别差异、婚姻情况以及家庭与工作之间的协调等。学校中的各种人际关系对两个出生组教师的教师认同发展轨迹都有比较明显的影响，这种影响通过建构组织文化"习性"潜移默化地渗透在教师认同发展轨迹中。教师职业的经济待遇变化对两个出生组教师都产生深刻的影响。"60后"教师在社会结构变迁、教育系统变革等过程中比"70后"教师更容易表现出不适应和退缩性行为，他们的教师认同水平也容易出现向下的转折变化或在低水平状态持续的现象。

两个出生组教师即使在教师认同水平持续低下时也没有离开教师职业的重要原因是他们的教师认同深刻地受到所处文化场域的影响。在教师认同发展轨迹中，教师自己也在不断地建构教师职业亚文化。"60后"教师更容易受到中国传统文化的影响，而"70后"教师更容易受到教师

第十一章 结论与建议

职业亚文化的影响。影响教师认同发展轨迹的因素从微观到宏观依次为：家庭因素、学校因素、待遇因素、文化与亚文化因素等，它们对教师认同发展轨迹产生影响的过程是相互渗透和相互联系的。文化与亚文化因素对教师认同发展轨迹的影响无所不在，不仅直接影响教师认同发展轨迹，也通过对教师家庭因素、学校因素、待遇因素的影响发挥作用。

四 主观能动性——教师建构教师认同发展轨迹的主体性特质

教师认同发展轨迹体现了蕴含在时空背景中的教师生命事件之间的相互联系性，这些生命事件之间的关系脉络表现为弱势累积效应、持久效应、相互增强与削弱效应等。在这个过程中，教师的主观能动性是教师认同发展轨迹呈现起伏性、波动性等流线型特征的建构主体。社会变迁、文化、教师认同之间在建构教师认同发展轨迹时，表现出一种相互牵拉的张力性三角关系，教师的主观能动性主要通过教师在面临各种生命事件时做出的理性选择得以体现。"60后"教师处在理性选择连续统的保守型一端，而"70后"教师则处于该连续统的现实型一端。

"至于教师，情况是这样的：那个把教师看成是自治和以自我为中心的时代已经结束，'新的专业人员'在技术上是有能力的，遵守新的大纲和条例，把教书看成是一种被管理的、被指导的、传递知识的工作。教育变革在教学层面意味着尽快地用'新的专业人员'替代'旧的专业人员'。一旦这种任务被完成和'旧的专业人员'被换掉，一种新的更加有效率的学校教育系统就会产生。"[①] 如果用这两类专业人员来对本书中的两个出生组教师分类，则明显的"70后"教师应是"新的专业人员"，而"60后"教师只能被看成"旧的专业人员"。在中国目前的文化场域下，不管是"旧的专业人员"还是"新的专业人员"，他们的教师认同发展轨迹形成的心理基础是一种自我情感体验，即教师们更愿意

---

① [英]艾弗·F. 古德森：《专业知识与教师职业生涯》，刘丽丽译，北京师范大学出版社2007年版，第84页。

通过"满意"的程度来表征教师认同在他们生命历程中不同社会时间序列时的水平。教师文化的弱势性特征使教师在阶层结构系统中处于较低位置,"良心话"正是教师在这种位置性痛苦中的一种无奈的职业认知选择与道德底线维度,但这也是两个出生组教师在教师认同发展轨迹形成中表现出的某种职业"习性"。这种"习性"不断地受到两个出生组教师所处特定文化场域与教育系统运行体制的影响,即文化与社会变迁是导致教师认同发展轨迹样态如此呈现的根本原因。"60 后"教师作为"旧的专业人员"即使在教师认同发展轨迹中已表现出比较明显的早退迹象,仍没有被真正换掉,他们游走于社会变迁与教育改革的边缘,这也说明"更加有效率的学校教育系统"还没有真正产生,也许正在朝着那个方向行进。

总体上,本书特别关注的是经历不同社会历史事件、教育事件的两个出生组教师的教师认同发展轨迹差异及其影响因素。理论意义上是一项跨学科的综合研究;实践意义上当然也希望能为相关部门在如何提升教师群体的职业认同水平提供决策参考。社会的不断变迁使教育不可避免地具有变革性,从教师专业发展角度或基于教师认同发展状态建构一支专业化的教师队伍,相应的变革策略值得进一步关注。两个出生组教师的教师认同水平确实影响了教师自己的行为,这一点既再次验证了科瑟根"洋葱头模型"中的教师认同观,也提示我们对任何一位教师都要关注其教师认同水平的变化过程。教师认同的建构是教师自己在主观能动性下的理性选择,教师所处的文化、社会的变迁都会影响教师认同水平,三者的三角牵拉关系告诉我们要真正地让教师在面临各种变迁时做出有利于其专业发展、保持教师认同水平依然不下降的做法可能只有一个,即要培养教师的"文化自觉性"。

第二节 建议

在中国文化场域下,教师尽管是在学校组织中建构了教师认同发展

第十一章 结论与建议

轨迹，但并没有形成真正意义上的集团（组织）生活中该有的职业公共精神，而更多地依靠内心感受与内心道德监督进行职业自我自治。出生年代的差异决定了影响教师生命历程中经历的生命事件差异，继而导致了不同出生组教师的教师认同发展轨迹差异，不同出生年代教师的教师认同发展轨迹中深深地烙上了这个年代教师生命历程中各种生命事件的印记，这是两个出生组教师在教师认同发展轨迹中表现出差异性的根本原因。两个出生组教师都受到相同或相似文化与亚文化因素影响，文化与亚文化因素的滞后性使两个出生组教师的教师认同发展轨迹又同时呈现出某些相似性特质。图10—1显示，文化与亚文化因素处于"洋葱头"模型的核心，具有潜隐性特质，但同时又对其他因素产生渗透、泛化的影响作用。该图有如下信息值得进一步关注，这与教师教育模式的可能改革密切相关：首先，教师的主观能动性在文化、亚文化和教师认同发展轨迹之间发挥了中介性作用，这种中介作用通过教师的理性选择得以实现。其次，教师认同发展轨迹中的家庭、学校、待遇因素更多的是一种外在影响，这种外在影响会不会对两个出生组教师的不同个体产生作用，关键在于教师在受到文化与亚文化影响中形成的主观能动性。教师认同发展水平影响因素所发生的路径决定了教师所处的文化场域是外在因素中的核心因素，但也是影响教师内在主观能动性发挥的核心因素，而主观能动性通过教师的理性选择做出对教师职业认可与接受程度的自主判断才是教师认同发展轨迹形塑的关键。

目前教师教育模式中一直存在某些关键问题未能很好解决，比如培养培训实效性不够，教师自主发展动机不强等。本书研究结论提示培养教师作为专业人员的关键路径在于教师的主观能动性。与教师主观能动性密切相关的两大因子是教师所处的文化场域特点、教师的理性选择能力。这两点并未引起目前教师教育培养体系的重视，这使教师很少会有意识地去思考"教师是谁？""我要成为什么样的教师？"等问题。缺乏对这些问题的思考与追问，一旦教师所处的各种微观或宏观环境发生变化，其教师认同水平也会跟着发生变化。

◈◈ 教师认同发展轨迹的代际研究 ◈◈

教师职业的无边界性使教师们对繁重、琐碎的教师工作任务更为敏感。未来教师专业发展的可能变革应基于中小学教师的本土化专业发展模式，不再人为增加教师实际工作量的前提下提出。首先，要注意培养教师的文化自觉精神。让教师自己对教师职业文化、教师所处地域与国家的文化等产生深刻的自知与自觉；其次，培养教师的理性选择能力。因为在生命历程中教师认同水平每次发生改变的关键要素就是教师在面临各种生命事件时如何进行理性选择；最后，当然也是最重要的是培养教师的反思能力。特别是基于课堂学习的教师反思能力培养至关重要，因为影响教师认同水平的关键生命事件恰是那些与学生密切相关的事件，课堂是教师与学生沟通与交流的主要载体，教师培训不只是要基于学校开展校本研修，还要在校本研修中把教师课堂教学行为的改善作为关键点。

一　培养教师的文化自觉精神

文化自觉精神的形成需贯穿在教师生命历程全程中，让教师在形成职业意识、获得职业技能与经验等这些过程中都习得文化自觉精神。在教师从职前培养到正式入职的任何一个社会时间序列中，教师所处环境、教师所在的特定社会文化场域都会对教师个体的生命历程发生规范性作用，这种规范性作用产生的过程其实就是教师文化的形成过程，"社会力量对个人发生的规范作用，即所谓教育，社会用压力强制个人的行为和思想纳入规范中，一个社区的文化就是形成个人生活方式的模子"①。教师认同的形成是受到社会力量规范的过程，在这个过程中教师自己对教师职业生活方式产生认可与接受的主观判断。因此，对教师文化自觉精神的培养，就是培养教师形成对教师职业文化、教师个体所处场域文化、教师职业生活方式的一种自觉意识与反思意识，即形成一种文化自觉性的意识、观念、态度及行为。

---

① 费孝通：《文化与文化自觉》，群言出版社2010年版，第238页。

第十一章 结论与建议

"文化自觉是指生活在一定文化中的人对其文化的'自知之明',明白它的来历、形成过程,以及在生活各方面所起的作用,也就是它的意义和所受其他文化的影响及发展的方向。'文化自觉'不带有任何'文化回归'的意思,不是要'复旧',但同时也不主张'西化'或'全面他化'。对'文化自觉'的自知之明是为了加强对文化发展的自主能力,取得决定适应新环境时文化选择的自主地位。"[1] 要培养教师的文化自觉精神,关键是让教师在面对社会变迁时有"自知之明",这种"自知之明"就是一种对其所处文化(包括文化与亚文化)发展的自主意识与判断能力,它能帮助教师自主地决定怎么适应新环境,在社会结构变迁中自觉地选择教师该有的教育教学行为。费孝通认为文化自觉这个过程是艰巨的,这个过程中首先要个体根据文化对新环境的适应情况来认识、取舍自己所处的文化,其次是对外来文化或者个体所接触的其他文化要有所取舍[2]。具体怎么做呢?文化的形成具有长期性,在历经社会变迁中又具有稳定性的特点。教师容易只从自身的角度来发现问题,而容易忽视观察自己行为与抉择背后的文化因素。因为教师的各种选择均发生在教师自己的日常生活中,他们在日常生活中面临的对象、所处的情境显得自然而合乎逻辑,很少从另外的视角或者从深层的要素中去判断或挖掘。所以需教师能从另外的视角审视自己所处理的那些"自然而然"的日常生活问题,让教师对日常生活保持"自知之明",需要教师的反思精神或者能力作为基础。

(一)对自文化的反思

中国人自古就有"醇正的向里(自)用力"[3]的自文化特点,自责、自立、自叹,以及自我修行等这些都是一种自文化表现。这种自文化特点在教师认同的主观能动性中,主要通过"满意"与"良心活"得以体现,教师的教师认同主体建构深刻受到这种"自"文化的影响。这里的

---

[1] 费孝通:《文化与文化自觉》,群言出版社2010年版,第245页。
[2] 费孝通:《文化与文化自觉》,群言出版社2010年版,第245页。
[3] 梁漱溟:《中国文化要义》,上海人民出版社2011年版。

"自"就是指教师所处的特定社会文化或在教师成长经历中所受到的中国传统文化影响,教师要意识到在自己选择、持续教师职业时以及在自己面对植根于时空维度的各种生命事件进行理性选择时是受到来自这种"自"文化明显影响的,这种影响到底如何需要每位教师有意识地进行反思。

(二)对教师文化的反思

个体主义、女性主义、时间便利性等既是教师文化的主要表现,也是教师选择教师职业、判断教师职业价值时的主要参考。中国人的文化性格中具有散漫性,缺乏竞争意识等特点,教师职业的稳定性、不用全身心的付出性等正好与中国人的文化性格相吻合。随着社会分工的日益精细以及各项专业化标准的日趋严格,会有越来越多的社会个体看重教师职业的这些文化特点,因为教师职业生涯总体来说风险性较低,很少有湍急的高低起伏变化,这一点能使个体可以规避现代社会结构剧烈变迁时有可能给职业生涯带来的各种风险。此时教师不会轻易离开教师职业,他们的教师认同发展轨迹会持续到退休时,但在教师整体的生命历程跨度中,其教师认同水平也不容易达到很高的状态,这使教师容易明显地表现出一种缺少热情和激情的职业工作状态。教师培养中需有意识地注意到教师职业中的这些文化特点,并让教师能够反思这种文化特点的弊端,以提高教师的职业认同水平。

(三)对教师日常生活的反思

教师的日常生活事务比较繁琐,普通教师每天的主要工作就是繁琐事务的处理与解决,但具有不同教师认同水平的教师对这些繁琐事务的处理与解决方式存在差异,原因在于对这些事务性工作的处理与解决背后深藏着教师信念或理念差异。对日常生活的反思需培养教师成为反思性实践者,佐藤学认为之所以教师要成为反思性实践者,是因为教师职业中的无边界性过于明显[1]。因此,培养教师在日常生活中对影响他们

---

[1] [日]佐藤 学:《课程与教师》,钟启泉译,教育科学出版社2003年版,第262页。

第十一章 结论与建议

教师认同水平生命事件的敏感性,一方面需限定教师的角色要求与职业责任,把学校组织成分工明确的集合体;另一方面也需尊重教师的自律性与专业属性,保障每位教师在实践领域中的反思性格。

二 培养教师的理性选择能力

不同出生组教师经历的社会事件、历史事件对不同出生组教师的发展机会、个人价值观等产生相应的影响,但教师个体的教师认同发展轨迹如何,关键还是教师个人如何进行理性选择。无论哪个出生组的教师在面临不同生命事件时表现出的主观能动性都是通过教师的理性选择能力来体现的,因此培养理性选择能力就是培养教师的主观能动性。

对教师理性选择能力的培养应先对教师专业发展中可能会出现的生命事件具有科学、合理的预判,再根据预判对处于不同社会时间序列的教师开展有针对性的培训工作。无论哪个出生组教师在相似的社会时间序列中至少都会经历如下相似生命事件:学徒观察期(包括师范生阶段)的职业意识与选择;入职初期对教师职业的初步体验;入职前5年主要会面临选择伴侣、师生关系处理等问题;入职5—15年最容易受家庭对工作的影响;入职10—20年是不同出生组教师专业发展状态进入"分水岭"的关键阶段;超过"20年"之后教师会进入相对比较固化的"定势"发展阶段,即优秀的教师会继续追求专业发展,成为专家型教师,一般教师则会逐渐开始失去竞争意识,进入"消退"期。不管是哪个出生组教师都会在相似的社会时间序列中发生如上相似的生命事件,包括并未纳入本书的"90后"出生组教师或"00后"出生组教师都可能会出现这样的专业发展规律。

(一)改革教师职前培养的课程设置与授课模式,加深并拓展师范生的教师职业文化体验与职业意识体验

目前大部分教师教育职前培养课程设置中鲜有关于教师职业文化与职业意识的课程。由于我国在基础教育阶段对学生的职业选择意识教育有所忽视,大部分师范生选择师范院校的根本原因是为了就业方便或受

到教师职业时间便利性、少风险性等文化特质的吸引，很少去深入思考并理性判断自己是否适合当老师，更未从专业层面思考教师职业应具有什么样的专业素养。大部分师范院校授课模式都是"讲授式"，师范生即使进入专业教育期间也很少有机会真正了解教师职业的专业特质，很难判断自己是否适合教师职业。在教师教育职前课程设置中应增加教师哲学、教师职业文化、教师职业意识等教师教育类课程。教师哲学课程主要致力于回答并探讨"教师是谁？"这样的问题；教师职业文化课程主要从文化视角审视教师职业的收入、教师职业的社会地位以及教师职业在社会结构变迁中可能的变革等；教师职业意识类课程主要从教师职业在社会历史时间变迁中可能具有的职业文化性格、教师如何应对专业发展中的各种挑战等方面建构准教师的职业理念、坚定自己的职业选择。教师教育者应指导师范生剖析自己选择教师职业的初衷，并反思自己的个性、性格等是否适合教师职业。在培养制度体系建构中应允许师范生对自己今后是否当教师说"不"。教师哲学课程的学习不仅是培养与训练准教师的思辨能力与逻辑推理能力，更重要的是要与教师职业文化课程结合起来影响师范生的价值观和生活方式，这是哲学与文化的最高境界，即对普通人的价值观与生活方式产生影响，只有让师范生有意识地了解与理解教师职业文化与教师职业哲学，才会让他们在正式入职后的职业生涯中能自然地坚定自己的选择。应强调和引导教师教育者把课堂还给师范生，增加研讨式、辩论式等教学法，建构师范生自己主导、主体参与的课堂氛围，教师扮演引导、提炼、总结等角色的授课模式。教师教育者要鼓励并积极引导师范生结合学徒观察期经验、结合见习实习经验等反思自己头脑中已有的关于教师职业的各种体验，并设置各种情景让师范生在其中体验困惑、质疑问题，以此为基础培养师范生的基本理性意识与理性选择能力。

（二）关注入职初期教师的课堂教学指导，逐步树立入职初期教师的职业信心，坚定教师职业选择

"教师的真功夫在课堂"，源于课堂教学中的成就感是入职初期教师

第十一章 结论与建议

获得职业自信的关键,教师可从与学生的多元互动中、从学生认知能力的发展中,特别是从学生取得的各项成就中体验到教师职业的社会价值。应重点指导入职初期的教师如何更有效地开展课堂教学,特别是开展以学科为基础的课堂教学培训。目前,每一年都会针对中小学教师开展不同层次的、不同维度的在职培训,但培训效果并不令人满意,不管是受训的教师还是参训的教师教育者,很难在中小学教师在职培训中获得成就感。究其原因,还在于目前的中小学教师培训往往基于如下假设开展:即培训对象的专业知识或者专业能力不足,以"补养、充足"教师专业知识或者专业能力的培训模式为主。这种培训模式的最大问题是忽视了教师所在的实际工作环境,所以参训教师专业成长容易停留在"受训时热血澎湃,回校后打回原形"的假性收获上。没有结合中小学教师在实践中的问题开展培训,也就难以满足教师们的专业成长需求,这些需求与教师在生命历程中经历的生命事件交融在一起,这个阶段如能切实提升教师的课堂教学能力,让教师在课堂教学中体验到教师职业带来的成就感和荣誉感,其教师认同水平也会比较高。

参训教师集中学习是目前最常见的教师培训模式,在这个过程中很少会考虑到教师的学科差异。鱼霞和毛亚庆认为,在开展教师培训中,要区别教师教育与教师培训的差异,"教师教育主要侧重于解决一个准备作教师的人,在踏上教育教学工作岗位之前所必需的职业准备,具备从事教育教学工作所必需的基本知识和技能的同时,还要具有一定的教育理念以及专业精神的熏陶。而教师培训主要解决的是教师在步入和从事教师这一职业后,随着学校组织内外环境的变化和学校组织自身发展的需要,如何在观念、知识以及技能上适应这种变化"[①]。即教师培训要考虑教师所在的具体组织环境,应尽量基于教师个体所在时空场域组织特征开展培训,以实现对教师个体的关注。因为基于教师个体的学习是

---

① 鱼霞、毛亚庆:《论有效的教师培训》,《教师教育研究》2014年第1期。

一种自我导向的学习①，如果不基于教师个体的学习，则很难有教师自己的主动参与，教师培训则很难收到良好的培训效果。

教师自我导向的学习需解决教师在生命历程中各种具体问题的学习，对这些问题的分析主要源于教师在生命历程中可能会经历的生命事件。入职初期教师的生命事件更多地与学生相关，确切地说与学生的学习成绩相关。不管教育如何改革，在教育体系中通过成绩的方式判断学生的优劣始终是世界各国教育的最大特点。因此，在两个出生组教师的入职初期，如果学生成绩好他们的教师认同水平相应地都比较高。朱益民指出，目前我国校本培训尽管在中小学得到广泛开展，但实际的效果却不令人满意，关键在于开展校本培训中忽视了要解决教师教育教学中的关键问题②。这些关键问题是存在学科差异的，且不同学科背景的教师在教师认同发展水平上也具有差异性。对贵州省特岗教师职业认同现状的问卷调查显示，不同任教学科的教师在职业认同水平上存在明显差异③。曾文婕、黄甫全认为课堂学习研究对改善学生的学习、促进教师专业发展、优化学校文化具有重要的意义④。但目前鲜有基于不同学科教学开展有针对性培训的培训模式，可借鉴"工作坊研习"模式对教师开展课堂教学能力提升培训。基于学科实际教学问题的"工作坊研习模式"⑤以及与此类似的"课堂学习研究"，特别是课堂学习研究，它属于一种校本研修培训模式，但又在某种程度上超越了校本研修培训模式，其重点关注教师课堂实际行为的改善，以促进学生学习效果的提升，并最终促进教师专业发展。

---

① 鱼霞、毛亚庆：《论有效的教师培训》，《教师教育研究》2014年第1期。
② 朱益民：《应如何认识校本教师培训》，《人民教育》2006年第9期。
③ 蹇世琼：《坚守还是离开？——特岗教师职业认同现状的调查研究》，《中小学教师培训》2017年第9期。
④ 曾文婕、黄甫全：《聚焦课堂学习研究，提升学生学习效果》，《教育发展研究》2007年第11B期。
⑤ 杨光伟：《基于教学主题的工作坊研习模式在学科骨干教师培训中的应用》，《浙江教育学院学报》2011年第1期。

第十一章 结论与建议

（三）重视入职10年左右教师的在职培训

入职10年左右是两个出生组教师生命历程中教师职业生涯的重要分水岭。曹彦彦认为，教师专业发展的阶段可以分为憧憬期、发展期、成熟期，不一样的教师这几个阶段持续的时间会有差异，特别是教师入职后的8—10年，最容易进入专业发展的高原期①。两个出生组教师的教师认同发展轨迹最容易发生转折的社会时间都出现在他们入职10年左右。在进行教师在职培训时，需重点关注入职10年左右的教师，他们有些已成长为骨干型教师，有些继续在职业生涯中"碌碌无为"。"碌碌无为"这部分教师在接下来的生命历程中将很难对教师职业产生高水平认同。

1. 由最容易引起教师认同水平下降的那些生命事件出发开展教师培训

两个出生组教师入职10年左右最容易出现的生命事件具有相似性，比如都与学生成绩或者学生是否尊重老师、领导是否重视、家庭与工作之间协调是否良好等相关。如果不能预判教师在将近40年（从入职到退休）的职业生涯中可能会经历什么样的生命事件、有什么样的专业发展阶段，那大部分教师最后都是在不断地重复"昨天的职业态度和生活方式"，并容易陷于一种"无法自拔"的慢性职业倦怠状态。因此，在教师入职10年左右，最好进行一次焕然一新的学习或接受一次高质量的教师培训，并将这种学习或培训变成一种制度性的规定。主要针对他们在此时面临的多重身份协调问题，以及由此可能引发教师认同水平变化的生命事件开展培训，一方面既要注重培养教师的压力排解能力，另一方面更要注重如何避免持续性"职业倦怠"出现的策略性培训。此时不少教师会承担学校的行政性工作，比如教研组长或教导主任等，年龄上进入上有老下有小的生命时间。所以，对入职10年左右的教师开展培训时，最重要的是对他们进行心理调适与辅导，既要提高他们在面临多重身份压力时的协调发展能力，也要注意唤醒他们自主性的专业发展意识，

---

① 曹彦彦：《校本培训：从粗放走向精致》，《中小学管理》2006年第3期。

在这基础上开展常规性教学、管理的培训。

2. 以 10 年为一次教师工资大幅提升的关键期

教师收入结构主要包括两部分，一是基本工资，一是绩效工资。基本工资部分主要是以教师职称为基础，由 1993 年实施至今"1993 年实施新的工资制度，规定各中小学实行职务（技术）等级工资制"①。进入 21 世纪，为体现教师投入与教师工资之间的关系，进一步激励教师的工作积极性，逐步在中小学实行了教师绩效工资制度，但依然是以教师职务等级工资制度作为基础和前提。"世界经济合作与发展组织（OECD）日前发布了《国际学生评估项目（PISA）专题 16：教师绩效工资能够提高教学质量吗？》，通过数据对这一问题进行了专门的研究。调查显示，约一半的世界经济合作与发展组织成员国实行了教师绩效工资制度，将教学成绩与教师基本工资、年度奖金和其他奖励挂钩，希望借此提高教学质量。然而，从总体来看，一个国家学生的平均成绩与其是否实行绩效工资之间并无必然联系。"② 我国在实施教师绩效工资制度时，同样也出现了各种各样的问题，绩效到底有没有真正体现教师在工作中"多劳多得"的原则？教师工作特点到底能不能绩效？等问题一直还在争议之中。"甚至世界经济合作与发展组织（OECD）认为，绩效工资制度更适应于教师工资较低的国家或地区"③。通过绩效工资制度以激励教师工作积极性提升教师职业认同的方法并没有取得预期成效，关键原因在于教师工作量计算的复杂性与困难性，难以通过计量方式计算教师劳动成本付出，也就难以在绩效工资中真正体现出差异性。

教师工资制度与对教师职业的制度性预设有关，即认为教师的整个职业生涯阶段像一条缓缓流淌的河流，不会有漩涡或险滩，教师的工资

---

① 曲铁华、张立军：《农村义务教育教师政策：近 30 年的演进与思考》，《沈阳师范大学学报》2012 年第 5 期。

② 高光：《绩效工资是教师专业发展的灵丹妙药？》，《中国教育报》2013 年 1 月 11 日，第 7 版。

③ 高光：《绩效工资是教师专业发展的灵丹妙药？》，《中国教育报》2013 年 1 月 11 日，第 7 版。

第十一章 结论与建议

也应缓慢上涨。但事实上每个人的一生不可能都是顺利的或平缓的，且过于平缓的职业生涯反而不利于教师自主性的专业发展。当教师与其他职业一样会面临数道沟沟坎坎时，这恰可能成为每位教师教师认同发展的关键性生命事件或关键性发展时期。教师在入职 10 年左右恰也是可通过"外力刺激"提升教师认同水平的关键期，此时如果教师待遇水平有大幅提升或者明显提高，将会明显地提升教师的教师认同水平。

（四）逐步建立健全教师淘汰或退出机制，允许教师认同水平低下的教师离开教师队伍

在生命历程中教师的教师认同水平有时是非常低下的，有不少教师都会经历这样的阶段，这种阶段持续较短时间也许正常，但如果持续几年甚至很多年时间，肯定说明该教师已不适合再继续从教。因为一旦教师的教师认同水平非常低下，在工作中的职业投入就势必会减少，或者就会一直陷入一种慢性疲惫状态。这也是不少中小学教师总是停留在"得过且过"专业发展状态的根本原因。教师在教师认同水平持续低下时离开教师职业者非常少，这一方面与中国人的思维方式有关，中国人的"内敛性"和"保守性"文化性格，使得他们习惯于待在一个地方，哪怕自己待得并不那么舒心，也不会增加他们的职业投入，但也没有真正地离开教师职业。另一方面，也与教师教育体系的相关退出机制不健全，未明确而详尽地制定有关教师认同水平低下时的考核、解聘条款相关。目前，教师只是在违背某种制度性的"道德底线"时才会被解聘或者被吊销教师资格证，比如教师出现明显的违背师德事件或者违法犯罪事件时，教师才会受到相应的惩罚离开教师职业。同时，教师职业工作的量化困难性也使在政策层面对教师的职业投入以及职业认同难以开展有效测评。从教师的整个生命历程来看，一名教师从入职到退休，至少会在教师职业生涯中度过 40 年左右的社会时间。因此应该在政策制度层面逐步建立并完善退出机制，比如美国的"'三腿凳子'式机制，就是通过对教师教育机构的资格认定、初任教师的资格认定和优秀教师的资格认定这三个环节进行质量控制，以清退那些不合格的教师教育机构、

教师候选人与教师，达到提高中小学教师队伍建设质量的目的"[①]。我国的《中小学教师专业标准（试行）》以及教师资格证认定制度应该说都是教师队伍专业化建设的质量保障体系。但存在如下问题：首先，我国颁布试行的《中小学教师专业标准》中并未明确规定是合格教师专业标准还是优秀教师专业标准；其次，这些专业标准与相应的教师资格证认定制度之间未建立有效联结；第三，不管是教师资格证认定制度还是教师专业标准制度，都没有根据处于不同发展阶段的教师制定分层判断或考察依据，比如刚入职几年的教师与入职10年左右、入职20年左右、甚至入职30年左右的教师在教师专业标准与教师资格认定上应存在非常明显的边界性差异都未见相关的制度性设计。

（五）引导教师由对"教"的关注转向对"学"的关注

富勒的教师关注阶段理论认为教师职业生涯的最理想阶段应是教师对学生的关注，特别是对学生个体差异的关注。随着社会结构变迁和教育变革的不断发生，学生也非常多元且有自己的独特个性，教师在教育教学中能否真正具备以生为本的教育理念并实际产生以生为本的教育教学行为非常重要，这是判断一名现代性教师是否合格甚至优秀的关键性指标。不管哪个出生组教师，即使是在他们入职多年后的社会时间里，他们也很少提及与学生个体差异相关的生命事件，特别那些入职多年教师认同水平总是维持在某种固定状态的教师来说更是如此。大部分教师会认为他们所教的学生考试成绩好，能在一定程度上激励并提升他们的教师认同水平，但并未真正促进教师的教师认同水平提高或维持在比较稳定的状态，有不少入职多年教师的教师认同水平会随着学生的成绩变化出现小幅波动。学生成绩影响教师认同水平，与教师的教师认同水平较高继而影响教师关注学生、关注学生个体差异不一样，前者更容易受其他生命事件的影响，是一种被动认同；后者才是教师发自内心的真正

[①] 王昌善、唐松林：《我国中小学不合格教师退出机制建设的思考》，《教师教育研究》2005年第9期。

第十一章　结论与建议

认同，这时的教师学生观可能才真正地关注了学生的个体差异。两个出生组教师生命历程中的很多关键生命事件都与学生有关，不管是学生的成绩还是学生的管理甚至只是学生毕业后的一句问候都能让教师感受到学生带给他们的职业成就感，且这种成就感能在一定程度上弥补教师职业绝对报酬的相对不足。因此在对入职多年的教师开展教师培训时，更要注意引导教师如何有效地关注学生、关注学生的个体差异。

三　培养教师成为自主性专业发展的反思实践者

两个出生组教师中，教师认同水平一直持续在较高状态的教师有如下特点：第一，不断追问自己有关教师专业发展的问题；第二，所提到生命事件会更微观且琐碎；第三，会提及教育理念、教师理念等内容。教师认同水平比较高的教师，在教育教学中是"有心"的教师，这种"有心"使他（她）可以对各种生命事件更为敏感，有意识地把它们作为其专业成长的良好契机，并结合相关理论对这些细微生命事件提炼以为己所用。追溯卓越型教师成长的生命历程会发现，他们往往选择以成长机会"最大化"的方式处理工作任务，在自己能力极限边缘工作；他们不断地把常规行为"问题化"，通过认知能力提升以及专业成长资源的再投入解决并拓展新问题。教师认同水平与成为卓越教师之间有着密切关系，不管是卓越教师还是教师认同水平高的教师，至少都具有反思性特质，他们对发生在教师实际教育教学场域中"琐碎"生命事件的看法与处理过程是他们专业发展的关键性契机。

持续的教师专业发展最后能否实现的关键是教师在"文化自觉"基础上形成的自知与自主能动性，特别是教师的自主发展，那么，如何促进教师的自主专业发展呢，首先需明确什么是教师自主专业发展？其次，在教师的生命历程中什么时间特别需要促进教师的自主专业发展？

（一）什么是教师的自主专业发展？

教师自主性是："教师对自己的教学和在教学中的学习进行控制的意

愿，能力和自由权。"① 刘黎明认为教师自主专业发展是教师专业发展的应有之义，也是教师专业发展的本质特征②。廖肇银和谢菊兰认为教师的自主专业发展实现了由外发模式（主要指学历教育和有组织安排的专业培训和学习考察等）向内生模式（主要指教师自主安排的个体学习、教育实践与反思和转化等）的转变，这种内生模式的教师自主专业发展能让教师把一般的教育教学知识与教师个人的实践性知识有效整合③。可见所谓教师自主专业发展是目前教师专业发展模式变化的重要趋势，并且教师专业发展的自主性与教师在实践中的反思有着密切联系，体现于教师自己解决专业发展中各种问题的主动性和积极性中。"自"是教师自主专业发展中的关键字，即要解决教师发展的自我发展与反思的问题，"自我反思不是一般意义上的'回顾'，而是反省、思考、探索和解决教育教学过程中各个方面存在的问题"④。这些问题相当于不同出生组教师所提到的生命事件，教师对生命事件的敏感性程度会决定教师的教师认同水平。

（二）教师的自主在什么情况下才会产生？

教师自主专业发展不依赖教师的"天赋"决定。"教师自主性的发展有赖于教师身份认同和教师能动性的增强，教师自主性的发展反过来也会增强教师身份认同和教师能动性。""控制"始终是这三者发生关系的一个关键概念，教师自主性可以看作多种相关力量在特定环境中相互作用的结果，是一种动态平衡⑤。这种观点再次证实教师认同是教师专业发展的重要表征这一点，也进一步回答了教师自主专业发展是受到外

---

① 黄景：《教师身份·教师能动·教师自主：二十年从教经历的反思》，《教育学术月刊》2010年第8期。

② 刘黎明：《教师专业自主发展：内涵、意义及内在路径》，《当代教师教育》2015年第1期。

③ 廖肇银、谢菊兰：《教育期刊：教师专业自主发展的平台》，《教育学术月刊》2009年第8期。

④ 廖军辉：《教师专业自主发展三步曲》，《教学与管理》2004年第12期。

⑤ 黄景：《教师身份·教师能动·教师自主：二十年从教经历的反思》，《教育学术月刊》2010年第8期。

第十一章 结论与建议

界环境影响或控制的,因为教师不可能处在一个"真空"的状态中发展。需注意的是,在这过程中外界的"影响"与"控制"之间是否与教师之间形成"制衡"的状态,只有在相互"制衡"中,教师的主观能动性才会有所体现,而不是一味地受到外界环境与力量"压倒"性胜利的影响。这也提醒我们要避免出现另一个极端:教师依附性专业发展,具体表现为教师在专业发展过程中完全没有自主性,只是一味地应和组织领导与组织制度中的各种要求,被动地参与教师培训。"依附"是与"自主"相对应的一个概念,就像王晶晶认为的,自主与依附犹如一个硬币的两面,伴随在教师专业发展的整个过程中。在实践教学中,一方面,提倡教师应成为自己的主人,要充分实现其专业自主;另一方面,教师在专业成长中,又不得不依附于相关因素。自主与依附的博弈成为教师专业发展的必要环节。教师自主专业发展有赖于处理好教师专业自主与依附的关系,从而实现自主与依附的制衡[①]。

(三)教师基于反思的自主专业发展如何实现?

教师自主专业发展关键是要激发起教师在专业发展中的主动性,实现一种以主观能动性发挥为基础的教师专业发展模式。其中,作为与教师自主相对应的"依附"性外界刺激也是必不可少的。理想状态是让教师主观能动地对外界的各种"刺激"给予积极的回应或者反馈,以实现教师主体与客体之间的相互"和谐"或自主与依附之间的相互"制衡"。如果把各种教师在职研修看成一种外界"刺激"的话,那么首先要思考的问题则是什么样的外界"刺激"才能引起教师自主性的回应以及能动性的反应?在不同出生组教师生命历程中,教师们所提到的生命事件显得琐碎而多元,但教师们也关注那些重大的社会历史事件或教育事件,无论这种关注是被动关注还是主动关注,至少都会引起教师主观能动地作出反应或回应。以教师专业成长为目的所提供的外界"刺激"一定是

---

① 王晶晶:《自主与依附相制衡——一种教师专业发展研究的视角》,硕士学位论文,漳州师范学院,2011年。

教师自身所需要的、是真正能解决他们在实际教育教学场域中的相关问题的。要注意避免"人为"增加教师工作量的假性专业发展现象出现，从教师生命事件的琐碎与多元特点来看，教师日常工作时间并非像"外行"所认为的那么"轻松"，这种"琐碎与多元"使教师的日常工作量并不能像其他职业那样可基于科学主义范式的"仪器或者手段"进行记录。

1. 以教师生命历程作为反思的时间跨度

反思是教师自主专业发展的基本策略。罗晓杰和牟金江通过个案研究发现，从正式入职到入职5年左右，教师反思可以分为三个发展阶段：任务驱动反思、反馈驱动反思、内部驱动反思[①]。教师反思就是教师在日常工作中具有"问题化"意识和行动，实现教师专业成长机会的最大化。反思是在教师日常生活中那些多元且琐碎的生命事件中产生的，教师生命历程中的任何一项生命事件都可能成为教师反思的触发点，有时引发教师反思的生命事件并不与教学密切相关，但必然植根于教师的社会环境和生活环境中。关注教师反思需打破教师所处的时空场域限制，需把教师反思放置于教师生命历程的时空场域中。如果只是将反思理解为让教师每天写反思日志，既增加教师工作量，又容易停留在形式上。应将教师反思放置在教师生命历程跨度中，关注教师在职业生涯不同阶段中的生命事件，从这些生命事件中引导教师进行反思，既抓住教师专业发展成长的关键期，也不至于增加教师的日常工作量，这样教师才会乐于反思、并积极反思。

2. 以教师行动之前、行动之中、行动之后作为反思的事件跨度

不少研究都在讨论教师反思的可能性、探索教师反思的实践路径，但都只是将焦点集中在教师行动之后的反思上，比如如何写反思日志、轶事记录、教师笔记等，甚至不少中小学教师也认为所谓的教师反思就

---

① 罗晓杰、牟金江：《反馈促进新教师教学反思能力发展的行动研究》，《教师教育研究》2016年第1期。

第十一章 结论与建议

是在上课后写反思日志。不可否认,这是教师反思的最直观表达形式,这种行动后反思的文本记录也是观察教师专业发展的重要实物。教师行动前的反思,是指在教师行动之前就进行有意识的思考。在行动中教师进一步基于现实境遇不断地调整观念、改善行为等则是行动中的反思。行动前的反思和行动中的反思是让教师在进行任何一次行动前或行动时都要保持理性,特别是那些有关学生学习与发展方面的行动。

胡萨认为:"当从现象学的视野出发,'反思本身就是一种意识行为'反思意味着一种对自身意识的敏感和觉察,它是一种有预期的构成性意识。教师反思作为一种反思意识,总能伴随、激发和指引教师的教育教学实践,正是这种主动的、积极的反思意识使教师在独特、具体的教育情境中,表现出对教育机会的敏感和自觉。"[①] 在教师行动前的反思和行动中的反思中,更能体现教师在专业发展中的主观能动性。少有研究探讨教师行动前和行动中的反思,根本原因在于这两个阶段中的反思不容易捕捉,更不容易判断。事实上,任何意识只要会表现出行动,就有可测或者可观察的可能依据。比如将在教师上课之前准备的教学内容称为"学习内容",即教师在上课前要意识到要教的内容是学生的学习内容。教师要做如下两件事:一方面要澄清学习活动所指的事物是什么;另一方面也要考虑学习者是如何理解它的。因此,在教师每一次上课之前都要对学习内容做如下追问:

(1)这是否是一个值得教授的课题?

(2)这与教育目的有什么关系?

(3)希望培养学生的哪种能力?

(4)学生在学习这个课题时会遇到什么困难?

(5)在学生能接受这个观念或掌握这些技能之前,应具备怎样的已有知识?

(6)这一课题跟以后将要讲授的课题有什么关系?

---

① 胡萨:《反思作为一种意识》,《教育研究》2010年第1期。

3. 以教师实践行为改善作为有效反思评价的关键标准

教师行为的改变或者改善是教师是否真正实现了专业发展的基本判断依据。首先，这种变化的根本影响因素是教师内心深处的某种观念或者理念；其次，这种变化是教师在有意识地进行思考时能够体验到的；再次，这种变化是教师周围的人能感受到并能描述的。那种短期的、集中式训练的培训模式常以县域（或某一具体区域）为单位组织教师参加培训，授课一般按照聘请相关领域专家或者中小学专家型教师在讲台上讲授、教师记笔记的方式进行。这种培训模式全程存在抽离教师依赖与生活的实际场域，无法观察教师行为变化的问题。在将来的教师培训中，需跨越教师整个生命历程纵向看待教师的专业发展，更要从生命历程的视角，动态地、发展地看待教师行为的变化。

基于教师课堂学习的校本研修应成为教师专业发展的主要模式，这种模式以课例研究为载体，以教师在开展校本研修之前与之后的行动改善为主要关键点，同时辅以有效的同事协作与专家引领。校本研修已逐渐成为教师专业发展的有效支点，与传统的集中式教师培训相比，校本研修的不同之处在于通过教师实际工作场域中的实际工作问题解决来促进教师的专业发展，这种方式能极大提升教师在参训中的积极性。在影响教师认同水平的生命事件中，学生与教师的关系、社会是否尊重教师等会成为教师专业发展的关键生命事件，而这些生命事件很多时候都与学生的成绩密切相关。校本研修要将教师研修的重点放在教师课堂的有效教学上，为了避免在同一所学校校本研修中出现重复、枯燥、低效等问题，校本研修可以在校际间合作开展，以输入不同的学校组织信息，激发教师参与以课堂学习为基础的校本研修热情。

最后，有这样一句话能让我们再次回答本书的初衷与根本目的，即"身份危机之所以出现，是因为高额的当代资本已经成功地再生和重新定位了生产的社会关系……在身份危机中，没有坚定的立场，即使原地

第十一章 结论与建议

踏步，也面临着被改变的危险"①。也许对两个出生组教师开展教师认同发展轨迹研究的初心就在于此吧。

---

① ［英］艾弗·F. 古德森：《专业知识与教师职业生涯》，刘丽丽译，北京师范大学出版社2007年版，第111页。

参考文献

专著

陈向明:《质的研究方法与社会科学研究》,教育科学出版社 2000 年版。

陈向明:《旅居者和"外国人"——留美中国学生跨文化人际交往研究》,教育科学出版社 2004 年版。

陈先达:《哲学与文化》,中国人民大学出版社 2006 年版。

蔡进雄:《中小学校长领导研究的未来发展趋势与挑战》,载李进《教师教育与教育领导》,北京大学出版社 2011 年版。

丁钢:《声音与经验:教育叙事探究》,教育科学出版社 2008 年版。

费孝通:《文化与文化自觉》,群言出版社 2010 年版。

费孝通:《乡土中国》,北京大学出版社 2012 年版。

顾明远:《教育大词典》,上海教育出版社 1991 年版。

高伟:《回归智慧 回归生活——教师教育哲学研究》,教育科学出版社 2010 年版。

黄书光:《文化差异与价值整合——百年中国基础教育改革进程中的思想激荡》,教育科学出版社 2011 年版。

何东昌:《中华人民共和国重要教育文献(1976—1990)》,海南出版社 1998 年版。

金长泽、张贵新:《师范教育史》,海南出版社 2002 年版。

荆其诚:《简明心理学百科全书》,湖南教育出版社 1991 年版。

梁漱溟:《中国文化要义》,上海人民出版社 2011 年版。

参考文献

刘炳瑛、李明湘、卢俊忠等：《马克思原理辞典》，浙江人民出版社 1988 年版。

刘捷、谢维和：《栅栏内外：中国高等师范教育百年省思》，北京师范大学出版社 2002 年版。

李强：《生命历程：重大社会事件与中国人的生命轨迹》，浙江人民出版社 1999 年版。

马和民：《新编教育社会学》，华东师范大学出版社 2009 年版。

饶见维：《教师专业发展——理论与实务》，五南图书出版股份有限公司 2003 年版。

汪凤炎、郑红：《良心新论：建构一种适合解释道德学习迁移现象的理论》，山东教育出版社 2011 年版。

谢弗：《发展心理学的关键概念》，华东师范大学出版社 2008 年版。

袁岳：《我们需要以文化为核心的营销研究》，载北京大学社会学系《21 世纪与中国社会学》，北京大学出版社 2004 年版。

阎光才：《恢复高考——教育秩序重建与拨乱反正的突破口》，载顾明远、刘复兴《改革开放 30 年中国教育纪实》，人民出版社 2008 年版。

叶澜、白益民等：《教师角色与发展新探》，教育科学出版社 2001 年版。

杨国枢：《中国人的心理与行为：本土化研究》，中国人民大学出版社 2004 年版。

朱智贤：《心理学大词典》，北京师范大学出版社 1989 年版。

朱旭东：《教师专业发展理论研究》，北京师范大学出版社 2013 年版。

张意：《文化与符号权力——布尔迪厄的文化社会学导论》，中国社会科学出版社 2005 年版。

赵志裕、康萤仪：《文化社会心理学》，中国人民大学出版社 2011 年版。

郑燕祥：《教师管理：改革与国际范式转变》，载李进《教师教育与教育领导》，北京大学出版社 2009 年版。

朱国华：《权力的文化逻辑》，上海三联书店 2004 年版。

张斌贤、李子江：《教师教育改革和发展》，载顾明远、刘复兴《改革开放 30 年中国教育纪实》，人民出版社 2008 年版。

周淑卿：《课程发展与教师专业》，九州出版社 2006 年版。

译著

［德］卡尔·曼海姆：《文化社会学论集》，艾彦、郑也夫、冯克利译，辽宁教育出版社 2003 年版。

［德］迪尔克·克斯勒：《马克斯·韦伯的生平、著述及影响》，郭锋译，法律出版社 2000 年版。

［法］皮埃尔·布尔迪厄、［美］华康德：《实践与反思：反思社会学导引》，李猛、李康译，中央编译出版社 1998 年版。

［美］安迪·哈格里夫斯：《知识社会中的教学》，熊建辉、陈德云等译，华东师范大学出版社 2007 年版。

［美］埃里克·H. 埃里克森：《同一性：青少年与危机》，孙名之译，中央编译出版社 2015 年版。

［美］埃森·M. 拉塞尔：《麦肯锡方法》，赵睿、岳永德译，华夏出版社 2001 年版。

［美］G. H. 艾尔德：《大萧条的孩子们》，田禾、马春华译，译林出版社 2002 年版。

［美］丹·C. 劳蒂：《学校教师：社会学的研究》，饶从满、于兰等译，北京师范大学出版社 2011 年版。

［美］亨利·A．吉鲁：《教师作为知识分子》，朱红文译，教育科学出版社 2008 年版。

［美］J. 莱夫、E. 温格：《情景学习：合法的边缘性参与》，王文静译，华东师范大学出版社 2004 年版。

［美］乔治·米德：《心灵、自我与社会》，赵月瑟译，上海译文出版社 1992 年版。

［美］杰拉尔德·古特克：《哲学与意识形态视野中的教育》，陈晓端译，北京师范大学出版社 2008 年版。

参考文献

［美］克利福德·格尔茨:《文化的解释》,韩莉译,译林出版社1999年版。

［美］鲁思·华莱士、［英］艾莉森·沃尔夫:《当代社会学理论:对古典理论的扩展》,刘少杰等译,中国人民大学出版社2008年版。

［美］曼纽尔·卡斯特:《认同的力量》,夏铸九、黄丽玲等译,社会科学文献出版社2003年版。

［美］Ralph Fessler and Judith C. Christensen:《教师职业生涯周期》,董丽敏、高耀明等译,中国轻工业出版社2005年版。

［美］W. I. 托马斯、［波兰］F. 兹纳涅茨基:《身处欧美的波兰农民》,张友云译,译林出版社2003年版。

［美］约翰·杜威:《民主·经验·教育》,彭正梅译,上海人民出版社2009年版。

［日］源了圆:《日本文化与日本人性格的形成》,郭连友、漆红译,北京出版社1992年版。

［日］佐藤慎一:《近代中国的知识分子与文明》,刘岳兵译,江苏人民出版社2006年版。

［日］佐藤 学:《课程与教师》,钟启泉,教育科学出版社2003年版。

［英］安东尼·吉登斯:《社会学》,李康译,北京大学出版社2003年版。

［英］艾弗·F. 古德森:《专业知识与教师职业生涯》,刘丽丽译,北京师范大学出版社2007年版。

报刊

毕向阳:《转型时代社会学的责任与使命皮埃尔·布尔迪厄〈世界的苦难〉及其启示》,《社会》2005年第4期。

包蕾萍、桑标:《习俗还是发生?——生命历程理论视角下的毕生发展》,《华东师范大学学报》(教育科学版),2006年第3期。

包蕾萍:《生命历程理论的时间观探析》,《社会学研究》2005年第

4期。

常京凤：《"生命历程"："文革"对"老三届"学业和家庭的影响》，《中国青年》1996年第1期。

陈林：《贵州不能忘记他们》，《贵阳文史》2011年第1期。

陈克现：《教师专业认同：一条审视中小学教师发展的路径》，《天津教科院学报》2009年第5期。

陈赟：《20世纪90年代教师工资问题研究》，《清华大学教育研究》2003年第2期。

操太守、卢乃桂：《论学校组织变革中的教师认同》，《华东师范大学学报》（教育科学版）2005年第9期。

蔡辰梅、刘刚：《"教师是一种良心活"对教师职业认同方式的分析与反思》，《教师教育研究》2010年第1期。

曹彦彦：《校本培训：从粗放走向精致》，《中小学管理》2006年第3期。

冯生尧、李子建：《教师文化的表现、成因与意义》，《教育导刊》2002年第4期。

顾明远：《教师的职业特点与教师专业化》，《教师教育研究》2004年第11期。

郭凯：《制度经济学视野下的教师管理变革》，《教育发展研究》2009年第2期。

高光：《绩效工资是教师专业发展的灵丹妙药?》，《中国教育报》2013年1月11日，第7版。

胡萨：《反思作为一种意识》，《教育研究》2010年第1期。

黄景：《教师身份·教师能动·教师自主：二十年从教经历的反思》，《教育学术月刊》2010年第8期。

黄威：《我国教师教育——从定向教育到专业教育》，《高教探索》2001年第3期。

郝彩虹：《一位中学语文特级教师的专业认同研究》，《教育学术月刊》

2010年第2期。

蹇世琼：《后结构主义——教师认同研究的最新视角》，《外国教育研究》2014年第12期。

蹇世琼：《坚守还是离开？——特岗教师职业认同现状的调查研究》，《中小学教师培训》2017年第9期。

金久仁：《大学生就业制度变迁三十年的回顾与反思》，《福建教育研究》2011年第2期。

劳凯声：《我国教育法制建设的回顾与展望》，《中小学管理》2000年第1期。

李卫东：《本科毕业生毕业意向的影响因素分析——基于生命历程的视角》，《青年研究》2009年第6期。

李强、邓建伟、晓筝：《社会变迁与个人发展：生命历程研究的范式与方法》，《社会学研究》1999年第6期。

李强：《"脑体倒挂"与我国市场经济发展的两个阶段》，《社会学研究》1996年第6期。

李长伟：《透析现代性语境中的教师伦理》，《天津市教科院学报》2009年第2期。

刘黎明：《教师专业自主发展：内涵、意义及内在路径》，《当代教师教育》2015年第1期。

刘军、富萍萍：《组织认同的心理基础剖析》，《经济界》2004年第11期。

廖肇银、谢菊兰：《教育期刊：教师专业自主发展的平台》，《教育学术月刊》2009年第8期。

廖军辉：《教师专业自主发展三步曲》，《教学与管理》2004年第12期。

罗晓杰、牟金江：《反馈促进新教师教学反思能力发展的行动研究》，《教师教育研究》2016年第1期。

庞海芍：《高校教师的职业特点及激励机制研究》，《北京理工大学学报》（社会科学版）2006年第3期。

曲铁华、张立军:《农村义务教育教师政策:近30年的演进与思考》,《沈阳师范大学学报》2012年第5期。

容中逵:《教师绩效工资实施问题及其臻善》,《中国教育学刊》2012年第1期。

邵晓枫:《百年来时代精神与中国师生关系观的变迁及重建》,《当代教育科学》2007年第11期。

史晓杰、周全喜:《从"平淡疏离"到"和谐融洽"师生关系的构建》,《学术交流》2007年第8期。

沈之菲:《近十年西方教师认同研究及启示》,《上海教育科研》2005年第11期。

沈璿:《主体间性视阈下教师责任伦理的探究》,《当代教师教育》2009年第12期。

唐志强:《教师管理的新视角:关注教师专业自我》,《教育评论》2010年第3期。

王澍、柳海民:《从唯方法论主义到问题与方法的统一》,《教育研究》2011年第1期。

王夫艳:《教育问责背景下教师的专业责任观》,《全球教育展望》2012年第3期。

王昌善、唐松林:《我国中小学不合格教师退出机制建设的思考》,《教师教育研究》2005年第9期。

王枬:《关于教师的叙事研究》,《全球教育展望》2003年第4期。

吴贺宁:《理性选择与认同》,《西部皮革》2016年第2期。

吴遵民、傅蕾:《我国30年教师教育政策价值取向的嬗变与反思》,《杭州师范大学学报》(社会科学版)2011年第4期。

吴增强:《积极的组织文化:学校发展的深层动力》,《上海教育科研》2003年第9期。

徐静、徐永德:《生命历程理论视域下的老年贫困》,《社会科学研究》2009年第6期。

参考文献

徐薇、寇彧：《自我同一性研究的新模型—双环模型》，《心理科学进展》2010年第5期。

薛吉涛、刘淑云：《"脑体倒挂"引起的思考》，《北京师范学院学报》（社会科学版）1989年第2期。

杨光伟：《基于教学主题的工作坊研习模式在学科骨干教师培训中的应用》，《浙江教育学院学报》2011年第1期。

杨玉婷：《理性，人的精神生命之所在》，《思想政治课教学》2015年第1期。

杨中芳、彭泗清：《中国人人际信任的概念化：一个人际关系的观点》，《社会学研究》1999年第2期。

杨宜音：《试析人际关系及其分类——兼与黄光国先生商榷》，《社会学研究》1995年第5期。

尹弘飚、李子建等：《信任在课程改革中的作用：以教师认同感为例》，《当代教育与文化》2009年第11期。

燕学敏：《我国教师工资发展水平状况分析》，《中国教师》2010年第12期。

鱼霞、毛亚庆：《论有效的教师培训》，《教师教育研究》2014年第1期。

周利敏、谢小平：《论理性选择理论的逻辑起点》，《兰州学刊》2005年第4期。

郑华安、王慧娟：《关于师生人际关系的几点思考》，《中小学教师培训》2003年第8期。

张翼：《阶级阶层形成的家庭背景作用》，《江苏社会科学》2009年第2期。

张文镔：《"啃老"的法、理、情》，《中国青年研究》2011年第5期。

邹佳、周永康：《国内有关生命历程理论的研究综述》，《黑河学刊》2013年第4期。

赵明仁、黄显华：《场域—习性理论视角下影响教师教学反思的因素分析》,《课程·教材·教法》2009 年第 6 期。

朱益民:《应如何认识校本教师培训》,《人民教育》2006 年第 9 期。

曾文婕、黄甫全:《聚焦课堂学习研究,提升学生学习效果》,《教育发展研究》2007 年第 11B 期。

陈中原、李孟华:《教师培训:接地气才有更好效果——六省市教师远程培训调研报告》,《中国教育报》2013 年 5 月 27 日第 3 版。

贺春兰:《拖欠教师工资 中国教育不能承受之重》,《人民政协报》2000 年 6 月 12 日第 1 版。

赵小雅:《全面提升新时期教师培训质量》,《中国教育报》2013 年 5 月 15 日第 2 版。

学位论文

陈治国:《布尔迪厄文化资本理论研究》,博士学位论文,首都师范大学,2011 年。

邓睿:《我国中学教师职业成就感问题研究》,博士学位论文,华东师范大学,2011 年。

回俊松:《吉林省中学教师工作满足感相关因素研究》,硕士学位论文,东北师范大学,2010 年。

李彦花:《中学教师专业认同》,硕士学位论文,西南大学,2009。

彭小虎:《社会变迁中的小学教师生涯发展》,博士学位论文,华东师范大学,2005 年。

涂怀京:《新中国中小学教师法规研究 1949—2000》,博士学位论文,华东师范大学,2003 年。

王晶晶:《自主与依附相制衡——一种教师专业发展研究的视角》,硕士学位论文,漳州师范学院,2011 年。

魏淑华:《教师职业认同与教师专业发展》,硕士学位论文,曲阜师范大学,2005 年。

魏淑华:《教师职业认同研究》,博士学位论文,西南大学,2008 年。

参考文献

英文著作

AlanC. Kerckhoff, "From Student to Worker" in Jeylan T. Mortimer and Michael J. Shanahan, *Handbook of the Life Course*, New York, Kluwer Academic/Plenum Publishers, 2003.

BertramJ. Cohler, Andrew Hostetler, "Linking Life Course and Life Story", in Jeylan T. Mortimer, Michael J. Shanahan, *Handbook of the Life Course*, Springer Science + Business Media. LLC. 2004.

Brinkkjer, Helle Plauborg, Simon Rolls, *Teachers' Career Trajectories and Work Lives*, Springer Science + Business Media B. V. 2009.

Britzman, D. , *Practice Makes Practice: A Critical Study of Learning to Teach*, New York: Suny Press, 1991.

BettyE. Steffy, Michael P. Wolfe, *Life Cycle of the Career Teacher*, California: Corwin Press, Inc. , 2000.

Bullough, R. V. , "Practicing Theory and Theorizing Practice," In J. Loughran and T. Russell, *Purpose, Passion and Pedagogy in Teacher Education*. London: Falmer Press, 1997.

Corrie Stone-Johnson, "Regenerating Generations", in Martin Bayer, Ulf Brinkkjer, Helle Plauborg, Simon Rolls, *Teachers' Career Trajectories and Work Lives*, Springer Science + Business Media B. V. 2009.

ChristopherDay, Pam Sammons, Qing Gu, *Committed for Life? Variations in Teachers' Work, Lives and Effectiveness*, in Martin Bayer, Ulf Brinkkjer, Helle Plauborg, Simon Rolls, *Teachers' Career Trajectories and Work Lives*, Springer Science + Business Media B. V. 2009.

Connelly, F. M. , Clandinin, D. J. , *Shaping a Professional Identity: Stories of Education Practice*, London, ON: Althouse Press, 1999.

GeoffTroman, Peter Woods, "Careers Under Stress: Teacher Adaptations at a Time of Intensive Reform", in Martin Bayer, Ulf Brinkkjer, Helle

Plauborg, Simon Rolls, *Teachers' Career Trajectories and Work Lives*, Springer Science + Business Media B. V. 2009.

Gergen, M. M., "Narrative Structures in Social Explanation", in C. ANTAKI, *Analysing Social Explanation*, London, Sage, 1988.

Hakim, C., *Occupational Segregation: A Comprehensive Study of the Degree and Pattern of the Differentiation Between Men and Women's Work in Britain, The United States and Other Countries*, Research Paper No. 9, London: Department of Employment, 1979.

Hamachek, D., "Effective Teachers: What They Do, How They Do It, and the Importance of Self-knowledge", In R. P. Lipka and T. M. Brinthaupt, *The Role of Self in Teacher Development*, Albany, NY: State University of New York Press, 1999.

Handel, G., *Making A Life in Yorkville: Experience and Meaning in the Life-course Narrative of an Urban Working-class Man*, Westport, CT: Greenwood Press, 2000.

Hen-Hui Lu, *Stories of Teacher Identity : A Narrative Inquiry Into East Asian Teachers' Lives*, The Faculty of the Graduate School of the University of Maryland, College Park, 2005.

Holland D. Lachicotte, W. Skinner D. and Cain, C., *Identity and Agency in Cultural Worlds*. Cambridge, MA Harvard University Press, 2001.

Jeylan T. Mortimer, Michael J. Shnahan, *Handbook of Life Course*, Springer Science + Business Media, LLC. 2006.

John Elliott, "Teacher Evaluation and Teaching as a MoralScience", in Mary Louise Holly and Caven S. Mcloughlin, *Perspective on Teachers Professional Development*, The Falmer Press, 1989.

MichaelHuberman, *The Lives of Teachers*, New York: Teachers College Press Columbia University, 1993.

MaryThornton, Patricia Bricheno, "Teacher Gender and Career Patterns", in

参考文献

Martin Bayer, Ulf Brinkkjer, Helle Plauborg, Simon Rolls, *Teachers' Career Trajectories and Work Lives*, Springer Science + Business Media B. V. 2009.

MartinBayer, Ulf Brinkkjer, Helle Plauborg, Simon Rolls, "Introduction to Teachers' Career Trajectories", in Martin Bayer, Ulf Brinkkjer, Helle Plauborg, Simon Rolls, *Teachers' Career Trajectories and Work Lives*, Springer Science + Business Media B. V. 2009.

MartinBayer, Ulf Brinkkjer, "Teachers' Professional Learning and the Workplace Curriculm", in Martin Bayer, Ulf Brinkkjer, Helle Plauborg, Simon Rolls, *Teachers' Career Trajectories and Work Lives*, Springer Science + Business Media B. V. 2009.

Nias, J., "Changing Times, Changing Identities: Grieving for a Lost Self", In R. G. Burgess, *Educational Research and Evaluation*, London, Falmer Press, 1991.

Nias, J., "Teaching and the Self", In M. L. Holly and C. S. McLoughlin, *Perspectives on Teachers' Professional Development*, London: Falmer Press, 1989.

Sachs, J., "TeacherEducation and the Development of Professional Identity: Learning to Be a Teacher", In P. Denicolo and M. Kompf, *Connecting Policy and Practice: Challenges for Teaching and Learning in Schools and Universities*, Oxford: Routledge, 2005.

SimonRolls, Helle Plasborg, "Teachers' Career Trajectories: An Examination of Research", in Martin Bayer, Ulf Brinkkjer, Helle Plauborg, Simon Rolls, *Teachers' Career Trajectories and Work Lives*, Springer Science + Business Media B. V. 2009.

Stake, R. Trianguilation, *In the Art of Case Study Research*, Thousand Oaks: Sage, 1994.

Thornton, M., Bricheno, P., *Missing Men in Education*, Stoke-on-Trent: Trentham, 2006.

Wenger, Etienne., "Communities of Practice and Social Learning Systems", *Organization* 7, 2000.

英文期刊

Akkerman, Sanne F., P. C. Meijer, "A Dialogical Approach to Conceptualizing Teacher Identity", *Teaching & Teacher Education*, Vol. 27, No. 2, 2011.

AlfredoUrzúa, Camilla Vásquez, "Reflection and Professional Identity in Teachers' Future-oriented Discourse", *Teaching & Teacher Education*, Vol. 24, No. 7, 2008.

AndyHargreaves, "Four Ages of Professionalism and Professional Learning", *Teachers and Teaching: History and Practice*, Vol. 6, No. 2, 2000.

Annemie Schepens, Antonia Aeltermana, Peter Vlerickb, "Student Teachers' Professional Identity Formation: Between Being Born as a Teacher and Becoming One", *Educational Studies*, Vol. 35, No. 4, October 2009.

Beijaard, D, N. Verloop, J. D. Vermunt, "Teachers' Perceptions of Professional Identity: An Exploratory Study from a Personal Knowledge Perspective", *Teaching & Teacher Education*, Vol. 16, No. 7, 2000.

Beijaard, Douwe, P. C. Meijer, N. Verloop, "Reconsidering Research on Teachers' Professional Identity", *Teaching & Teacher Education*, Vol. 20, No. 2, 2004.

Beijaard Douwe, "Teachers' Prior Experiences and Actual Perceptions of Professional Identity", *Teachers and Teaching: Theory and Practice*, Vol. 1, No. 2, 1995.

Beijaard, D, N. Verloop, J. D. Vermunt, "Teachers' Perceptions of Professional Identity: An Exploratory Study from a Personal Knowledge Perspective", *Teaching & Teacher Education*, Vol. 16, No. 7, 2000.

Bullough, RobertV., "Being and Becoming a Mentor: School-based Teacher Educators and Teacher Educator Identity", *Teaching & Teacher Education*,

参考文献

Vol. 21, No. 2, 2005.

BritzmanD. P., "The Terrible Problem of Knowing Myself: Towards a Poststructural Account of Teacher Identity", *JCT*, Vol. 19, No. 3., 1992.

BradOlsen, "How Reasons for Entry into the Profession Illuminate Teacher Identity Development", *Teacher Education Quarterly*, Vol. 35, No. 3, 2008.

Burden, R. Paul, "Implications of Teacher Career Development: New Roles for Teachers, Administrators and Professors", *Action in Teacher Education*, Vol. 4. 3, No. 4, 1982.

Casey, Kathleen, "Teacher as Mother: Curriculum Theorizing in the Life Histories of Contemporary Women Teachers", *Cambridge Journal of Education*, Vol. 20, No. 3, 1990.

CatherineBeauchamp, Lynn Thoms, "Understanding Teacher Identity: An Overview of Issues in the Literature and Implications for Teacher Education", *Cambridge Journal of Education*, Vol. 39, No. 2, June 2009.

Coldron, John, R. Smith, "Active Location in Teachers' Construction of Their Professional Identities", *Curriculum Studies*, Vol. 31, No. 6, 2010.

Convery, Andy, "Listening to Teachers' Stories: Are We Sitting Too Comfortably?", *International Journal of Qualitative Studies in Education*, Vol. 12, No. 2, 1999.

ChristopherDay, Bob Elliot, Alison Kingtona, "Reform, Standards and Teacher Identity: Challenges of Sustaining Commitment", *Teaching & Teacher Education*, Vol. 21, No. 5, 2005.

Darling-Hammond, Linda, Baratz-Snowden, Joan, "A Good Teacher in Every Classroom: Preparing the Highly Qualified Teachers Our Children Deserve", *Educational Horizons*, Vol. 85, No. 2, 2007.

Dall'Alba, G., J. Sandberg, "Unveiling Professional Development: A Critical Review of Stage Models", *Review of Educational Research*, Vol. 76, No. 3, 2006.

DanBattey, Megan L. Franke, "Transforming Identities: Understanding Teachers Across Professional Development and Classroom Practice", *Teacher Education Quarterly*, Vol. 35, No. 3, Summer 2008.

Doune Macdonald, Geoff Isaacs, "Developing a Professional Identity through Problem—Based Learning", *Teaching Education*, Vol. 12, No. 3, 2001.

DougHamman, Kevin Gosselin, Jacqueline Romano, etc., "Using Possible-selves Theory to Understand the Identity Development of New Teachers", *Teaching and Teacher Education*, Vol. 26, No. 7, 2010.

FrancesF. Fuller, "Concerns of Teachers: A Developmental Conceptualization", *American Educational Association*, Vol. 6, No. 2, 1969.

Gunn ElisabethSøreide, "Narrative Construction of Teacher Identity: Positioning and Negotiation", *Teachers and Teaching: Theory and Practice*, Vol. 12, No. 5, October 2006.

HammanD, Gosselin K, Romano J, et al., "Using Possible-selves Theory to Understand the Identity Development of New Teachers", Teaching and Teacher Education, Vol. 26, No. 7, 2010.

James Paul Gee, "Chapter 3: Identity as an Analytic Lens for Research in Education", *Review of Research in Education*, Vol. 25, No. 1, 2000.

Jennifer L. Cohen, "That's Not Treating You as a Professional: Teachers Constructing Complex Professional Identities through Talk", *Teachers and Teaching: Theory and Practice*, Vol. 14, No. 2, April 2008.

Jephcote, Martin, J. Salisbury, "Further Education Teachers Accounts of Their Professional Identities", *Teaching & Teacher Education*, Vol. 25, No. 7, 2009.

Jo-Anne Dillabough, "Gender Politics and Conceptions of the Modern Teacher: Women, Identity and Professionalism", *British Journal of Sociology of Education*, Vol. 20, No. 3, Sep. 1999.

JohnTrent, Xuesong Gao, "'At Least I'm the Type of Teacher I Want to

参考文献

Be': Second-career English Language Teachers' Identity Formation in Hong Kong Secondary Schools", *Asia-Pacific Journal of Teacher Education*, Vol. 37, No. 3, August 2009.

J. R. Meindl, "On leadership: An Alternative to Conventional Wisdom", Research in Organizational Behavior on Leadership-an Alternative to the Conventional Wisdom, No. 12, 1990.

Judy Williams, Kerith Power, "Examining Teacher Educator Practice and Identity through Core Reflection", *Studying Teacher Education*, Vol. 6, No. 2, August 2010.

Katz, G. Lilian, "Developmental Stages of Preschool Teachers", *The Elementary School Journal*, Vol. 73, No. 1, 1972.

Kate ElizaO'Connor, "You Choose to Care: Teachers, Emotions and Professional Identity", *Teaching & Teacher Education*, Vol. 24, No. 1, 2008.

Kathleen Mc Cartney, "Development of Teachers' Professional Identities: From Pre-service to Their First Year as Novice Teachers", *Harvard University American Educational Research Journal*, Vol. 44, No. 2, 2007.

Kelchtermans, Geert, R. Vandenberghe, "Teachers' Professional Development: A Biographical Perspective", *Journal of Curriculum Studies*, Vol. 26, No. 1, 1994.

Korthagen, Fred A. J., "In Search of the Essence of a Good Teacher: Towards a More Holistic Approach in Teacher Education", *Teaching & Teacher Education*, Vol. 20, No. 1, 2004.

Kwan, Tammy, F. Lopez-Real, "Identity Formation of Teacher-mentors: An Analysis of Contrasting Experiences Using a Wengerian Matrix Framework", *Teaching & Teacher Education*, Vol. 26, No. 3, 2010.

Linda Evans, "Professionalism Professionality and the Development of Education Professionals", *British Journal of Education Studies*, Vol. 56, No. 1, March 2008.

Maggie MacLure, "Arguing for Your Self: Identity as an Organising Principle in Teachers' Jobs and Lives", *British Educational Research Journal*, Vol. 19, No. 4, 1993.

Maria Assuncão Flores, Christopher Day, "Contexts Which Shape and Reshape New Teachers' Identities: A Multi-perspective Study", *Teaching and Teacher Education*, Vol. 22, No. 2, 2006.

Marcia, E. James, "Development and Validation of Ego-identity Status", *Journal of Personality and Social Psychology*, Vol. 3, No. 5, 1966.

Paul Pakison, "Space for Performing Teacher Identity: Through the Lens of Kafka and Hegel", *Teachers and Teaching: Theory and Practice*, Vol. 14, No. 1, February 2008.

Shaalan Farouk, "What Can the Self-conscious Emotion of Guilt Tell Us About Primary School Teachers Moral Purpose and the Relationships They Have with Their Pupils?", *Teachers and Teaching: Theory and Practice*, Vol. 18, No. 4, August 2012.

Shelley Hasinoff, David Mandzuk, "Bonding, Bridging, and Becoming a Teacher: Student Cohorts and Teacher Identity", *The Alberta Journal of Educational Research*, Vol. 51, No. 3, Fall 2005.

Settersten, Richard A., K. U. Mayer, "The Measurement of Age, Age Structuring, and the Life Course", *Annual Review of Sociology*, No. 23, 1997.

Sylvia Chong, LowEe Ling, Goh Kim Chuan, "Developing Student Teachers' Professional Identities-An Exploratory Study", *International Education Studies*, Vol. 4, No. 1, February 2011.

Thomas, Lynn, C. Beauchamp, "Understanding New Teachers' Professional Identities through Metaphor", *Teaching & Teacher Education*, Vol. 27, No. 4, 2011.

Trent, J. J., "Teacher Identity Construction in School-University Partnerships: Discourse and Practice", *Teaching & Teacher Education*, Vol. 26, No. 8, 2010.

参考文献

Trent, John., "Teacher Education as Identity Construction: Insights from Action Research", *Journal of Education for Teaching*, Vol. 36, No. 2, 2010.

Upadhyay, Bhaskar, "Narratives, Choices, Alienation, and Identity: Learning from an Elementary Science Teacher", *Cultural Studies of Science Education*, Vol. 4, No. 3, 2009.

Veen, Klaas Van, S. Lasky, "Emotions as a Lens to Explore Teacher Identity and Change: Different Theoretical Approaches", *Teaching & Teacher Education*, Vol. 21, No. 8, 2005.

Wrzesniewski, Amy, et al., "Jobs, Careers, and Callings: People's Relations to Their Work", *Journal of Research in Personality*, Vol. 31, No. 1, 1997.

Zembylas, Michalinos, "Discursive Practices, Genealogies, and Emotional Rules: A Poststructuralist View on Emotion and Identity in Teaching", *Teaching & Teacher Education*, Vol. 21, No. 8, 2005.

附件 1

访谈提纲

研究目的：主要是了解您一直以来对教师职业的相关看法，希望您能认真、真实回忆您生命历程中的有关教师职业看法与态度及其变化中所发生的事件。

1. 您是哪一年出生？家是哪里的？

2. 您在小学、初中、高中阶段喜欢教师这个职业吗？当时觉得当教师好不好？为什么？

3. 在初中（高中）毕业时您为什么要报考师范类的院校（或专业）？是在什么时候决定要当教师的？

4. 在您上中小学时国家的政治、经济情况如何？当时喜欢当教师受到什么因素影响？如果当时有机会让您重新选择，您还会选择师范类院校吗？您当时认为当工人和当教师的区别大吗？有没有想过让您的孩子当教师？

5. 您收到师范院校录取通知书时是什么样的感受？有没有想过要重新再读一次高三或初三？

6. 在上中师或师专（本科）时，对教师职业的看法发生什么变化没有？您认为导致这种转变的原因是什么？当时有没有想过自己要成为什么样的教师？内心深处接受与认可教师职业吗？实习时是否紧张？有什么样的表现？

7. 从中师（师专、本科）毕业分配时有没有想过分到什么样的学校是自己最满意的？最后是否进入了您心目中的理想学校？如果当时

◇◇ 附件1 　访谈提纲 ◇◇

可以去当工人、公务员，你还会当教师吗？毕业时有同学没有当教师吗？他们去从事什么职业了？对没当教师的同学有什么看法？您当时有没有想过不再当教师？有没有想过：先干着，有机会就改行？

8. 工作第1年对课堂的掌控能力怎么样？在教学中有没有碰到什么困难？有没有不适应？具体表现是什么？刚参加工作时喜欢待在学校还是待在家里？对工作的感受怎么样？一般备课要花多少时间？当时对从事教师职业有没有什么规划？比如有没有想过进修或如何晋升职称、职务等。

9. 上课时有没有特别不听话的学生？或者特别听话的学生、或者家庭特殊的学生，对于这样的学生您当时是怎么处理的？当时如何在学生面前树立自己的威信？您具体是怎么做的？

10. 工作第1年时您是班主任吗？带的是重点班还是平行班？刚参加工作有没有觉得自己学的东西和真正的教育实践是有差距的？这种差距主要体现在哪里？当时的教师工资收入怎么样？亲朋好友对您当教师是怎么看的？如果在一些场合需要您做自我介绍，会不会很自豪地说自己是一名教师？当时的教师好不好找对象？您在工作第一年时对教师职业的总体看法是什么？

11. 工作2—5年时国家的政治、经济情况怎么样？学生群体您觉得有没有什么变化？在对学生、同事、领导的态度上有没有发生变化？学校同事之间的关系比其他学校怎么样？当时带的是重点班还是平行班？收入怎么样？个人感情怎么样？个人感情和工作投入之间如何协调？是否被评为优秀教师或先进教师？您觉得学校的评优、评先进等公平吗？进修或读书的机会多不多？有什么困难？家里的情况怎么样？比如家人有没有说过让您离开教师职业？您自己有没有和家人说过想要离开教师职业？如果有原因是什么？有没有想过要在课余时间做生意补贴家用？有没有想过换职业或者换专业？有没有出现过和同事一起竞争什么职称或者职务的情况？

12. 工作6—10年、11—15年、16—20年、21—25年、超过25

年的时候分别是什么样的？

主要集中于如下问题：是否想过离开教师职业？如果有机会选择第二份职业会选择吗？如果能换到其他收入很高的学校，您还愿意离开教师职业吗？如果换一个更轻松的岗位或者职业，您还会离开教师职业吗？想离开教师职业是基于什么原因？家庭怎么样（孩子、爱人等是否支持教师工作）？对学生的态度、对同事的态度、对领导的态度是否发生改变？是否是班主任？是否评优和先进？

13. 您觉得在什么时候当教师的感觉最好（从工作年限来看）？为什么？什么时候当教师最不好？为什么？在您工作这么多年中，有没有最想离开教师职业的时候？有没有通过什么努力离开或调到其他学校？

14. 除了由学生带来的赞誉、学生今后取得的成就之外，还有什么实物性的荣誉？比如优秀教师、先进个人等，这些荣誉中，哪种荣誉对您对教师职业的认可与接受的态度或行为产生的影响更大？

15. 在您看来，20世纪60年代出生的教师与70年代出生的教师关系怎么样，您认为这两个不同年代出生的教师之间最大的区别在哪里？您这个出生年代成长起来的教师与其他年代出生教师的关键性差异在什么地方？关键性特点体现在什么地方？您认为您这个年代出生的教师最反感的教师特点是什么？您认为您最反感其他年代出生的教师什么特征？您认为其他年代出生的教师具备什么样的优点是您这个年代出生教师最想拥有的？您认为其他年代出生的教师具备什么样的缺点是您这个年代出生教师最想摈弃的？

16. 在您的职业生涯中，什么年龄阶段对经济收入最为在意？您认为是什么原因导致了在教师职业生涯中对经济收入的需求增加？在您的职业生涯发展阶段中，在什么年龄阶段生的孩子？生了孩子后对学生、对教师职业的态度有没有什么变化？您认为出生在其他年代的教师对教师职业的看法、态度、行为会出现和您一样的变化趋势吗？在您的职业生涯阶段中，谈恋爱顺利吗？有没有出现过因为教师职业而

附件1 访谈提纲

增加或降低找对象难度的情况?身边的家人、同学或其他异性有没有嫌弃过您的职业?特别是在婚后家人是否嫌弃过您的教师职业,如果有,您认为是什么原因?这些有没有影响您对教师职业的认可与接受程度?

附件 2

研究承诺书

尊敬的老师：

首先感谢您对《教师认同发展轨迹研究》的支持。本调研的目的是为了调查长期身处教育一线的教师对教师职业的相关看法，解释教师认同发展的影响和发展轨迹，分析教师专业发展的职业需求。您在成长中经历的各种事件是教师认同发展的见证，更是本书宝贵的资料来源。

通过参与本项研究：

1. 您可以和研究者一起全面的回忆和品味成长经历；

2. 您可以用您独特的视角审视与反思教师的专业发展过程，澄清自己的教师认同发展过程；

3. 您可以帮助研究者和其他教师更加清晰的认识教师自我；

4. 您在长期工作中积累的这些经验和看法将会对建构合理的教师专业发展项目提供非常积极的帮助。

同时，作为一名研究者，郑重向您承诺：

1. 您的一切资料仅限于本次研究使用；

2. 保证您的个人隐私得到绝对的尊重和保护；

3. 有关录音或者笔录内容只供我一个人使用，在转成研究文本后，相关的教师或同学才能使用；

4. 如果有日志、照片、奖章等实物，必须要征得您的同意后才能在研究文本中使用；

附件2 研究承诺书

5. 研究文本或者最后形成的研究成果中，凡是涉及您身份的资料（比如年龄、工作单位等）必须进行变更，并征得您的同意；

6. 赠予您最后形式的研究成果，以感谢您为本研究所做的贡献。

再次对您的支持表示感谢！

研究者承诺签名：寒世琼
邮箱：jiansqnenu@163.com

附件3

教师认同故事线图

教师认同陈述为：教师对教师职业的认可和接受程度。请按照认可与接受程度赋分。

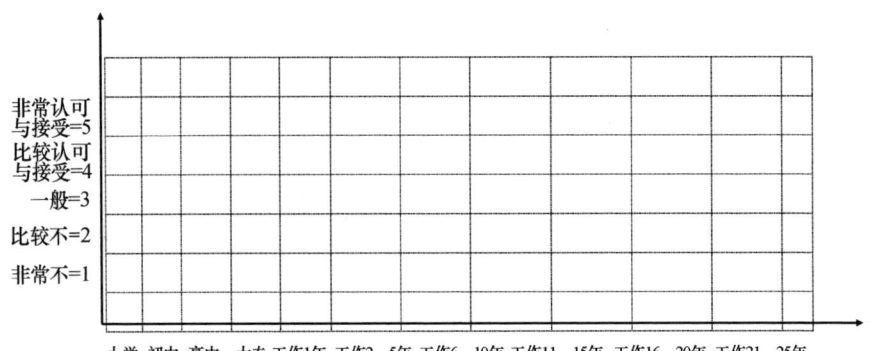

	小学	初中	高中	大专	工作1年	工作2—5年	工作6—10年	工作11—15年	工作16—20年	工作21—25年
非常认可与接受=5										
比较认可与接受=4										
一般=3										
比较不=2										
非常不=1										

后　　记

本书系作者在博士论文基础上修改而成的。从教师教育的初学者到深入研究教师教育，已经走过15年光景，回顾这近15年的学习与工作经历，再次深深体会到有太多的人促成了我今天的成长。

最要感谢我的恩师饶从满教授。从2007到2013年，一直在饶老师身边学习，这是我人生中收获的一笔最宝贵财富，如果也用本书中的生命历程理论来说的话，这是我个人生命历程中最重要的持续期、最关键的转折点。即使是博士毕业之后的这些年，老师在繁忙的工作之余，还经常与已毕业同学分享重要的学术文献，还继续为我们指引学术方向，与我们共同讨论学术问题。我工作的单位与长春相隔遥远，可一旦在工作或生活中感到迷茫时，依然会找老师商量。老师渊博的学识、严谨的治学态度、高尚的个人品格等更是一直影响着我、激励着我。总之，对饶老师的感谢真是"无限感激言岂尽"，此刻，唯愿老师身体康健！师母是一位温婉、善良、端庄的女性，默默支持着饶老师的工作，同时用她细腻的情感关心着老师的每一位学生，谢谢师母的付出与关爱，祝愿师母身体康健！

感谢李广平教授。尽管李老师不是我的导师，仍然在百忙中不遗余力地指导我的硕士论文和博士论文。特别是研究方法，不管是硕士阶段还是博士阶段都得到李老师的悉心指导。

谢谢数学与统计学院的韩继伟老师为我的博士论文提了宝贵的意见和建议。韩老师爽朗的性格、干练的作风也是我佩服和学习的地方。

感谢同门的同学回俊松、张晓莉、贺敬雯、刘朝锋、程耀忠等，感谢大家在每周五师门研讨班上的讨论和分享，也特别感谢大家平时对我的无私帮助。既是师兄又是老师的张泽东老师、宋强老师也对本书的顺利完成提供不少帮助，一并感谢！

感谢宿舍的3位姐妹：小Q、莹莹、小歪，感谢你们营造了相互支持、相互鼓励、相互关爱的宿舍氛围。相亲相爱的306宿舍充满了欢声笑语，这份姐妹情将永远伴随着我。毕业时约定的"丽江之约"还未能成行，期待中。

6年东师人，永远东师情。东北师范大学，一个成就了我梦想的地方，从静湖荷花、钟楼白雪、小径松枝、到林间松鼠，甚至到一食堂的麻辣烫，都已成为我生命历程中永远的眷念。"勤奋创新，为人师表"也已成为我从师的理念与信仰。期待自己能用"扎实、踏实、朴实"之东师品格激励未来，砥砺前行。祝福母校！

感谢我本科学习阶段的赵德肃老师、雷育芳老师、李建年老师、刘红老师。如果没有您们的鼓励与教诲，我不会做出考研的决定，更没有勇气从西南到东北求学。

感谢所有参与本书的贵阳市5所中学的35名初中教师，正是有了您们无私的支持与信任，才使得本书的原始资料丰富而详实。特别要感谢贵阳世纪城中学的陈晓慧校长，时隔多年，依然清晰记得陈校长课堂的精彩。是陈校长的推荐让我关注了我国优秀语文特级教师于漪，特别是于漪老师的观点："当教师要从对教法的研究转向对学法的研究。"让我受益匪浅，也不断提醒我：教师教育研究的宗旨是为了学生的学习和发展。

感谢本科同学宋幼权校长，一直以来像大哥一样关心我、鼓励我。

要深深的感谢父母。父母的豁达、开朗、淳朴、善良浓浓地渗透在我骨子里。特别是父亲，从小会给我们准备各种书籍，教我们写毛笔字，夏天的夜晚带着我们在小院乘凉、讲故事、唱军歌。父母长年生活在恬淡的乡村，不管外界多么的"物欲横流"，二老总是保持那份淡然与清

后 记

雅，依然干着自己的农活、种着小菜、养着家禽。那种清淡的生活追求会一直影响着我们，谢谢二老，祝愿二老健康、长寿！

要特别感谢我的先生潘闽，一家人过着平淡、清净的生活，应该说这就是我想要的生活，希望我们一如既往。

最后，本书获得2012—2013年度"联校教育社科医学研究论文奖计划"一等奖课题资助，感谢提供资助和指导的香港圆玄学院、汤伟奇先生和杜祖贻先生！